ETRURIA

DAS VERGESSENE VOLK

ETRURIA
Das vergessene Volk

J. M. Wanageeska

ETRURIA

Das vergessene Volk

J. M. Wanageeska

WAGNER VERLAG
www.wagner-verlag.de

Ein Buch aus dem WAGNER VERLAG

Korrektorat: Marianne Glaßer
Umschlaggestaltung: Wagner Verlag GmbH

1. Auflage

ISBN: 978-3-86279-346-4

Bibliografische Information der Deutschen Nationalbibliothek:
Die Deutsche Nationalbibliothek verzeichnet diese Publikation in der
Deutschen Nationalbibliografie; detaillierte bibliografische Daten sind
im Internet über http://dnb.d-nb.de abrufbar.

Die Rechte für die deutsche Ausgabe liegen beim
Wagner Verlag GmbH,
Langgasse 2, D-63571 Gelnhausen.
© 2012, by Wagner Verlag GmbH, Gelnhausen
Schreiben Sie? Wir suchen Autoren, die gelesen werden wollen.

Über dieses Buch können Sie auf unserer Seite www.wagner-verlag.de
mehr erfahren!
www.wagner-verlag.de/presse.php
www.facebook.com/meinverlag
Neue Bücher kosten überall gleich viel.
Wir verwenden nur FSC-zertifiziertes Papier.

Druck: Heimdall Verlagsservice, Rheine, info@lettero.de

Vorwort

Wenn wir für uns und auch für andere Antike-Fans und Archäologen sprechen dürfen, waren die Etrusker eine der größten Zivilisationen der Antike.

Nach der Überlieferung des griechischen Geschichtsschreibers Herodot suchte im 13.-12. Jahrhundert v. Chr. eine Hungersnot das Volk der Lyder heim. Die Lyder waren zu dieser Zeit geographisch in der Westtürkei und den Inseln davor zu Hause.

Unter dem König Atys wurde das Volk aufgeteilt und die Hälfte der Bevölkerung segelte unter dem Kommando des Königssohnes Tyreus in Richtung Westen, die Gegend der heutigen Toscana. Hier begann ein neues Zeitalter, es entstand eine neue Kultur und Zivilisation und Tyreus wurde König und Oberhaupt des neuen Etruriens.

Das Etrurien der Zwölf Städte war ein Bund autonomer und doch voneinander abhängiger Stadtstaaten, die jeder den eigenen König und Schamanen als Anführer hatten. Jede Stadt trug das Ihre für diesen Bund der Zwölf bei, die miteinander eine Symbiose bildeten.

Die Etrurier hatten kulturell und geographisch einen sehr großen Einfluss. Im 6. Jh. vor Christus wurde sogar die Stadt Rom von den Etruriern beherrscht. Die etrurischen Könige waren Feldherren und Richter in einem. Nach insgesamt sieben etrurischen Königen hatte das römische Volk genug von dieser Regierung. Sie wollten eine Republik. Sie widersetzten sich den etrurischen Herrschern, vertrieben diese aus der Stadt und verwandelten Rom in eine Republik.

Wer waren diese Etrurier? Kommen Sie mit uns auf eine Reise in das Etrurien des 3. Jahrhunderts v. Chr., wo sich die Bewohner dieses Landes auf dem Höhepunkt ihrer Entwicklung befinden.

GALLICVS

VOLTARRAE

ARRETIVM

ETRVRIA

CORTONA

PERVSIA

POPVLONIVM

VETVLONIA CLVSIVM

RVSSELLAE

VOLSINII

VVLCI

ILVA

UMBRO
SABELLER

TARQVINII

FALERII

CAERE

ROM

Ostia

AMIVM
Circeii

DAVNIER

SAMNITER

Kyma Napolis
Pompejii

Poseidonia

ELEA Rqevs

ORIECHISCHE
KOLONIEN

50 km
100
200
250
300
350
400
450 KM

Einleitung

Wir alle haben Bilder in unseren Köpfen. So auch, wenn wir den Namen Rom hören! Das antike Rom steht für viele als ein Sinnbild für die Zivilisation am Anfang aller Kulturen, Republiken und Imperien …

Bitte vergessen Sie das alles wieder. Die Geschichte, die ich Ihnen erzähle, hat nichts mit dieser Größe Roms zu tun, die wir heute kennen. Sie spielt zu einer Zeit ungefähr 280 Jahre vor Christus. Da ist Rom eine selbständige, träumende, aber auch noch sehr vorsichtige und verängstige Stadt, weil:

im Süden sehr starke griechische Kolonien lauern und im Norden zwölf reiche etrurische Städte existieren. Weiter im Norden, in der fruchtbaren Poebene, muss man sich vor den gallischen und germanischen Dörfern in Acht nehmen. Zu dieser Zeit ist Rom zwar aufstrebend, aber mit den heutigen Worten lediglich ein Außenseiter.

So, jetzt fragen Sie sich sicher, was hat das mit den Etruskern zu tun? Geduld, mein Leser, Geduld. Wir gehen jetzt zu den Etruskern, besser gesagt zu den Wurzeln der Etrurier. Die Etrurier waren oder sind ein Volk, dem das Wort Zivilisation fremd war. Viel wichtiger war, dass sie im Jetzt gelebt haben, sehr ähnlich den Ureinwohnern Nordamerikas. Die Etrurier liebten das Handwerk, die Natur und die Familie. Sie hatten Seher und Schamanen und kannten bereits die Gleichberechtigung zwischen Mann und Frau. Sie wussten, dass es nach dem Tod weitergeht. Sie legten Gräber für ihre Verstorbenen an, größer und prächtiger als ihre Häuser. Die Lebensweise war denen der Griechen sehr ähnlich, was den Baustil der Häuser betraf. Jedoch war ihre Lebensphilosophie einzigartig.

Öffnen Sie Ihren Geist und machen wir eine kleine Reise durch das Etrurien dieser Zeit:

I Casira / Caere

Ihre zwölf Städte bereiste man von Rom aufwärts, am besten an der Küste entlang. Nordwärts, ca. 30 Kilometer weiter, kam dann die erste etrurische Stadt Casira. Die Römer nannten sie Caere.

II Tarquinii / Tarchuna

Noch einmal ca. 40 Kilometer nordwärts dem Küstenverlauf folgend bis zu einem Fluss, dem man dann ca. fünf Kilometer landeinwärts folgen musste, kam die Stadt der Städte Tarquinii, wie sie die Römer nannten. Die Einheimischen selbst, die den größten Teil der Schiffe und Segel bauten, nannten ihre heimliche Hauptstadt Tarchuna. Natürlich gab es keine Hauptstadt in Etrurien, aber Tarchuna dachte anhand des Reichtums der Stadt, der Gewichtigkeit des Militärs und der strategischen Lage im Mittelitalien der Antike, sie sei das Herzstück Etruriens. Kurz gesagt, die Tarchuner waren aufgrund ihrer Gewichtigkeit in Sachen Politik und Reichtum ein bisschen arrogant.

III Vulci / Velcha

Weiter nordwärts, wieder 30 Kilometer der Küste entlang und ca. zehn Kilometer landeinwärts, kam Vulci, wie die Römer es nannten. Auf Etrurisch bekam die Stadt den Namen Velcha. Sie war eine wunderschöne Stadt, welche an einem lebendigen Fluss lag, der genug Wasser für die riesigen Ährenfelder spendete.

Die Stadt hatte flächen- und einwohnermäßig immense Ausmaße. An zwei Seiten war Velcha geschützt, einerseits durch den Fluss und andererseits durch eine riesige Stadtmauer. Die Mauer war furchteinflößend und zugleich aus wunderschönem Tuffstein gehauen.

IV Volsinii / Velzna

Weiter auf der Reise musste man 40 Kilometer landeinwärts einen alten Vulkan ansteuern, der Richtung Nordosten lag. Anschließend, zehn Kilometer östlich der Straße entlang, lag ein bisschen versteckt das wirkliche Zentrum und das Herz Etruriens. Hier trafen sich Könige, Schamanen und Geistliche jener Zeit, um zu feiern, zu beraten und den Göttern zu opfern. Die Römer nannten den Ort Volsinii, die Etrurier Velzna.

V Perusia / Phersna

Ca. 50 Kilometer nordöstlich gehen wir in das ein bisschen rauere Perusia oder, wie es die Einheimischen damals nannten, Phersna. Es hatte eine strategische Position am oberen Tibertal. Die Stadtmauer war aus Travertin und ganze drei Kilometer lang, mit zwei großen Eingangstoren, die monumental waren.

VI Clusium / Clevsin

Von Phersna aus ging es weiter in unwegsames Gelände ca. 45 Kilometer Richtung Westen, Hügel über Hügel ab nach Clusium. Die Etrurier nannten es Clevsin. Die Gründung der Stadt ist auf einen Fürsten zurückzuführen. Sein Name war Cluso. Er gründete die Stadt auf einem Hügel westlich des Chianaflusses. Clevsin war eine Handwerksstadt und Händlerdrehscheibe für Inneretrurien. Es war berühmt für sein Buccerogeschirr und die Elfenbeinschnitzereien. Aber die Einwohner wussten auch ihre Musiker zu schätzen und hatten dazu einige Sportwettkämpfe.

VII Cortona / Curtun

30 Kilometer nördlich lag Cortona oder Curtun, wie die Etrurier es nannten. Es liegt an den Ausläufern des Berges Sant'Egidio mitten im fruchtbaren Chiana-Tal. Es war berühmt für seine Bronze-Skulpturen, die in fast jeder etrurischen Stadt zu dieser Zeit standen.

VIII Arretium / Aritim

Wir gehen weiter, lieber Leser, Richtung Norden, ca. 25 Kilometer nach Aritim. Verschlafen auf einem Hügel, wo das Chiana-Tal auf ein kleines Bergmassiv trifft. Es hatte Gold in Hülle und Fülle und war in einer geografisch idealen Lage. Es kontrollierte den Durchgang der Völker im Norden und der Kelten, Umbrier und Germanen in den Süden, die aus der Poebene in das Tibertal wollten. Die Königsfamilie war in Aritim nicht so weise wie andere Könige Etruriens. Weil sie nicht auf ihre Schamanen und Seher hörten, wuchsen die Spannungen in den Metall- und Tonmanufakturen stetig. Die Bevölkerung wollte

Mitspracherecht bei der Gestaltung der Politik und des Stadtwesens. Diese Spannungen waren den anderen elf Städten nicht unbekannt.

IX Volaterrae / Velathri

85 Kilometer nordwestlich lag Volaterrae oder für die Etrurier Velathri. Die Stadt lag weit oben, der Weg auf diesen sehr hohen, wenn nicht sogar höchsten Hügel Etruriens war fast unendlich lang. Lang und imposant waren auch die Stadtmauern, die sich über 7,5 Kilometer hinzogen. Volaterrae war sehr eindrücklich und am Höhepunkt seiner Entwicklung. Es hatte eine Art Akropolis, eine große Tempelanlage, und seine Nekropole, die Totenstadt, ging weit unter den Berg. Auch außerhalb von Velathri konnte man eine Totenstadt vorfinden; diese war aber nur den Kriegern gegönnt, welche mit allen Ehren begraben wurden.

Die Stadt selber war handwerklich eine der vielseitigsten und erfolgreichsten im etrurischen Städtebund. Sie produzierte Plastiken aus Alabaster, Marmor, roter und schwarzer Buccero-Keramik, Gold, Silber und Kupferschmuck. Gegenstände aus damals allen Metallen, die man haben wollte, und obwohl sie weit im Landesinnern lag, hatte sie am Fuß ihres Hügels einen kleinen künstlichen See. Hier baute man Schiffe, mit denen man auf dem Fluss Ceccina wieder aufs Meer hinaus gelangen konnte.

X Populonium / Pupluna

Vom Meer wieder zurück, gelangte man Richtung Süden nach Populonium, wo man schon von Weitem die Schlote der Eisenöfen rauchen sah. Die Etrurier nannten diese

Stadt Pupluna-Fufluna, ein Name, der in Verbindung stand mit der Weingöttin Fufluns. Trotz ihrer unzähligen Eisenöfen, die manchmal den blauen Himmel schwarzgrau färbten, war sie einer der schönsten Orte Etruriens. Pupluna war bekannt für komplexe Schmelztechniken und im Hinterland der Stadt wurde Kupfer, Blei, Zinn und Silber abgebaut. Die Insel Ilva (Elba), die gleich vor der Küste lag, lieferte Eisenerz in schier unendlichen Mengen. Ilva bedeutet „die schwarz Gefärbte", weil auch dort zu dieser Zeit Eisen verhüttet wurde. Pupluna verfügte auch über den größten und am besten geschützten Hafen gegen Wetter und Feind, weil man von der Küstenstadt das gesamte Meer überblicken konnte.

XI Vetulonia / Vatluna

Weitere 30 Kilometer südlich der Küste entlang und sieben Kilometer landeinwärts traf man hoch oben auf einem Hügel auf Vetulonia. Es besaß mehrere Häfen und betrieb mit Vorliebe Handel mit Syrien und Zypern und dem großen Königreich Ägyptens. Die Stadt war reich und produzierte Edelhandelswaren wie Silber- und Weihrauchgefäße, Vasen mit Eisenhenkel in Lotusblütenform und allerlei Goldgegenstände.
Die Stadt Vatluna, wie sie sich selbst nannte, behauptete sich aber hauptsächlich durch den Handel.

XII Roselle / Rosaelle

Das 20 Kilometer in südöstlicher Richtung liegende Roselle befindet sich an einem Ausläufer des Flusses Ombrone. Es hatte mit einer großen Lagune Zugang zum Meer. Die Stadtmauernlänge betrug drei Kilometer. Die Stadt kontrollierte den Zugang ins Kernland Etruriens, war aber ärmer als die anderen Städte, weil sie von Bauern besiedelt war. Sie besaß jedoch große fruchtbare Ebenen. Die Ährenfelder und Olivenplantagen waren der Stolz von Roselle.

Im Ganzen wurde der Zwölfer-Bund Etruriens geographisch ca. 980. v. Chr. gegründet, vor der Zeit, wo unsere Geschichte spielt.

Im Norden wurde er vom Fluss Arno beschützt und begrenzt. In früheren Zeiten hatten die Etrurier noch ein paar Kolonien weiter nördlich, mussten aber vor dem Druck der barbarischen Kelten und Gallier südlich des Arno zurückweichen.

Im Süden hatte der Zwölfer-Bund Etruriens den Tiber als Grenze und wurde auch so respektiert, bis 100 Jahre vor der Zeit unserer Geschichte der Krieg mit den Rumern (so nannten die Etrurier die Römer etwas abschätzig) ausbrach. Die etrurischen Könige hatten Rom unterschätzt und eine Niederlage einstecken müssen.

Die Stadt Veji, die bis dahin Mitglied war im Zwölfer-Bund, war der Friedenstribut an Rom; so rückte Pupluna nach.

Aber nun Schluss mit der Geschichtsstunde. Die Erzählung hat ihren Anfang in Pupluna, einer der zwölf etrurischen Städte, die reich geworden ist durch die Herstellung und den Handel mit Eisen.

Thesan

„Thesan … Thesan …? Wo bist du?", rief die Königs-
mutter Ushil. Thesan war weit weg auf einer Klippe sitzend und schaute in die Ferne des Mittelmeeres. Sie sah
jedoch noch viel weiter … Die Mutter erkundigte sich
verzweifelt bei den Stadtbewohnern von Pupluna nach
ihrer Tochter. Aufmerksam, wie die Leute waren, wussten
sie nicht nur, dass Thesan eine Prinzessin war, sondern
ein Schatz für die gesamte etrurische Kultur. In ihr sahen
viele unbewusst Hoffnung für die Menschen.
Die Leute verwiesen die Königin Ushil und die zwei Wachen, die sie mit sich führte, zu den Klippen. Dort angekommen, rief sie Thesan mehrmals zu: „Komm bitte her,
Thesan." Doch Thesan konnte ihre Mutter nicht hören,
sie war sehr weit weg. Sie sah die Zukunft … Thesan
weinte und wusste nicht, was sie da sah. Doch sie wusste,
sie musste sofort mit ihren Großeltern sprechen. So langsam hörte sie die Stimme der Mutter: „Thesan, komm
jetzt her." Ganz verstört rief Thesan zurück, wie aus einem schlechten Traum aufgewacht: „Ja, Mutter, ich
komme sofort!" Die Mutter fragte ungläubig: „Hast du
mich nicht gehört? Ich rufe dich die ganze Zeit!" „Nein,
Mutter, entschuldige bitte, die Wellen in der Brandung
waren einfach zu laut!", erwiderte Thesan. „Ich weiß ja,
dass du speziell von unseren Göttern auserwählt bist,
aber ich mache mir trotzdem Sorgen, mein Kind. Lass
uns nach Hause gehen, dein Vater, unser König Krankru,
kommt aus Tarchuna zurück. Dort hat er sich mit den
anderen elf Königen getroffen. Mal sehen, was er uns berichten wird." Im selben Moment lief Thesan ein Schauer
über den Rücken …

Zur selben Zeit in Rom

Senator und Patrizier Chrachallus spricht zur Bevölkerung Roms: „Mitbürger und Römer, wir sind ein kleines, aber unabhängiges Volk. Ihr wisst, dass uns die Griechen im Süden stark zusetzen, aber wie mir ein Botschafter aus dem Süden berichtete, halten sich unsere Legionen, sechs an der Zahl, sehr tapfer. Wir haben sehr gute Kontakte in den Norden, mit Etrurien. Bitte behandelt unsere etrurischen Mitbürger mit dem gleichen Respekt, wie sie uns behandeln. Und es tut mir leid, wenn alle Römer momentan aufgrund hoher Kriegskosten auf viel verzichten müssen.“

Das Volk Roms nahm es hin, weil es keine andere Wahl hatte und schon mehrfach Könige vertreiben musste! Nach seiner Rede sprach Chrachallus im Palast mit seinen dagebliebenen Zenturii Lucius und Argentus: „Hoffen wir, dass die Etrurier nicht auf die Idee kommen, uns von der Landkarte zu fegen.“ Lucius erwiderte: „Das wollen wir doch erst mal sehen!“ Der Senator: „Bei all deiner Kampferfahrung, aber wenn die Etrurier auf die Idee kommen, uns die zwölf Könige Etruriens entgegenzustellen, und uns den Krieg aus dem Norden bringen, wird es eng. Dann könnt ihr, Lucius und Argentus, uns vielleicht einen oder höchstens zwei Tage verschaffen, bevor Rom wieder in die Knechtschaft zurückfällt. Im schlimmsten Fall wird Rom aus der Geschichte gelöscht und ausgeräuchert, die Sprache wird vergessen werden …“

Lucius und Argentus schauten sich an und dachten das Gleiche in diesem Moment: Falls es irgendwann in den nächsten Jahren dazu kommen sollte, machte der Senator seine Rechnung ohne seine zwei Zenturii. Lucius, der seine Wurzeln in Etrurien hatte, liebte sein Rom über alles. Die Freiheit und Schönheit Roms betörte Lucius so sehr, dass er manchmal sogar ganz seine Wurzeln vergaß. Argentus dagegen war germanischer Adoptivsohn einer Patrizierfamilie und liebte Rom, weil er sein eigenes Volk verachtete. Die Römer liebten ihn wegen seiner Heldentaten; es kursierten Gerüchte über Argentus, dass er 15 oder sogar 18 Männer erschlug und tötete, bis er selbst zu Boden ging. Der Rest seiner Legion, angestachelt durch seine Taten, stellte sich um den verletzten Zenturio und verwandelte die Niederlage in einen Sieg.

„So, Lucius", sprach Chrachallus, „deine Wurzeln liegen also in Etrurien?" „Ja, mein Senator." Inzwischen erschienen noch zwei weitere Senatoren zu Besuch, Senator Potius und Rufus. Sie hörten von diesem Zusammentreffen. So sagten auf Initiative von Rufus alle im Chor zu Lucius: „Würdest du für Rom die etrurischen Städte als Botschafter besuchen?" Lucius erwiderte: „Ich bin Soldat, kein Politiker!" Potius sprach mit Nachdruck: „Wir brauchen deine Einschätzung der Lage. Wie sind die einzelnen Städte und die Bevölkerung Etruriens uns gegenüber eingestellt?" So übergab der Senator Lucius die Insignien eines Botschafters Roms. Ein goldenes Armband mit dem eingravierten Schriftzug SPQR und dem Adler sollte ihn begleiten. Dies stand für das Volk und den Senat von Rom. Dazu kam ein Siegelring, der jeden wissen ließ, dass Lucius als Botschafter Roms unterwegs war. Zuletzt erhielt er noch zwölf Papyrusrollen, für jeden König einer

Stadt Etruriens eine. Es sollte eine Art Freundschaftsbrief im Namen von Rom an die Städte Etruriens darstellen.

Lucius war ein bisschen unwohl, sein Schwert gegen die Insignien zu tauschen. Aber wenn er so Rom und seine Legion vor der Vernichtung bewahren konnte, dann war es ihm das wert. Überzeugt verabschiedete sich Lucius von den Senatoren und dem mächtigen Zenturio mit den Worten: „Argentus, mein Freund, sorge für meine Männer und trainiere sie hart. Das Doppelte an Gewicht, Schild und Ausrüstung. Falls ich scheitere mit meiner Mission, müssen unsere zwei Legionen guten Mutes sein in dem Wissen, dass wir in jedem Fall standhalten!"

Argentus erwiderte: „Ich lasse unsere Legionen Formationen trainieren, dass, wenn du zurückkommst, sie mit geschlossenen Augen ihre Positionen kennen. Mach dir keine Gedanken, ich sorge für die Deinen wie für die Meinen. Ruhm und Ehre, mein Freund Lucius." „Ave, Amice", erwiderte Lucius. „Eins noch", sprach Argentus, „gib dein Bestes, und wenn du scheitern solltest oder du siehst, dass deine Mission scheitern wird, dann kehr umgehend nach Rom zurück. Deine Soldaten, Rom und ich brauchen dich. Es kommt alles, wie es muss. Ave." Lucius legte seine Rüstung ab, setzte sich auf sein rabenschwarzes Pferd Merlinus und ritt Richtung Tarchuna.

Daheim im Königshaus von Pupluna

In einem erhabenen und wunderschön dekorierten Raum saß die Königsfamilie zu Tisch. Großvater und Großmutter von Thesan, König Krankru, Königin Ushil und Thesans Bruder Culsans.

Als die Königsfamilie gespeist hatte und noch zusammensaß, flüsterte die Großmutter zu Thesan am Tisch: „Ich hörte, du warst bei den Klippen und hast etwas Besonderes gesehen?" „Ja, Großmutter, ich sah einen Adler gegen einen Delfin kämpfen …" Die Großmutter, die ähnliche Fähigkeiten wie Thesan besaß, zog sich mit ihrer Enkelin in eine Ecke des Saales zurück, der mit prächtigen, längst vergangenen etrurischen Szenen in erdfarbenen Tönen geschmückt war. Thesans Bruder Culsans schaute dabei missgünstig! Er war zwar Erstgeborener und somit rechtlich Thronfolger, doch das Volk und seine Großeltern verehrten Thesan aufgrund ihrer göttlichen Fähigkeiten und ihres Charismas. Insgeheim hoffte die Bevölkerung, dass Thesan mit der Weisheit der Götter die Etrurier in ein neues Zeitalter des Friedens führen würde.

So wuchs der Zorn des Bruders mit jedem Lächeln der Großeltern, das Thesan geschenkt wurde. Der König und die Königin von Pupluna waren zu sehr mit den Alltagsgeschäften der Eisenstadt beschäftigt, so dass sie die vollumfängliche Tragweite der Fähigkeiten von Thesan nicht begriffen. Dadurch bekamen sie auch nicht mit, wie der Zorn Culsans gegenüber Thesan wuchs, der seine Position gefährdet sah …

„Erzähl mehr von deinen Visionen", flüsterte die Großmutter in einer abgelegenen Ecke zu Thesan. „Mhm …
es ist alles ein bisschen komisch", beschrieb Thesan ihre
Vision. „Der Delfin versuchte ständig den Adler zu kriegen, doch dieser erlag zuletzt in meiner Vision dem wen-
digen und jungen Raubvogel." „Behalte deine Vision
noch für dich", sprach die Großmutter, die die Tragweite
dieser Vision sofort verstand, aber auch wusste, dass dieses Wissen über die Eingabe der Götter sehr gefährlich
war!

Neugierig und machtbesessen stieß der Bruder mit einem
falschen Lächeln zu den zwei Seherinnen. „Was tuschelt
ihr denn da?", wollte Culsans wissen. „Gar nichts", erwiderte seine elf Jahre alte Schwester wie ein Blitz aus dem
Himmel. Da Thesan aber schlecht lügen konnte und ihr
Bruder sie sehr gut kannte, durchschaute er sofort, dass
es sich um ein wichtiges Gespräch handeln musste.

Die Eltern schauten besorgt in die Ecke, wo diese Szene
sich abspielte. Man konnte spüren, wie die Spannung zu-
nahm.

So sprach der Vater zu seinem Sohn: „Komm her, mein
junger Krieger, erzähl mir von deinem Training mit dem
Schwert und lass deine Schwester in Ruhe." Der Prinz in
seinen jungen rebellischen 19 Jahren wollte seinem Vater
nicht recht gehorchen. So sprach nicht nur der Vater,
sondern in einem noch bestimmteren Ton der König:
„Culsans, komm jetzt sofort her zu mir. Das sag ich nicht
als Vater, sondern als König!" Das sagte er sonst nie, umso mehr war deutlich, wie ernst es dem Vater war. Der

Sohn, dem Vater klar unterlegen, schritt gesenkten Hauptes dem König entgegen.

So entspannte sich die Lage im Hauptsaal des Palastes von Pupluna allmählich wieder und es kehrte Ruhe ein.

Die Großmutter, die ehemalige Königin von Pupluna, führte das Gespräch mit ihrer Enkelin fort. „Weißt du, was du da gesehen hast, Thesan?" „Vermutlich, Großmutter, steht der Delfin für unser Volk, oder? Was aber der junge Adler bedeutet, weiß ich nicht. Hast du vielleicht eine Ahnung?" Die Großmutter überlegte kurz und sprach: „Der Adler könnte für eine Stadt stehen, die im Süden liegt. Die Stadt ist sehr jung, ich glaube, sie wurde vor ungefähr 250 Sommersonnenwenden zum ersten Mal erwähnt. Sie nennt sich Rom." „Rom?", erwiderte Thesan, „meinst du, es steht für den jungen Adler?"

„Ja, Thesan, ihr Krafttier ist ein Adler, wie bei uns der Delfin", erklärte die Großmutter. „Und ihr Volk ist ein seltsames. Es träumt von Freiheit und Fortschritt. Es ist ein sehr gemischtes Volk, das die Hellenen bewundert, aber in genau diesem Moment gegen sie Krieg führt! Die Römer haben vor langer Zeit ihre Herrscher vertrieben, weil die Könige nicht weise waren. Und, weißt du, Thesan, wie alt unser Volk ist?" „Alt, sehr alt, aber die genaue Zahl kenne ich nicht." „Unser Volk ist 1000 Sommersonnenwenden alt", sprach die Großmutter, „aber kennst du auch die Prophezeiung über unser Volk?" Thesan: „Du meinst, dass unser Volk untergehen wird?" „Ja", sagte die Großmutter, „die genaue Prophezeiung lautet, nach einem Millennium steht unser Volk, die Etrurier, vor einer Gabelung. Der eine Weg führt in den Krieg und Abgrund!" Thesan: „Wie kannst du das so gelassen erzählen?" „Weißt du, wir als ganzes Volk haben es in der Hand. Und wir als Seher können nur mögliche Wege aufzeigen, nicht aber unser Schicksal verhindern. Vor über 1200 Jahren hat das Volk der Etrurier seine damalige Heimat verlassen wegen eines großen Vulkanausbruches. Damals flohen wir von unserem geliebten Zuhause, suchten und fanden dank unseren Sehern und Schamanen ein noch viel schöneres und fruchtbareres Land mit sanften Hügeln und unzähligen Bäumen. Genug Platz für Mensch und Tier, ob wild oder zahm. So, Thesan, komm mit, wir gehen nach draußen." Sie gingen auf die Terrasse, sahen aufs Meer hinaus und genossen den sanften Wind. Die Großmutter nahm Thesan mit in einen Nebenpalast, der das Zuhause der ehemaligen Königin war. Der Großvater wartete bereits und empfing die beiden mit großer Freude. So sprach er: „Willkommen, Königin und Prinzessin." Die Großmutter widersprach sofort: „Ich bin nicht mehr die Königin!" „Doch, für mich wirst du das immer sein!" Thesans Augen leuchteten, weil sie die Liebe zwischen ihren Großeltern spüren konnte, die die beiden nach all den Jahren füreinander empfanden. Die Großmutter sprach zu den beiden: „Kommt mit, ich will euch etwas zeigen, jetzt ist der richtige Zeitpunkt. Am Tage deiner Initiation, Thesan, habe ich dir dieses Geschenk gemacht. Da du aber zu klein warst, um dieses zu tragen, habe ich es aufbewahrt bis zum heutigen Tage. Vor deiner Initiation hatte ich eine Vision. Ich sah dich als Seherin und Retterin unseres Volkes. Darum habe ich diesen Schmuck, der das Dritte Auge symbolisiert, für dich anfertigen lassen." Sie nahm die goldene Ringscheibe mit den Symbolen aus der eisernen Schatulle, worauf sich zwei entgegenspringende Delfine befanden.

„Vor ungefähr zehn Jahren, als wir das Fest deiner Initiation gefeiert haben und dir deinen Namen ‚Thesan' gaben, legte ich dir den Schmuck auf deine Stirn und befestigte ihn mit einem Lederband um deinen Kopf."

In diesem Moment wiederholte die Großmutter die Zeremonie. Als die Ringscheibe die Stirn von Thesan berührte, befanden sich die beiden an einem kleinen See. Der Großvater bewegte sich auf einem Weg auf sie zu. Er sprach mit einer ihnen unbekannten Stimme: „Seid gegrüßt, Abgesandte." Beide sprachen im Chor zurück: „Großvater, bist du es?" „Großvater, wer ist Großvater?", erwiderte die Stimme. „Wo sind wir hier, wir waren doch soeben noch im Palast?" „An diesem Ort herrscht weder Zeit noch Raum. Egal, welchen Weg euer Volk einschlagen wird, hier wird er enden." „Großvater, bist du der Gott der Götter, Voltumna?" „Nein", lachte er, „höchstens ein Botschafter …" „Was machen wir hier? Warum hast du uns hierher gebracht?", fragte Thesan. Der Botschafter der Himmel schwieg. Die Großmutter schaute fragend und ein Moment der Stille verging … Die Gestalt sprach weiter in Rätseln: „Euer Volk liebt die Freiheit, die Natur und die Tiere und gesteht auch anderen Völkern diese Lebensweise zu, auch wenn sie anders sein werden. Warnt euer Volk vor dem Bären!" „Dem Bären? Wie erkennen wir den Bären?", wollte Thesan wissen. „Groß und stark wird er sein und ihr werdet ihn an seiner Spirale erkennen, die er trägt." Das Erstaunen über das geistige Wesen und dessen rätselhafte Worte war groß:

„Den Adler könnt ihr nicht besiegen. Zu groß ist sein Wille nach Freiheit! Zu wendig und jung, zu scharf sein Auge, zu gefährlich seine Krallen und zu tödlich sein Schnabel. Beruft euch auf die Fähigkeiten nach Kunst und Gesang, das Handwerk, die Natur und euer Wissen über das Erz. So wird der Adler euer Freund und Beschützer."

„Und wie wollen wir das tun?", fragte die Großmutter. „Erzählt eurem Volk von dieser Prophezeiung", sprach das Wesen aus dem Himmel. „Schafft ihr es, euer Volk davon zu überzeugen, dann wird euer Erbe, die Sprache und Kultur überleben. Entscheidet sich der Zwölf-Städtebund für den Pfad des Krieges, dann wird über 2000 Sommersonnenwenden eure Sprache, Kultur, ja eure ganze Existenz über diese Zeit geleugnet werden." Thesan und die Großmutter wurden weiß vor Ehrfurcht, denn sie spürten von innen heraus die Tragweite dieser Prophezeiung.

Dann verwandelte sich der Großvater in einen Adler und flog davon …

Zuerst wurde es weiß um sie herum und sie sahen durch ein trübes Licht wie aus der Vogelperspektive die Halbinsel Pupluna. Es war friedlich und sie hatten das Gefühl, schon Tage vom Palast fort gewesen zu sein. Dann machten beide gleichzeitig langsam die Augen zu und wieder auf und sie waren zurück im Palast neben dem Großvater, der sprach: „Warum antwortet ihr nicht, wenn ich euch etwas frage?" Die Großmutter erwiderte ganz erschrocken: „Was hast du gefragt?" „Gehen wir noch ein bisschen in die Stadt und besuchen unser Volk?", wollte der Großvater wissen. Die Großmutter und Thesan waren erstaunt, dass der Großvater nichts mitbekommen hatte. Sie fragten: „Wie langen waren wir weg?" „Weg? Ihr seid nie weg gewesen! Von was sprecht ihr?"

„Wir waren an einem See, wir drei!", erzählte die Großmutter. Der Großvater lächelte und erwiderte respektvoll: „Dein Verstand spielt dir einen Streich, wir drei waren an einem See, aber das war bereits vor Monaten." Die Großmutter war sich sicher und konterte: „Nein, das war jetzt gerade, wir drei an einem See!" „Dann hattest du eine Vision, bei der ich nicht dabei war", sprach der Großvater etwas enttäuscht, weil er diese Gabe selbst nicht hatte. Natürlich glaubte er den beiden, die anschließend ihre Vision mit ihm teilten.

Thesan wusste von dem Moment an, dass sie eine sehr schwere Aufgabe zu bewältigen hatte. Jung und ungeduldig, wie sie war, wollte sie sofort das Volk warnen. Die Großmutter erwiderte weise: „Ja, aber wir müssen uns erst klar werden, was wir erlebt haben, und nach dem Spaziergang bei unserem Volk konsultieren wir deinen Vater."

Im Hauptpalast von Pupluna

Der König Krankru: „Sohn und meine geliebte Königin. Wie ihr wisst, war ich in Tarchuna und habe mich mit den anderen Königen über den Handel beraten, den wir mit den Phöniziern, Hellenen und Ägyptern führen. Sie alle haben uns reich gemacht und unsere Schamanen raten uns, den Handel mit den Hellenen auf ein Minimum zu reduzieren, solange sie gegen Rom Krieg führen. Was denkt ihr darüber?" Die Königin Ushil sprach: „Wir haben unsere Schamanen noch nie ignoriert, warum sollten wir es jetzt tun?" Der Prinz Culsans widersprach: „Vater, warum helfen wir den Hellenen nicht im Kampf gegen Rom? Wir haben schon lange nicht mehr gegen sie gekämpft." Der Vater weitsichtig: „Culsans, warum sollten wir in diesen Konflikt eingreifen und unsere Kämpfer opfern für einen Krieg, der nicht der unsere ist?" „Vater, das ist jetzt die Möglichkeit, Rom ist schwach und verwundbar. Jetzt wäre die richtige Zeit, Rom zu schlagen, ihnen den Frieden aufzuzwingen und die Städte abzujagen, welche einst die unseren waren." Die Königin intervenierte: „Culsans, überlege, was du da sprichst, du hast den Krieg nie selber gesehen! Noch hast du deine eigenen Krieger auf kein Schlachtfeld geführt." „Ein Krieger sucht nie den Krieg, sondern versucht ihn mit allen Mitteln zu verhindern", belehrte der König Krankru seinen Sohn. „Höre dir an, was unser Schamane dazu zu sagen hat."

Der Schamane der Königsfamilie stand schon die ganze Zeit ruhig in einer Ecke, bedeckt mit seinem langen Mantel. Zeri, der Schamane, trat aus dem Schatten der Säulen hervor und sprach: „Lasst uns auf die Terrasse gehen und die Vögel und das Wetter beobachten." Wie schon oft ließ der Schamane die Natur für sich sprechen.

Alle schauten aufs Meer hinaus. Zeri senkte den Kopf und fing an zu meditieren … Die Vögel schwirrten umher, als spürten sie die Spannung in der Luft. Es wurde ganz still … Der Wind kam über das Meer geweht und brachte die Bäume zum Schwanken, die neben dem Palast schon seit langer Zeit standen. Der Wind wurde stärker und stärker und die Königsfamilie schaute gebannt dem Naturschauspiel zu. Wolken zogen auf, zuerst nur ein paar wenige, doch es wurden immer mehr. Dunkler und dunkler, dann kam ein Gewitter. Lautes Donnergrollen erschütterte die starken Palastmauern wie auf Befehl! Der Schamane war beeindruckend, er hob den Kopf und schaute in den Himmel hinauf. Es blitzte und donnerte und der Schamane begann die Botschaft zu lesen, die nur er entziffern konnte. Nach ein paar Minuten war das Gewitter vorbei und die Sonne brachte wieder Licht über die Stadt. Der Schamane zog sich wortlos zurück. Für einen Außenstehenden schien das sehr respektlos, jedoch wusste die Königsfamilie, dass Zeri nur sprach, wenn er die Botschaft entschlüsselt hatte.
Der Sohn konnte und wollte das alles nicht verstehen. Für ihn waren das alles alte Reliquien einer für ihn längst vergangenen Epoche. Reiche wurden nur mit Speer, Schild und Schwert geformt. Es gab nur einen Weg, seinem Etrurien wieder zur alten Größe zu verhelfen.

Da unterbrach der König den Sohn in seinen Gedanken. „Sohn, ich spüre, was du denkst! Alles, was man sich mit

Gewalt holen muss, muss man auch mit Gewalt halten! Darum hat jede unserer zwölf Städte einen eigenen König und verwaltet sich selber. So herrscht keine Stadt über die andere." Der Sohn schaute ins Leere und konnte die Worte hören, aber an seinem Herzen waren sie abgeprallt wie an dem Eisen, das Pupluna produzierte.

Der König Krankru sprach weiter: „Du solltest bei Zeri alles über das Geistige und die Natur lernen." Culsans widersprach abermals: „Vater, ich bin Krieger und kein Schamane …" „Doch ich will, dass du die Weisheit lernst und nicht nur die Kampfkunst." Der Junge, in seinem Stolz sehr verletzt, verließ erbost den Raum. Draußen blieb er jedoch abrupt stehen, drehte sich um und belauschte seine Eltern.

„Meine geliebte Königin Ushil, was soll ich tun?" „Ich weiß es nicht, warten wir ab, was der Schamane aus dem Vogelflug und den Blitzen gelesen hat und welchen Rat er für uns bereithält", erwiderte die Königin „Du hast recht, ich bin einfach zu ungeduldig und möchte unbedingt etwas tun." Ushil weiter: „Was meinst du, sollen wir unseren Handel mit den Hellenen wirklich einschränken?" Krankru: „Solange sie Krieg führen, ja. Wir werden den Handel mit den Ägyptern, Phöniziern, Kelten und Galliern ausweiten müssen. Und wir werden den Handel mit König Pyrrhos einschränken, solange er Krieg gegen die Rumer im Süden führt. Wirst du das veranlassen, meine Königin?" „Ja, sofort, ich werde umgehend unsere Handelsleute und Eisenhersteller informieren", sprach sie und verließ den Palast.

Zur gleichen Zeit schlenderte Thesan durch die Häuser von Pupluna, an den Goldschmieden und Steinmetzen vorbei, weiter zu den Korbflechtern und Terrakottaherstellern. Alle besaßen schöne, zum Teil aus Holz und Naturstein gefertigte kleine Häuser. Auch die Kunstmaler, Schmiede und Bäcker kreuzten ihren Weg. Jeder Einzelne in der Stadt war erfüllt von innerer Zufriedenheit.

Ein kleines Lüftchen blies immer auf dem Hügel. Der Wind des Lebens wehte zu ihnen herüber und sprach: „Macht weiter so, ich bin zufrieden mit euch."

Man konnte das tiefe Vertrauen, welches das Volk Thesan und den Großeltern entgegenbrachte, genau spüren. Das Vertrauen war so tief, weil über Jahrhunderte die Könige etrurischer Städte sich darum verdient gemacht hatten. Sie hatten und haben immer weise und in Wohlwollen gegenüber ihrer Bevölkerung gehandelt. Tief war das Vertrauen wie die Tiefe des dunkelblauen Meeres vor der Küste Etruriens.

Sie hatten fast den höchsten Punkt der Halbinsel erreicht, da rief Thesan und deutete zum Himmel: „Schaut mal, Ati Nacn und Apa Nacna (Großmutter und Großvater)." Die Sonne ging langsam dem Ozean entgegen und der Himmel färbte sich in allen Farben wie in einem Gemälde. Unten in der Ebene nordwärts konnte man die Eisenöfen sehen, wie sie den Rauch in die Höhe spuckten. Tag und Nacht qualmte es, um Eisen aus dem Gestein zu gewinnen, das in großen Schiffen von Ilva (Elba) nach Pupluna gebracht wurde.

Die Großeltern sprachen: „Komm, Thesan, wir gehen nach Hause, es ist schon spät." „Nur einen Moment", erwiderte Thesan, „bitte noch einen Augenblick, bis die Sonne den Horizont berührt." Die Großeltern schmunzelten. Thesan verpasste von klein auf kein Sonnenauf- oder Untergangs-Spektakel. Verträumt ließ Thesan ihren Blick in die Ferne schweifen.

Den Rückweg traten sie über einen kleinen Umweg Richtung der heiligen Stätten an, welche auf der anderen Seite der Halbinsel lagen. Sie sahen auf einen Platz hinunter, auf welchem man die Neugeborenen mit einem wunderbaren Fest begrüßte, der Initiation. Auch die Toten wurden hier verabschiedet mit einem Übergangsfest. Anschließend legte man die Verstorbenen in ein wunderschönes Grab, eine Art künstliche Höhle, direkt in den Berg gehauen. Darin befanden sich zwei bis drei Betten und die Lieblingsutensilien der Toten. Umso größer die Familie, umso mehr Betten wurden in den Stein gehauen. Die königlichen Familien hatten sogar künstliche Hügel, meist auf einer Hochebene.
Die Großeltern fragten Thesan, obwohl keine Zeremonie abgehalten wurde, ob sie die Musik hören könne. „Ja", freute sich Thesan, „ich kann die Musik genau hören." Der Platz war magisch, so spielte die Musik auch, wenn kein Fest stattfand, was aber nicht von allen gehört werden konnte.

Langsam wurde es dunkel und sie kehrten zurück zum Palast. Die Fackeln und Öllampen erhellten ihren Weg. Der Wald, der die Stadt umgab, erwachte und man hörte

Tiere und Geräusche, welche nur in der Nacht zu hören waren.

Als sie durch die Gassen gingen, freuten sich alle über die junge Thesan und sprachen hinter vorgehaltener Hand von ihr als Gesalbte. Dies wollte Thesan gar nicht hören, sie wollte einfach nur sie selber sein.

Zu Hause blieb Thesan über Nacht bei den Großeltern, was diese immer sehr freute.

Zur gleichen Zeit wartete der König Krankru auf die Entschlüsselung des Schamanen Zeri, und Culsans lauschte noch immer in einem versteckten Winkel, in der Hoffnung, er könne dem Gespräch beiwohnen. Die Königin Ushil kehrte zurück und sprach: „Mein König, ich habe alle Händler und Handwerker versammeln lassen und habe ihnen zu verstehen gegeben, dass der Handel mit den Griechen, solange sie Krieg führen, untersagt ist." Der König fragend: „Und wie hat unsere Stadt darauf reagiert?" „Die Schmiede haben genug Arbeit, weil unsere Eisenwaren überall beliebt sind. Die Handelsleute sind dagegen nicht so begeistert. Die anderen Handwerker nehmen es mit einem Murren hin."

Krankru fragte: „Aber sonst haben unsere Handelsleute und Handwerker verstanden, warum wir so handeln müssen?" „Ja, natürlich, wenn auch nicht alle mit ganzer Zustimmung." Sie verharrten eine Weile in der Stille ohne Worte.

Es war schon spät, als Zeri zum Königspaar kam. Diese blickten gespannt, aber der Schamane sprach kein Wort, was die Herrscher sehr verwunderte. Sonst erschien Zeri immer dann, wenn er etwas zu berichten hatte. „Mein König …", sprach er und verharrte in seinen Worten. „Sprich doch endlich, was haben die Götter zu sagen?", fragte der König Krankru ungeduldig. Zeri antwortete: „Ich glaube, dass du die Antwort diesmal nicht hören willst, da die Kunde unserer Götter, diese neue Botschaft, sehr dunkel ist. Sie kommt direkt vom Gott der Götter Voltumna selbst. Hören wir nicht auf ihn, so wird das der Untergang von uns allen sein!", sprach Zeri laut und mit deutlicher Stimme. Da erwachte auch Culsans, der immer noch in seinem Versteck lauerte, von Zeris lauter Stimme, als ob ihn ein Dämon wachrüttelte.

Zeri sprach weiter: „Mit Untergang meine ich nicht unsere Stadt, mein König, sondern den ganzen Zwölf-Städtebund. Den Untergang Etruriens, unserer Selbständigkeit, unserer Sprache, unserer Kultur. Ja, zum Teil sogar die Versklavung unseres Volkes …"

„Vorsichtig wir sein müssen", sprach Zeri weiter in einem komischen Dialekt. Krankru behielt die Fassung, aber innerlich brodelte es, da Zeri nicht mit der wichtigsten Botschaft auspacken wollte.

„Sprich, was haben die Götter uns geraten?", wollte der König nun endlich wissen. Krankru empfing schon viele Botschaften, aber innerlich spürte er, dass das alles sprengen würde, was er bis jetzt vernahm.

Zeri sprach: „Mein König, du wirst das nicht hören wollen!" Krankrus Magen rumorte, aber nicht vor Hunger, er wusste, dass jetzt nichts Gutes kam. Zeri schaute ein bisschen erschöpft hinaus, vorbei an den Säulen in den Nachthimmel. Als er seinen Blick zurückwandte, sprach er mit ruhiger Stimme: „Mein König, der Gott der Götter Voltumna verlangt von dir ein großes Opfer. Er will das Leben deines einzigen Sohnes Culsans im Gegenzug für unser Volk."

Der im Versteck verharrende Culsans riss nun augenblicklich die Augen weit auf und konnte nicht glauben, was er da hörte.

Der König wollte etwas sagen, war aber sprachlos. Als er sich nach einiger Zeit wieder gefasst hatte, sprach er Zeri an: „Bist du sicher, was du da von mir verlangst?" Schon allein die Fragestellung und dass der König die Idee nicht sofort verwarf, erzürnte Culsans in seinem Versteck.

Die Königin Ushil war erstarrt über diese Nachricht, aber auch voller Wut, weil der König in Betracht zog, die Opferung zu vollziehen. Zeri, der Schamane, der nie falsch lag mit seinen Ratschlägen, wusste, dass der König in einer sehr misslichen Lage war. Das Schicksal vieler gegen das Schicksal eines Einzigen.

König Krankru: „Weißt du, was du da von mir verlangst, mein Schamane?" Die Stimme war leicht erzürnt. Aber nicht wegen Zeri, sondern weil diese Entscheidung dem König nicht lag.

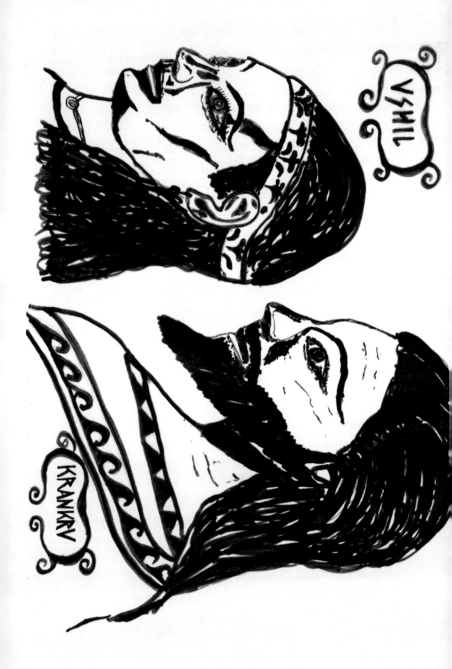

„Tupi Tupi Voltumna", rief der König in die Nacht. „Was für eine Strafe von Gott … Wann will er dieses Opfer?", richtete Krankru die Frage an Zeri fast schon apathisch und demütig. „Es wird in 20 Tagen sein, am nächsten Tiurfest. Dann muss es bei Vollmond vollbracht werden", sprach der Schamane.

Als Culsans klar wurde, dass er geopfert werden sollte, schlich er sich voller Hass weg, um seine eigenen Pläne gegen die Familie, gegen den Schamanen und gegen die Götter zu schmieden.

Der König Krankru zweifelte nicht an seinem Schamanen, aber sehr an dem, was ihm abverlangt wurde. „Zeri, mein Freund und Deuter der Blitze, Beherrscher der Sprache der Götter. Ich muss dich hierbei um einen Gefallen bitten." „Alles, was du von mir verlangst, mein König!", erwiderte Zeri. „Dann bitte ich dich, reite nach Velzna (Volsinii) und berate dich mit den anderen Schamanen. Bete im Tempel Voltumna, dass wir um das herumkommen, was hier geschieht. Berate dich mit all den Sehern und Geistigen und kehre zurück, wenn du dir sicher bist."

Zeri: „So soll es geschehen! Ich werde heute Nacht noch losreiten, es ist ein weiter Weg." „Mögen dich die Götter beschützen!"

Als Zeri den Raum verließ, sprach die Königin zum König: „Wie kannst du nur in Betracht ziehen, unser Kind zu opfern?" „Alle Einwohner von Pupluna sind unsere Kinder, vergiss das nicht. Wir dürfen das Wohl eines

Einzelnen nicht dem vieler vorziehen, darum sind wir Könige", sprach der König weise. Die Königin weinte, aber akzeptierte den Willen von Voltumna, wenn sich Zeris Prophezeiung bestätigte.

Zeri nahm sein Pferd und ritt nach Südosten in Richtung Velzna. Er orientierte sich an den Sternen, der Ritt dauerte ungefähr eineinhalb Tage. Bis ans Ziel ins Herz Etruriens, geografisch wie auch geistlich.

Alles, was sich spirituell oder feinstofflich bewegte, war dort. Heiler, Seher, Schamanen und Priester. Zeri erwartete keine andere Antwort als die, die er selbst schon von Voltumna erhielt. Doch dem König Krankru zuliebe machte er sich auf den Weg dorthin.

Die Reise beginnt / Caere

Am Morgen darauf ritt Lucius Richtung Tarchuna. Am Tag zuvor war er schon beim König Tarnas von Caere gewesen, der ihm wohlgesonnen war und die Rolle mit dem Gruß des Senats und des Volkes von Rom entgegennahm.

Lucius nahm sogar ein persönliches Geschenk entgegen. Er erhielt schöne lederne Armschützer mit einem etrurischen Muster darauf. Der König schätzte es sehr, dass Rom einen Botschafter mit etrurischen Wurzeln sendete, der die Sprache, Sitten und Gebräuche Etruriens ein bisschen kannte.

Der König Tarnas zeigte ihm sogar die Totenstadt neben Caere, die sonst niemand kannte. Sie war größer und wunderbarer als Caere selbst. Sie wanderten zusammen in der Totenstadt umher und der König und sein persönlicher Schamane zeigten Lucius gigantische Gräberbauten. Lucius erlebte eine friedliche Stille, wie er sie nur selten erfahren hatte.

Jede Familie hatte ihr eigenes Haus aus Stein, rund im Bau mit einer Kuppel. Manche Grabhäuser waren fünf bis zehn Schritte im Durchmesser. Es war überwältigend, welche Ruhe und welcher Frieden von dieser Totenstadt ausging. Lucius bedankte sich beim König und dem Schamanen für diese unmessbare Ehre. Tarnas versicherte ihm, dass er mit den anderen Königen Etruriens am Vollmondfest über das Angebot Roms über einen dauerhaften Frieden abstimmen werde.

Tarchuna

In der Ebene, in der Lucius weiterritt, sah er auf der Anhöhe Tarchuna. Es war eine der großen Städte, reich und eingebildet. Er war nicht begeistert von den prunkvollen Toren Tarchunas, welche er passieren musste. Eigentlich mochte Lucius gar keine großen Städte außer Rom. Rom stand für den Traum von Freiheit und den Traum, über sich selbst zu bestimmen. Er wusste, dass diese Verhandlungen nicht so einfach wie in Caere verlaufen würden.

Als ob er es geahnt hätte, wurden ihm kurz nach Passieren der Tore bereits Feindseligkeiten entgegengebracht. „Schaut mal, der Rumer", riefen die Torwachen und hielten Lucius auf, obwohl er den Siegelring zeigte, der ihn als Botschafter auswies. Innerlich brodelte Lucius schon, weil er in seiner Seele ein Krieger war und Ungerechtigkeit und Überheblichkeit hasste. Er sprach für sich ein Gebet: „Gott der Götter, bitte lass mich ruhig und sanftmütig sein, ich will nicht kämpfen, ich bin als Botschafter des Friedens hier." Beruhigt durch das Gebet, bat er die Torwachen beiseitezutreten, damit er die Kunde Roms vortragen könne. Die Wachen schauten sich an, lachten und hielten Lucius weiterhin fest. Eine Schar von Leuten versammelte sich um Lucius und schaute ihn mit durchbohrenden und fragenden Blicken an.

Zufällig betrat ein etrurischer General diese Szene und sprach mit strenger Stimme: „Was ist hier los?" Die Menge machte sofort einen Korridor frei zu Lucius. Die Wachen antworteten unverzüglich: „Großer General Ferit! Der Mann behauptet, er sei ein Botschafter der Rumer, da kann ja jeder kommen." Der General, der sofort erkannte, dass Lucius ein Botschafter war, sprach zu den Wachen: „Ihr dummen Langhornrinder, wenn ihr nicht schon das Unterste und Letzte wärt, dann würde ich euch sofort degradieren. Sonst lasst ihr auch jeden durch das Tor marschieren, der aus den anliegenden Wäldern kommt. Ausgerechnet einen Botschafter der Rumer haltet ihr auf, seid ihr denn von allen guten Geistern verlassen, die euch Weisheit schenken sollten?" Jetzt musste der General erst einmal Luft holen.

Nach dieser Ansprache flohen die ganzen Neugierigen aus der Bevölkerung in alle Himmelsrichtungen. Nur die beiden Wachen blieben sprachlos zurück. Der General zu Lucius: „So, nun kommt, ich zeige Euch erst einmal die Stadt und dann führe ich Euch zu meinem König."

Die Straßen waren sehr lang und für etrurische Verhältnisse fast schon pompös. Der General führte ihn vorbei an bunt bemalten Tempeln. Gesang hallte in der Luft, Weihrauch und Kräuterdüfte stiegen in die Nase. Tänzerinnen und Flötenspieler unterhielten die Menge in den Straßen. Natürlich durften bei der Besichtigung auch der Paradeplatz und das Militärlager nicht fehlen. Tarchuna war nicht nur eine der größten Städte Etruriens, es hatte auch die größte Armee. Fast eintausend Mann exerzierten auf dem Platz unter voller Ausrüstung, Rundschild und Speer, und trainierten mit der Falcata.

GENERAL FEAR

Der General Ferit protzte, ohne dass Lucius etwas fragte: „Hier sind 3.500 Mann stationiert, die stärkste Armee Etruriens." Lucius war auf der einen Seite beeindruckt, weil er wusste, dass diese Armee allein schon seiner eigenen fast zwei zu eins überlegen war, doch er fürchtete Generäle, die mit ihrer Armee protzten, nicht. Er wusste aus Erfahrung, dass angeberische Generäle, die ihre Truppenstärke verrieten, nicht sehr gefährlich waren. Eine Armee mit einem, sagen wir mal, nicht so schlauen General war für Lucius eine tote Armee.

Lucius tat so, als wäre er beeindruckt. Das machte den General Ferit noch stolzer. So liefen sie das Militärareal Tarchunas ab und Lucius merkte sich alles genau. Jeden Speer, jedes Schild und jede Falcata. Als sie dieses große Quartier verließen, passierten sie die Segelmacherei. Segel so groß wie ganze Häuser stellten sie hier für die Kriegsflotte Etruriens her. Der General zog alle Register der antiken psychologischen Kriegsführung. Dies beeindruckte Lucius jedoch nicht …

Weiter ging es Richtung königlicher Palast, der noch zusätzlich geschützt war. Dieser war wunderschön verziert mit allerlei Terrakottafiguren und Ornamenten. Der General kündigte Lucius einem königlichen Boten an. Der Palast hatte mehr von einem Heiligtum. Lucius fühlte sich auf einmal wohl, er genoss die etrurische Architektur, die oft aus Holz bestand. Er bekam den Eindruck, dass die Etrurier nicht so sehr wie die Römer das Verlangen hatten, für die Ewigkeit zu bauen, sondern die natürliche Stimmung des Lebens wiederzugeben. So wirkte die Stadt auf Lucius, abgesehen von den Feindseligkeiten der Bevölkerung, fast so, als verschmelze die Landschaft mit der Stadt. Er bewunderte den Palast, lief ein bisschen umher und hörte dann von Weitem die strenge Stimme des Generals Ferit: „Botschafter Lucius, der König Tarchunas empfängt uns, kommt hier lang." Der König Lacunto stand da und probierte einen neuen Brustpanzer mit wunderbaren Verzierungen. Lucius dachte sich: Das kann kein Zufall sein. Ist das ein gutes oder schlechtes Omen für die bevorstehende Friedensverhandlung?

Der König sprach ein bisschen herablassend: „Sprich, Botschafter der Rumer, was willst du hier?" Lucius: „König Lacunto, ich bringe einen Freundschaftsgruß des Volkes und des Senats von Rom. Das ist eine Papyrusrolle mit dem Willen des Senates für einen dauerhaften Frieden mit den zwölf Städten Etruriens."

Lacunto grüßte und lief um den Botschafter herum, musterte ihn herablassend und grinste hämisch. Nach einer kleinen taktischen Stille antwortete der König: „Du bist selbst Etrurier, Lucius?!" „Nein, ich bin Römer", antwortete Lucius stolz. „Aber du siehst nicht aus wie ein Römer!" „Meine Mutter war aus Pupluna und mein Vater ein römischer Händler", erklärte Lucius. Der König von Tarchuna erwiderte: „Was für eine Ironie, ein Rumer mit etrurischen Wurzeln bettelt um Frieden für Rom!"

Lucius: „Ich bettle nicht, der Friede ist ein Geschenk von Rom an Euch!" Der König Lacunto wurde ernst und zornig: „Die Tarchuner haben früher die Könige gestellt für die Rumer und dann hat das Volk sie vertrieben. Dann habt ihr in den letzten 50 Jahren Dörfer und Städte um Rom erobert, die etrurisch waren, und jetzt kommt ihr hier angekrochen und bettelt um Frieden? Meint ihr, ich kenne die Lage Roms nicht? Den Krieg, den ihr im Süden gegen König Pyrrhos führt? Wahrscheinlich sind alle eure Legionen im Süden gebunden, wenn sie überhaupt wiederkommen. Jetzt habt ihr Angst, dass Etrurien euch eure hart erkämpfte Freiheit wieder wegnimmt!"

Lucius erkannte, dass er hier einen sehr schlauen König vor sich hatte, zügelte sich selbst und sprach ruhig. Er bedachte seine Antwort gut, weil seine Reaktion jetzt alles entscheiden konnte. Ein Augenblick der Stille. Obwohl es in Lucius brodelte, sprach er ruhig zum König Lacunto: „Wir haben Jahrzehnte der Konflikte hinter uns, sicher haben wir nicht immer richtig gehandelt. Doch bedenkt, wir als kleines Rom haben euch schon bei mehreren Konflikten Territorien und kleine Städte abgerungen. Sicherlich, wenn ihr uns angreifen würdet, hätten wir Probleme, doch haben wir fast ein Jahrzehnt keine großen Auseinandersetzungen gehabt. Ich finde, das sollte auch so bleiben."

Wieder war es im Königspalast für mehrere Sekunden still, man hätte sogar eine Fibel fallen hören können.

Der König erwiderte: „Was könnt ihr mir bieten?", und spielte damit auf eine Tributzahlung an. Lucius wusste, dass sie sich einen Tribut nicht leisten konnten. Der Krieg im Süden gegen die Griechen verschlang Unsummen an Geld, Material und Menschen.

DIE GEFLÜGELTEN PFERDE VON TARCHVNA

Lucius: „Was könnte ich euch geben, was ihr nicht schon besitzt? Ihr seid eine der reichsten Städte hier am Tyrrhenischen Meer. Ihr habt alles bis auf etwas Einzigartiges!" Lacunto war neugierig: „Und das wäre …?" Lucius ließ die Spannung ein bisschen steigen, antwortete diesmal aber sehr direkt: „Die Dankbarkeit und Freundschaft unseres Volkes!" Das Oberhaupt der Tarchuner lächelte ein bisschen verschmitzt. Doch er war nicht dumm. Er hatte die Rumer in der Hand und musste natürlich Lucius diplomatisch noch ein bisschen zappeln lassen: „Falls, und ich sage, falls ihr den Krieg gegen Pyrrhos nicht verliert und ihr euch erholt, nehme ich euer Angebot an. Dann ist mir Rom militärisch einen Gefallen schuldig." Lucius nickte und wusste genau, was das bedeutete. Rom musste bei einem eventuellen Einfall der Kelten und Gallier in das etrurische Hoheitsgebiet, um Hilfe zu leisten. Aber es war auch klar, dass der Frieden irgendwie bezahlt werden musste. Lacunto machte noch eine zusätzliche Bemerkung: „So gilt aber unsere Übereinkunft nur, wenn ich euer Angebot an den Rat der anderen elf Könige weitergeben darf und diese auch zustimmen. Du musst wissen, einmal im Monat kommen wir in Velzna zusammen und halten das Vollmondfest ab. Du bist dazu eingeladen, in 18 Tagen ist es so weit." „Ich werde da sein, König Lacunto, in 18 Tagen. Aber ich bin noch zehn Städten einen Besuch schuldig", sprach Lucius. „Dann reite schnell, Rumer, reite schnell. Sei weise, denn nicht alle sind so nett wie ich", lachte der König hämisch. Da es schon spät geworden war, erhielt Lucius ein Nachtquartier und ritt am nächsten Morgen früh los. Als Proviant erhielt er noch getrocknetes Wildschwein und Früchte mit auf den Weg.

Velcha

Der Pfad führte am Fluss entlang bis zur Küste des Tyrrhenischen Meeres und dann landeinwärts Richtung Velcha. Das Gelände war immer noch sehr flach, so konnte Lucius die Gegend gut überblicken. Von Weitem sah er das keilförmige Tor von Velcha, welches vom Fluss fast natürlich umringt wurde. Die Stadt umgab eine riesige Mauer. Als er das Tor durchritt, merkte er schnell, dass die Leute ganz anders waren als in Tarchuna. Ruhig, besonnen, aber neugierig fragten sie, woher er komme und was er hier wolle. Sein Pferd bekam Wasser, was er dankbar annahm bei dem heißen Wetter. Die Menschen, die ihn umringten, schickten ein paar Halbwüchsige nach den Wachen, so dass sie Lucius zum Königspalast geleiten konnten. Es dauerte eine ganze Weile, da die Stadt so weitläufig war und die Bewohner nicht so von Hast getrieben waren. Lucius war das recht, so konnte er ein bisschen Kraft tanken bei den einfachen Leuten, die lachten und mit ihm Späße trieben.

Von Weitem sah man die Palastwachen marschieren mit ihren Bronzerüstungen und den reich verzierten Rundschildern, die in der Sonne glänzten wie Gold. Sie marschierten als absolute Einheit, was den Rüstungen noch mehr Eleganz verlieh. Lucius hatte so etwas noch nie zuvor gesehen. Ein Offizier begrüßte Lucius höflich: „Du bist ein Rumer?" „Ja", antwortete Lucius erstaunt.

„Ich bin Petluna, der höchste Krieger dieser Stadt. Wenn du eine Botschaft für meinen König hast, dann folge mir."

GEN. PETLVNA

Sie ritten die engen Gassen Velchas entlang. An der äußersten Ecke, nahe bei einem Wasserfall, lag der Palast des Königs. Man konnte das beruhigende Rauschen in allen Teilen des Palastes hören. „Es ist wunderschön hier", sagte Lucius zu dem General. Dieser dankte dem Botschafter herzlich. Er öffnete die prachtvolle Tür des Palastes, welche mit vielen Säulen verziert war. Zwischen den Säulen schmückten schöne Figuren aus Bronze die Leerräume.

Sie betraten einen großen Saal, in welchem sich der König mit seinen Beratern aufhielt. „Was kann ich für Euch tun, oberster aller Krieger?", fragte der König. „Großer König von Velcha, hier ist ein Botschafter der Rumer. Er hat Nachricht für Euch." Der König, froh, ein bisschen Abwechslung zu haben, schickte seine Stadtplaner, Offiziere und Berater vor die Tür. Für den König war das Tagesgeschäft erledigt und es blieben nur wie ein Schatten eines jeden etrurischen Königs sein Schamane und die Leibwache bei ihm. Er winkte den zweien zu und sagte: „Kommt und tretet näher." Sie folgten dem König nach draußen, wo sie einen Blick auf den Wasserfall hatten und sie ein beruhigendes Rauschen umgab.

„So sprich nun, Rumer. Was gibt es zu berichten aus der Republik Rom?", fragte der König etwas sarkastisch. Er glaubte nicht, dass sich eine Republik lange über Wasser halten konnte. Die Vergangenheit hatte schließlich gezeigt, dass es ohne Könige nicht funktionierte. Lucius: „Ich bringe Euch einen Freundschaftsgruß unseres Volkes und des Senats Roms. Hier ist ein Brief unserer Senatoren, die Euch um Frieden bitten."

Der König Tragun zerbrach das Senatorensiegel, öffnete den Brief und begann neugierig zu lesen. Er las und las, grinste und lachte und besprach den Inhalt mit seinem Schamanen.

„Mein Schamane hat mir deinen Besuch bereits gestern angekündigt. Er erzählte mir, dass ihr eine andere Lebensweise gewählt habt. So seid ihr aus etrurischen Wurzeln entstanden, und wenn auch Rom nicht unseren Vorstellungen entspricht, ist es falsch, wenn wir uns bekämpfen würden. So stimme ich eurem Senat zu und gebe eurem Volk die Hand des Friedens", sprach der König zur Freude von Lucius. „So lasst uns noch ein bisschen durch die Stadt laufen. Erzählt mir von Eurem Rom und ich erzähle Euch von uns Etruriern, denn nur wenn wir uns verstehen und den anderen so sehen, wie er ist, dann können wir auch den Frieden bewahren. Ist es nicht so?"
„Ja, König Tragun, es ist so und es ist schwieriger, jemanden zu töten, wen man ihn kennt", erwiderte Lucius. „Du sprichst, als wüsstest du, wovon du redest", stellte der König fest. Lucius fiel ein Stein von seinem Kriegerherz.

Tragun zeigte Lucius das wundervolle Velcha. Nicht, weil er prahlen wollte, nein, weil er stolz war auf seine Stadt und die Bevölkerung, die voller Lebensfreude war. Sie kamen zu einer Brücke, auf deren anderer Seite Wachen mit Speeren standen, die aber fast so aussahen wie Priester. Lucius schaute sich ein bisschen um. Jenseits des Flusses lag noch eine andere Stadt mit vielen steinernen, runden Häusern. Jedoch waren da keine Menschen zu sehen. Der König sprach voller Stolz: „Hier wohnen unsere

Ahnen!" Lucius war erstaunt, wie viel Energie die Etrurier für die Toten aufwandten. Obwohl er ursprünglich von diesem Volk abstammte, war ihm das unbegreiflich. Der König bat seinen Schamanen um Zutritt in die andere Welt. Der Schamane begann ein Ritual auf der Brücke und bat die Ahnen um Einlass in ihre Welt.

Er sah Lucius tief in die Augen und nickte. Sie schritten in die Nekropole, es war ruhig und friedlich. Für Lucius war es, als sähe er etwas, aber er konnte es nicht recht deuten. Waren das wirklich Geister, die er hier sah? Er schüttelte den Kopf und weg waren die Schatten vor seinen Augen. Tragun führte Lucius auf der Straße der Ahnen zum größten Hügelhaus, es war offen. Der König begleitete den Botschafter mit dem Schamanen hinein. Es war eine exakte Nachbildung des Palastes, aber diesmal alles aus Stein. Die Betten, der Tisch, die Balken, die Kissen. Es war erstaunlich.

Hier begriff Lucius erstmals die Unterschiede Roms zur etrurischen Seele. Die Römer bauten vor allem, um zu beeindrucken. Die Etrurier für ihre Ahnen und ein Leben danach. Lucius gefiel der Gedanke, dass es nach dem Tod weiterging. In Rom war man viel zu beschäftigt, in diesem Leben zu überleben, als dass man sich damit auseinandersetzte, ob es nach dem Tode noch etwas anderes gab. Obwohl Lucius in Eile war, konnte er hier im Herzen der etrurischen Seele Kraft tanken und sich mit seinem Sein auseinandersetzen. Er sah, dass dieses Land, das er hier bereiste, viel mehr Tiefe und Weisheit hatte als Rom, obwohl er seine Stadt liebte. Er besann sich seiner Mission und bedankte sich beim König und seinem Schamanen.

Der König entschuldigte sich höflichst, Lucius aufgehalten zu haben, weil die Zeit in der Ahnenstadt wie stehen geblieben war. Sie gingen zurück in den Palast der Lebenden. Dort verhandelten sie über die weitere Beziehung zwischen Rom und Velcha.

Tragun stimmte einem Frieden mit Rom wohlwollend zu und nahm die Freundschaftsrolle des Senates an sich. Er verfasste selber einen kleinen Gruß an den Senat und schickte Lucius, den er inzwischen gerne mochte, los nach Velzna (Volsinii) und sprach: „Zieh hin nach Velzna, in unsere heilige Stadt. Du wirst dort verwundert sein, denn sie ist nicht wie die anderen Städte. Die Stadt und ihre Einwohner sind sehr speziell." „Was heißt das?", wollte Lucius wissen. „Das wirst du schon sehen, das wirst du schon sehen", wiederholte der König schmunzelnd.

Erinnerung

Lucius zog Richtung Landesinneres. Die Straßen wurden hügeliger und enger, der Wald dichter und dichter. Jetzt befand sich Lucius zu Hause und erinnerte sich an seine Jugend. Bevor er in die Legion eintrat, streifte er bewaffnet mit zwei Gladien auf dem Rücken durch die dichten Wälder Etruriens und fühlte sich frei, so frei und unbeschwert wie ein Tier des Waldes. Er erinnerte sich wieder an alles! Er streifte zwischen den Bäumen hindurch, frei von Staat und Menschenvorstellungen. Hier entstand seine Liebe und der Drang, frei und selbstbestimmend zu sein und zu bleiben.

Jahrelang war er durch die Wälder geritten, kannte jedes Tier und liebte die einfachen Dörfer der Etrurier, die irgendwo in den Wäldern versteckt lagen. Diese Bewohner ehrten besonders die Waldgeister. Manchmal wurde Lucius auch überfallen, damals als junger Mann. Er trainierte immer abends am Feuer mit seinen Gladien und wusste sich entsprechend zu wehren. Eines Nachts schlich sich ein Bär an. Lucius wurde von einem leisen Knacken geweckt, das der Bär verursachte. Das Tier war schon sehr nahe, Lucius zog seine zwei Schwerter und war bereit, dem Bär das Leben zu nehmen. Dieser fühlte sich provoziert und stellte sich auf seine Hinterbeine, brüllte laut und schaute Lucius tief in die Augen. Beide waren bereit zu sterben, aber beide erkannten sich selbst in dem Wesen des anderen. Der Krieger im Bären und der Bär im Krieger.

Das war ein Moment, als ob die Zeit stehen blieb. Nach dieser kleinen Berührung der Ewigkeit steckte Lucius seine Schwerter wieder ein und der Bär ging wieder zurück in den dichten Wald, wo er verschwand.

Es kamen immer wieder Rückblicke in Lucius' Kopf, als wäre er hier inmitten dieser Erlen, Sommereichen, Pappeln, Weiden und Eschen zu Hause. Diese unendliche hügelige Landschaft, die sich abwechselte mit Tälern und Feucht- und Sumpfgebieten, die nicht von dieser Welt schienen. Er orientierte sich an Flussläufen und Seen, die manchmal künstlich waren, aber natürlich auf eine Weise beeinflusst wurden, so dass ein möglichst gleicher Wasserstand bewahrt wurde. Der Kreislauf der Natur wurde so begünstigt, dass der Ackerbau und Fischfang sowie die Binnenschifffahrt ebenfalls davon profitierten.

Die Etrurier wussten, man konnte von der Natur nehmen, musste sie dafür aber auch pflegen und etwas zurückgeben.

Überfall

So folgte Lucius den Flussläufen, wo immer er konnte, und fragte sich von einem kleinen Gutshof zum nächsten Richtung Velzna durch. Nach einer kurzen Zeit kam er an einen Vulkansee und suchte eine Bleibe. Lucius entdeckte ein etrurisches Dorf. Er ritt langsam und vorsichtig und versuchte die Sprache zu verstehen, konnte aber mit diesem Dialekt nichts anfangen. Die Dorfbewohner musterten Lucius, als hätten sie noch nie einen Nicht-Etrurier gesehen. Es lag eine Spannung in der Luft, trotzdem versuchten sie weiter mit Lucius zu kommunizieren, jedoch vergeblich. Lucius sprach verzweifelt: „Ich glaube, ich suche mir eine andere Bleibe, doch es wird sicher schwierig, es dunkelt schon ein." Sein Pferd nickte, als ob es ihn verstünde.

Die Einwohner schauten ihn ratlos an, da tauchten langsam die Krieger aus dem Wald auf. Sie erblickten Lucius und redeten laut und aufgebracht zu den Dorfbewohnern. Die bemalten Krieger umzingelten den ungebetenen Gast mit Speeren. Lucius wurde erst ein bisschen mulmig zu Mute, da er nicht bewaffnet war. Er sprach laut: „Ich komme in Frieden, ich bin ein Botschafter Roms." Lucius zeigte seine Insignien. Doch das machte die Dorfgemeinschaft nur noch aufgebrachter. Sie fuchtelten mit den Speeren, die Situation schien zu eskalieren. Lucius versuchte noch etwas auf Etrurisch zu sagen, doch vergebens. Mehrere Krieger stupsten ihn an, so dass er vom Pferd fiel. Lucius, der einen Kopf größer war als die meisten Krieger dieses etrurischen Clans, stand auf, schüttelte sich und war so sauer, dass der schlafende

Krieger in ihm wach wurde. Er schrie laut wie ein Tier, so dass es durch den Wald hallte. Lucius hielt seine Schulter, ein Krieger hatte ihn verletzt. Er bedeckte seine Wunde, die blutete. An den Beinen war er ebenfalls mit Schrammen übersät. Die Krieger gingen einige Schritte zurück. Der Anführer trat vor Lucius und richtete den Speer auf ihn. Doch Lucius beschloss, dass hier keine Diplomatie mehr half. Er überwältigte den Anführer, warf ihn zu Boden und hielt ihn in Schach. Die anderen Krieger kamen leicht näher, hatten aber Angst um ihren Anführer. Lucius entwendete dem Truppenführer den Dolch und hielt ihm diesen an die Kehle. Er griff nach den Zügeln und erpresste sich so einen Weg aus dem wütenden Mob.

Außerhalb vom Dorf ließ er seine Geisel frei, schwang sich auf sein Pferd und galoppierte los. Er drehte sich um und sah bereits seine Verfolger hinter ihm herreiten. Ein Speer traf ihn am Oberschenkel und riss eine große Wunde in das Fleisch. Lucius presste die Zähne zusammen und schüttelte die Verfolger erfolgreich ab. Es war bereits Mitternacht und er fiel vor Erschöpfung vom Pferd. Der Mittmond leuchtete hell und der Geist des Bären wachte über ihn.

Die Schamanin aus dem Wald

Irgendwann in den frühen Morgenstunden streifte eine Schamanin durch die Wälder auf der Suche nach Beeren und Kräutern. Da entdeckte sie den schlafenden Krieger, doch er war auf Besuch in der Welt der Ahnen und zu diesem Zeitpunkt mehr tot als lebendig. So machte sie eine Pritsche und zog diese mithilfe von Lucius' Pferd in ihr Zuhause. Sie lebte ganz verborgen in einer Höhle, wo sie drei Tage lang die Wunden des Unbekannten pflegte. Sie erkannte, dass er ein Krieger war, obwohl er keine Waffen bei sich trug. Er trug das eingebrannte Zeichen der Legion auf seiner Schulter, das nun mit einem Schnitt durchtrennt war. Sie kochte ihm Kräuterbrühe und pflegte seine tiefen Wunden.

Nach drei Tagen Delirium erwachte Lucius total verwirrt, innerlich noch immer am Kämpfen. Er erschrak, als er sich an einem Feuer in der Höhle der Schamanin wiederfand. Als er erkannte, dass keine Gefahr drohte, sprach er zu der bildhübschen Schamanin, die ein bisschen der Göttin Venus glich: „Verstehst du mich? Wie lange bin ich schon hier? Warum hast du mich gepflegt? Du kennst mich doch gar nicht." „Sehr wohl kenne ich dich, großer Krieger. Ich weiß, wer du bist, und ich kenne dein Wesen", sprach sie sehr ruhig und säuberte weiter seine Wunden. Lucius war noch leicht benommen und sah alles sehr verschwommen. „Warum verstehst du mich, du hübsche Fremde, und wo bin ich hier überhaupt?", wollte Lucius wissen.

„Mein Name ist Luri und du bist einen Zweistundenritt von Velzna entfernt. Und warum sollte ich dich nicht verstehen können?" Lucius: „Ich war in einem Dorf, es war an einem Vulkansee und die Dorfbewohner verstanden mich überhaupt nicht. Da kam es zu einem Missverständnis, worauf mich die Krieger angegriffen haben. Ich musste fliehen." Die Schamanin: „Ich war früher Heilerin dieses Dorfes, aber sie wollten nichts mit meinen Kräften zu tun haben. Sie haben mich verstoßen. Ab und zu kommt mich jemand aus dem Dorf heimlich besuchen, um sich heilen zu lassen. Der Angriff hat nichts mit dir persönlich zu tun, sie wollen einfach keinen Kontakt mit Fremden. Außerdem sprechen sie eine Sprache, die längst vergessen ist. Wie ist dein Name, fremder Krieger?" „Oh verzeih, Luri, ich habe mich noch gar nicht vorgestellt. Ich bin Lucius, ein Römer auf einer Friedensmission. Ich besuche alle Städte Etruriens vor dem Vollmondfest. Wie lange habe ich geschlafen?"

„Drei Tage und drei Nächte", sprach Luri. „Drei Tage?! Drei Nächte?!", erwiderte Lucius ungläubig. Er wollte sofort los und versuchte aufzustehen, aber sein Bein schmerzte sehr. Die Schamanin sprach zu Lucius: „Es ist später Nachmittag, Krieger Lucius, ruh dich noch eine Nacht bei mir aus und dann geh morgen früh mit vollen Kräften weiter." Zuerst wollte Lucius nicht hören, aber die Heilerin überzeugte schließlich den Römer. Sie wechselte die Blutegel, die sein Blut reinigten, und setzte eine neue Kräuterbrühe auf, die ihn für seine weitere Reise stärken sollte.

„Warum bist du alleine hier im Wald und nicht bei den Menschen in der Stadt?", wollte Lucius wissen. „Ich habe nicht gerne zu viele Menschen um mich herum. Ich spüre ihr ganzes Wesen und in einer Stadt gibt es einfach zu viele davon", versuchte die Heilerin ihre Situation zu beschreiben. „Du bist mehr Krieger, als du selber weißt, Lucius", sprach Luri. Lucius war neugierig, weil es so war, als ob sie Lucius schon lange kannte. Er fragte weiter: „Und bin ich erfolgreich mit meiner Friedensmission?" Sie lächelte ihn an, er war ihr sehr sympathisch. „Du bist ein guter Botschafter." Er lächelte zurück und war stolz, schließlich hatte er noch keine Resonanz auf seinen Friedenseinsatz erhalten.

„Aber", unterbrach Luri seine Gedanken, „es wird nicht alleine von dir abhängen. Mein Volk steht an einem Scheideweg, Friede oder Vergessenheit." „Vergessenheit?", fragte Lucius. „Ja, wenn mein Volk nicht den Weg des Friedens gehen wird, dann wird es für Jahrtausende in Vergessenheit geraten." Für Lucius war das unvorstellbar, dass so eine Hochkultur jemals untergehen konnte. „Siehst du", lenkte Luri ihn ab, „es hängt nicht nur von dir ab. Trotzdem bitte ich dich, gib dein Bestes, denn es wird für beide Völker von großer Wichtigkeit sein." „Ich gebe meine ganze Kraft, das verspreche ich dir", sprach Lucius. Luri gab dem müden Krieger noch einen entzündungshemmenden Pflanzenextrakt. Lucius vertraute ihr und war sehr dankbar und direkt: „Warum hast du keinen Mann? Du bist wunderschön!"

Luri lachte und wurde ein bisschen rot, konterte aber gut: „Es kommen hier nicht viele hübsche Männer vorbei und

ich nehme nicht jeden verletzten Krieger bei mir auf …!
Auch wenn er hübsch ist …", hängte sie noch an. Lucius
schmunzelte, schlief aber gleich darauf ein. Sie deckte ihn
fürsorglich zu und ging ebenfalls zu Bett.

Am nächsten Morgen weckte sie ihn früh, so dass er seine
Mission fortführen konnte. Und siehe da, wie die Scha-
manin prophezeit hatte, tat die Wunde fast nicht mehr
weh. Lucius umarmte seine Retterin dankbar und schaute
ihr tief in die Augen. Er fragte sie ohne Umschweife:
„Wenn meine Mission nicht scheitert und ich meinen
Auftrag erfüllt habe, darf ich dann zu dir zurückkehren?"
Luri schmunzelte und sprach mit feuchten Augen: „Gern,
mein Krieger", und küsste ihn vorsichtig auf die Wange.
Lucius, frech wie er war, küsste sie direkt auf den Mund.
Sie flüsterte ihm zu: „Pflege dein Tier!" „Mein Tier?" Lucius schaute zu seinem Pferd, das völlig gesund auf ihn
wartete, und verstand überhaupt nicht. Luri lachte und
erklärte ihm, dass jeden Menschen ein Krafttier begleitet
und er seines finden und pflegen müsse. Sie wollte ihm
aber nicht verraten, was für ein Tier es war, obwohl sie
den Bären sah, der mit ihm geistig verbunden war. Sie erklärte ihm nur so viel, dass, wenn man es findet, es eins
wird mit seinem Begleiter. Die Stärken und Eigenschaften
gehen auf den Menschen über.

„So, nun geh, mein Krieger, ich lasse dich ungern ziehen,
aber du musst, um unser beider Völker willen." Lucius
ritt los, nachdem sie ihm noch den Weg durch den Wald
erklärt hatte und ihm lieblich ins Ohr flüsterte: „Mach's
gut, Lucius …"

Unterdessen in Velzna

In Velzna hatte sich Zeri schon fast drei Tage lang mit seinen Schamanenfreunden beraten. Auch Zauberer und Magier waren dabei und sie nahmen das Anliegen Zeris sehr ernst. Denn dass ein Königssohn geopfert werden sollte, war auch für die Schamanen und Magier Etruriens neu. Es zeigte ihnen die schwierige Situation und die Zeit des Umbruchs. Alle waren sehr motiviert, für dieses Anliegen den richtigen Weg zu finden und den Willen Voltumnas richtig zu erfassen. Leider kamen alle zu dem gleichen Resultat wie Zeri. Es war jedoch trotzdem unbegreiflich, warum Voltumna dieses Opfer wollte. Beim nächsten Vollmondfest musste Culsans Voltumna zu Ehren geopfert werden oder es wäre das Ende der etrurischen Nation. So kamen sie zum Schluss, dass ein Tempelschreiber diesen Willen auf teurem Papyrus niederschreiben sollte.

Am nächsten Tag gab es ein Dankesfest für die Schamanen und Zauberer Velznas, die sich alle mit dem Schicksal Etruriens auseinandergesetzt hatten.

Am folgenden Morgen waren alle schon früh auf den Beinen, um die Festlichkeiten vorzubereiten. Es wurde schöner Haarschmuck oder Tierfedern getragen und alle kamen beim Tempel zusammen, um Voltumna für die Offenbarung zu danken. Die eingeschworene Gemeinschaft sang und musizierte den ganzen Morgen. Gegen Nachmittag traf Lucius ein. Er hielt am Stadttor und war erstaunt, keine regulären Soldaten anzutreffen. Stattdessen standen da so etwas wie Geistliche mit langen Bärten

und Mänteln mit Kapuzen. Lucius fragte: „Könnt ihr mich zu eurem König bringen?" Die beiden sahen sich erstaunt an: „Darfst du überhaupt hier herein? Wenn du einen König suchst, bist du hier falsch. Wir haben hier keinen König." „Nein, ihr versteht mich nicht. Ich habe eine Botschaft für euren Anführer", erwiderte Lucius. Die zwei mächtigen Wächter Velznas sprachen direkt zu Lucius: „Du warst noch nie in Velzna, richtig?" „Richtig!" „Du musst wissen, Reisender, hier kann nur herein, wer für würdig befunden wurde, Velzna zu betreten." Sie umkreisten Lucius, sprachen ein Gebet auf Etrurisch und schauten sich den Fremden genau an.

Einer der Wächter ergriff das Wort: „Deine Seele ist tief und rein. Du kommst mit ehrlichen Absichten. Du darfst eintreten, aber erst wenn die Hörner ertönen, dann sind die Festlichkeiten vorbei und Velzna ist wieder frei für Reisende und Suchende." Lucius sah auf die Mauer und erblickte eine Reihe Bogenschützen. Jetzt wusste er, warum die Wächter nur mit einem Holzstock ausgerüstet waren. Es mussten Hunderte von diesen Bogenschützen sein. Dann endlich erklangen die Hörner und Trompeten. Es zitterte alles, weil der Klang der Hörner so tief war. Lucius hatte etwas Vergleichbares noch nie zuvor gehört. Endlich durfte er in das sagenumwobene Velzna hinein. Die Wächter sprachen zu ihm: „Folge der Straße mit den Statuen, sie führt dich zum größten Tempel. Dort frage nach unserem weisesten Schamanen und Zauberer, er wird dich empfangen." Lucius fühlte Ehrfurcht und Neugier. Die Straßen waren mit allerlei Bannern geschmückt und es stiegen ihm wohlriechende Düfte in die Nase. Er vergaß für einen kurzen Augenblick seine Mission und

schlenderte gemütlich die Straße entlang und staunte über die Tausenden von Statuen. Die Stadt strahlte eine unglaubliche Ruhe aus, was sich aber mehr auf die Aura als auf den Geräuschpegel bezog. Es war einfach alles anders als das, was Lucius bis jetzt kannte. Tempel über Tempel und überall, wo man hinsah, standen Geistliche. Es war unmöglich, sie zu zählen. Einige nicht geistliche Menschen waren auch zu sehen. Diese gingen ihrem Handwerk nach, Töpfern, Flechten, und wieder andere verzierten die Tempel mit Malereien. Aber kein normaler Mensch schien hier wirklich zu wohnen. Ebenfalls erstaunlich war, dass keiner schaute und Lucius schräg ansah. Im Gegenteil, alle Menschen, die ihm begegneten, nickten ihm wohlwollend zu. Sofort fühlte er sich als Teil des Ganzen und nicht als Gast dieser Stadt. Nicht einen Wimpernschlag lang dachte Lucius hier an Krieg oder Rom …

Lucius lief erst seit ein paar Minuten, aber er fühlte sich, als ob er schon Stunden unterwegs war. Der Tempel näherte sich langsam und er sah von Weitem gigantisch und untypisch etrurisch aus. Die sanften Harfenklänge, die zu ihm strömten, und die wunderschönen Tänzerinnen entführten ihn in eine andere Welt. Lucius war wie in Trance und er fühlte sich ganz benommen. Dies machte ihm ein wenig Angst, aber er musste dieser Atmosphäre einfach nachgeben. Er, der so viel Gräuel sah, wusste, dass diese überirdische Stadt von der geistigen Welt inspiriert war, was ihn umso mehr berührte. Lucius musste sich und seine Gefühle beherrschen, schließlich hatte er eine Mission. Aber wie sollte er verhandeln und vor allem, mit wem und über was? So schritt er dem wunderbaren Tempel entgegen und die Treppen hinauf. Die Säulen waren riesig, Lucius kam aus dem Staunen nicht heraus. Er betrat das Plateau, auf dem der Tempel gebaut war. Es traten fünf neugierige Schamanen an Lucius heran und fragten ihn im Chor: „Was bringt dich zu uns?" Lucius, immer noch benebelt von den vielen Eindrücken: „Ich bin ein Botschafter Roms und ich möchte mit dem Weisesten der Stadt sprechen. Besser gesagt, ich habe eine Botschaft für ihn." Die Schamanen tuschelten ein bisschen untereinander, dann lief einer von ihnen weg. Nach einer kurzen Weile kehrte dieser mit einem alten Schamanen zurück. „Bist du der Weiseste der Stadt?", wollte Lucius wissen. „Bin ich das?", fragte der Schamane zurück.

Der Schamane stellte sich vor: „Mein Name ist Rasna Magna und ich bin der Hüter uralten Wissens, das zurückgeht bis Atlantis und Lemuria. Ich bin der Vertreter aller Schamanen und Weisen, für die ich hier sprechen darf. Tritt herein! Weißt du, wo du bist, Reisender?" Lucius: „Ich kann es mir denken. Ist das der sagenumwobene Tempel Voltumnas?" „Ja", sprach Rasna Magna, „das ist richtig." Lucius fragte: „Warum hat es hier keine Statuen und überall draußen auf den Straßen und in den anderen Tempeln hat es so viele?" „Weil dies das Haus für den Gott der Götter ist, der alles erschuf, denn sein Wesen ist raumfüllend. Neben ihm gibt es keinen Platz für andere Götter und er war, bevor alles war. Er erschuf alles und jeden, den es gibt. Wenn die Zeit der Zeiten vorüber ist, kehrt alles zu ihm zurück. Darum ehren wir ihn besonders."

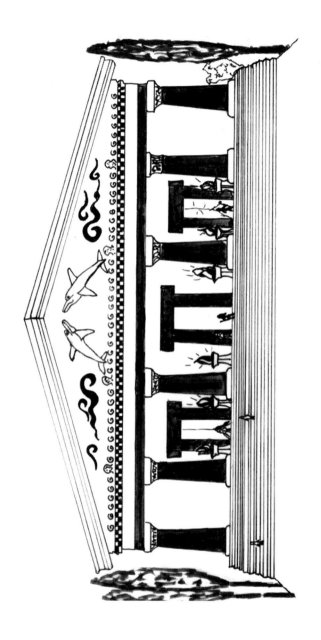

Lucius war verwirrt, er konnte das alles nicht begreifen. Doch er hatte viele Fragen: „Warum habt ihr trotzdem so viele Bildnisse der Götter geschaffen?" Rasna: „Die Menschen, die uns besuchen kommen, verstehen das Prinzip nicht, dass Gott ein Gott des Geistes ist. So haben wir für die jungen Seelen etwas geschaffen, das materiell und zum Anfassen ist. Dein Volk, die Rumer, ist das neue Volk, das schon ganz in der neuen Welt des Materiellen lebt. Unser Volk dagegen ist schon fast am Ende seiner Reise." Lucius war erstaunt und beunruhigt zugleich: „Was soll das heißen?"

Der Rasna Magna unterbrach seinen Rundgang mit dem reisenden Boten, wie er ihn nannte, und lud ihn ein: „Wenn du Lust und noch mehr Hunger nach geistiger und physischer Nahrung hast, dann sei mein Gast heute Abend. Es werden noch andere Lukumonen anwesend sein." „Lukumonen?", fragte Lucius vorsichtig. „Ihr nennt sie Priester oder Schamanen in eurer Sprache", antwortete Rasna Magna und zottelte davon mit den Worten: „Bei Sonnenuntergang in meinem Haus, wenn du willst." „Es ist mir eine Ehre", antwortete Lucius. So hatte er noch etwas Zeit und beschloss, die mysteriöse magische Stadt zu erkunden. Es war wunderschön, überall Flötenspieler und Rauch, dazwischen Gesänge und Gebete. Lucius dachte sich, dass man ihm nicht glauben würde, wenn er von dieser friedlichen und weisen Stadt erzählen würde. Es war für den Reisenden zum ersten Mal ein Vergnügen, eine fremde Stadt zu besuchen.

Lucius fand hier, was viele suchten: den Frieden und den Glauben an eine höhere Bestimmung. Den Glauben, dass

ein Gott alles geschaffen hat. Es war nur eine Saat in seinem Kriegerherzen, aber es war ein Anfang, den er nicht mehr stoppen konnte.

Die Sonne neigte sich langsam dem Horizont entgegen und Lucius fragte sich zum Haus des Rasna Magna durch. Die Leute, die keine Priester, Schamanen oder Heiler waren, verließen die Stadt in die Häuser, die irgendwo abseits vor den Toren von Velzna lagen. Ein bisschen zu spät fand der Reisende schließlich das Haus des Rasna Magna. Es war unerwartet schlicht und einfach, darum fand es Lucius auch nur schwer. An einem großen Olivenholztisch saßen zwölf Lukumonen versammelt. Rasna Magna bekochte und bediente sie mit einer Art Suppe, die zwar dick war, aber voll schmackhaftem Gemüse und Kräuter. Lucius wollte nicht, dass der Rasna Magna ihn bediente, und half ihm zu bedienen. Der Rasna lachte und ließ es zu. Er sprach: „So, bist du auch ein Diener?" „Ja, ich diene dem Senat und dem Volk von Rom!", sprach Lucius stolz. Der Rasna lächelte respektvoll und fragte Lucius: „Glaubst du an das Fatum?" Ein Raunen ging durch die gelehrte Menge. „Das Fatum? Ich weiß nicht, was du meinst, großer Rasna!"

Die anderen Lukumonen waren zufrieden mit Lucius, weil er auch mit dem Herzen den Rasna Magna akzeptierte, das konnten die anderen Geistlichen spüren. Gemeinsam schlürften sie ihre Suppe. Rasna Magna versuchte den Wissensdurst des Reisenden zu stillen: „Das Fatum ist die begrenzte Zeit, die gegeben ist von den Verhüllten, deren Gesicht noch nie ein Mensch gesehen hat."

„Eine Zeit für einen Menschen?", fragte Lucius. Rasna: „Alles ist begrenzt, das Zeitalter, der Mensch, die Völker. Die Verhüllten setzen Grenzen eines jeden Schicksals. Du und dein Volk der Rumer habt euch entschieden frei zu sein?" „Ja, Rasna, und darauf sind wir sehr stolz", erklärte Lucius. „Du darfst niemals vergessen, dass die Verhüllten euch diese Freiheit gaben!", sprach Rasna mit strenger Miene. „Nein, das werde ich nicht vergessen", erwiderte Lucius kleinlaut. „Du darfst auch nie vergessen, dass es nur innerhalb dieser Grenzen möglich ist, über euer Schicksal frei zu entscheiden. Weil ihr frei seid oder besser gesagt, glaubt frei zu sein, könnt ihr gewisse Dinge verzögern oder abmildern. Aber zuletzt kommt es so, wie es die, deren Namen wir nicht nennen und ihnen auch kein Bildnis machen sollten, es vor langer Zeit bestimmt haben. Darum haben wir, der oberste Rat der Lukumonen, beschlossen, den Königen Etruriens zu raten, keinen Krieg zu führen gegen die Rumer und auch kein Bündnis einzugehen. Das würde das nahende Ende Etruriens nur noch beschleunigen und unser Leiden vergrößern", führte Rasna seine Rede fort.

Lucius' Mund blieb offen stehen und er war erstaunt, weil der oberste Schamane seine Frage beantwortete, bevor er sich überhaupt traute, diese zu stellen. Lucius wusste nicht, was er darauf antworten sollte. Der Rasna lächelte und fuhr fort: „Eigentlich kamst du, für dein Volk zu sprechen. Jetzt, wo das geklärt ist, kannst du weiter zuhören und lernen: Dein Herz ist römisch, deine Seele etrurisch. Du hast dich entschieden und das ist gut so, du gehst deinen gewählten Weg. Solange du lebst, sei ein Lehrer für dein Volk und zeige ihnen, was es heißt, in

Freiheit zu leben. Nur weil man sich entscheidet, frei zu sein, heißt das nicht, dass man die Götter leugnen muss. Nur weil man die Götter und das Geistige leugnet, heißt das nicht, dass diese verschwinden. Sie werden sein, wenn wir alle längst nur noch Geist sind. Lass mich weiter erzählen von meinem Volk, das deine Seele so berührt. Wir haben stets den Willen der Götter befragt. Bei jeder Entscheidung, die uns bevorsteht, fragen wir die Götter." „Und wie fragt ihr sie?", wollte Lucius wissen.

„Wir lesen in der Natur, im Vogelflug, deuten in den Organen unserer geliebten Opfertiere. Ihr Rumer habt einen Handel mit den Göttern gemacht. Den Preis für euren Lebensstil werden andere Völker mit ihrer Freiheit bezahlen. Du wirst schon sehen ... Das wirst du nicht ändern können, so haben es unsere Götter besiegelt. Unsere Götter waren gesichtslose Mächte, nur die Angst der Menschen hat ihnen Gesichter gegeben, damit sie menschlicher schienen." „Ich verstehe, Rasna Magna, ich bin dankbar, dass du dein Wissen mit mir teilst", sprach Lucius. „Dieses Wissen ist nur ein kleiner Teil des ganz großen Wissens, das die Menschheit einst hatte. Vor dem Niedergang der großen Zivilisation", erklärte Rasna Magna. Lucius: „Erzähl noch mehr bitte!"

Die anderen Lukumonen waren still, hatten aber glänzende Augen. Es brannten eine Art Kerzen, die ein wenig Licht gaben. Die Luft war voller Energie und Anspannung, es schien, als hörten die Lukumonen diese Worte auch zum ersten Mal. Das Fatum ... es ging ein Raunen durch die Gelehrten.

Lucius stellte eine Frage: „Warum seid ihr gegen einen Konflikt gegen die Rumer? Ich weiß, großer Rasna, ihr könntet Rom überrennen." Der Rasna lachte und hatte zugleich einen traurigen Ausdruck im Gesicht: „Wir können gegen die Rumer kämpfen, aber nicht gegen das Fatum. Der Wille der Götter ist es, dass bestimmten Völkern und Reichen eine gewisse Verantwortung für eine bestimmte Zeit gegeben wird. Das gilt für Menschen, Völker und große Reiche. Die Götter haben diese Grenzen gesteckt. Die Grenzen eines jeden Schicksals selbstbestimmend zu leben, zu blühen und zu verwelken."

Rasna Magna nahm seine Gefolgsleute nach draußen. Der Mond schien halbvoll, er heulte wie ein Wolf und eine Wolke schob sich vor den Halbmond. Die Menge war erstaunt. Rasna fuhr fort: „Nur weil ich wie ein Wolf heule und sich der Mond verdunkelt, wäre ich ein Dummkopf zu glauben, ich könnte irgendetwas bewegen ohne den Willen der Götter. Das Fatum", sprach Rasna und es wurde still, „es sind eben diese, die bestimmen über unser aller Schicksal, und ich wiederhole es nur ungern, aber dies ist sehr wichtig: Es ist nur eine bestimme Zeit, die einem jeden Volk und jedem einzelnen Wesen gegeben ist auf Erden. Es sind die Grenzen des Fatums. Nur innerhalb dieser Grenzen sind die Menschen frei zu entscheiden." Lucius fühlte, dass das die Wahrheit war, die in ihm schlummerte, und fragte leise: „Wir können nichts daran ändern?" Rasna Magna: „Wir können etwas beschleunigen oder verzögern, vielleicht, wenn wir weise handeln, sogar etwas abmildern. Doch zuletzt kommt alles so, wie es die, deren Namen wir nicht nennen und deren Gesichter wir nicht sehen, schon von Beginn der Zeiten beschlossen haben. Darum hat sich der Rat der Lukumonen dazu entschlossen, allen Königen zu raten, einen langen Bund mit dem Volk der Rumer einzugehen und die Vergangenheit auf beiden Seiten ruhen zu lassen." „Das ist gut, das freut mich und bestärkt mich auf meiner Reise. Ich danke euch, Lukumonen, dass ihr eure Weisheit mit mir teilt", sprach Lucius aus tiefem Herzen. Da fragte ihn der Rasna: „Hast du das Prinzip des Fatums verstanden?" „Ja, ich denke schon. Das sind die Grenzen, die uns die Götter stecken, und in ihrem Willen bewegen wir uns."

Der Rasna lachte, schaute ihm in die Augen und legte die Hände auf seine Schultern: „Du wiederholst meine Worte, aber die Tragweite wirst du noch an deinem eigenen Leben erfahren, Reisender. Du spielst eine wichtige Rolle für unser Volk!" Lucius verstand nicht und schaute ein bisschen verwirrt: „Was soll das heißen?" Auf diese Frage antwortete der Schamane nicht, sondern fuhr fort: „Doch lass mich noch von dem alten Wissen mit dir teilen …" „Fahr fort, großer Magna", sprach Lucius erwartungsvoll. „Atlantis war, lange bevor es die Rasenna gab. Nur Fragmente dieses sehr alten Wissens haben überlebt und nur einen Teil davon hat Etrurien geerbt. Als wir hier vor acht Jahrhunderten in diesem Land ankamen, hat uns dieses Wissen sehr genützt, aber wie gesagt, wir haben nur Fragmente davon erhalten. Die Babylonier haben einen Teil dieses Wissens, die Inder und die Hebräer. Aber die Ägypter sind direkte Nachfahren der Atlanten. Vieles von diesem Wissen wurde über die Jahrtausende verstümmelt und entfremdet, doch das Wissen lebt in den Gilgamesch-Überlieferungen, in den Moses-Überlieferungen, in den ägyptischen Totenbüchern, in den vedischen

Schriften oder auf unseren Rasenna-Steintafeln weiter, das vor über zehn Saeculi eingemeißelt wurde. Kein Volk hat das ganze Wissen geerbt. Jedes hat nur einen Teil davon und das ist gut so. Wir haben die Kenntnis geerbt, die Natur zu lieben und zu respektieren. Die Kenntnis über den Bau von Aquädukten und Kanalisationen und das Nutzen der Kräuter und Pflanzen. Die Ägypter haben in direkter Linie von den Atlanten geerbt. Wir haben großen Respekt vor den ägyptischen Priestern. Als direkte Nachfahren hüten sie das Geheimnis, weshalb Atlantis unterging.

Aber jetzt bin ich abgeschweift, Reisender, warum ich dir das erzähle, ist, weil der Rat der Lukumonen schon seit Anfang an weiß, dass es Zeitalter gibt, so viele wie Monate, und unser Zeitalter ist bald vorbei. Unser Wissen geht dann für sehr, sehr lange Zeit schlafen. Es wird die Zeit der Rumer kommen, eine Zeit des Materialismus und der Ideen, aber freu dich nicht zu früh, denn auch die Rumer kommen und gehen wie alle großen Völker." Lucius konnte gar nicht recht glauben, dass sein Volk einst groß sein würde, und er war froh um jeden Tag, wo Rom noch existieren durfte, geschweige denn, dass Rom sich in das Namensbuch der großen Völker dieser Erde einreihen würde. Das war einfach zu weit weg, um es mit dem Verstand zu erfassen. Der Rasna Magna fuhr fort: „Du musst größer denken als deine Mission! Einst stammten wir alle vom gleichen Volk ab. Wie sich jeder Monat im Jahr unterscheidet in Wärme und Niederschlag und Wachstum der Pflanzen, so unterschiedlich ist das Fatum der Zeiten. Es liegt nur an uns, ob wir mit der Zeitenwende weise umgehen oder nicht. Die Zeichen stehen schon am Himmel und du bist für uns von den Göttern geschickt worden. Wenn unser Volk friedlich euer Angebot annimmt und es einen fließenden Übergang gibt, sind wir Lukumonen zufrieden.

Das Wissen der Zeiten, dieses Wissen ist das Wichtigste. Das Wissen des Alls und die Geschicke der Menschheit zu verstehen, das ist allen Priestern aller Völker als Ganzes erhalten geblieben. Und dass wir immer wiederkehren, um zu leben und lernen. Alles ist ein Kreislauf, alles ist Energie und Geist, ausgehend von der großen göttlichen Energie, die unser aller Sein bestimmt, mein Freund. Der Mensch wird reisen, umso weiter wird er sich von Voltumna fortbewegen. Wir spüren, hören und fühlen noch den Atem des Schöpfers, der alles erschaffen hat, die lenkenden Kräfte, die alles umgeben, und so ist uns alles heilig, was uns umgibt. Hier in Velzna haben wir Mysterienschulen, die Ärzten, Schamanen und Priestern dieses Wissen weitergeben. In jeder Pflanze wohnen unterschiedliche Kräfte, wir sehen das. Die Rumer aber nicht mehr … Vergiss das nie! Wir stammen alle von der gleichen Familie ab, deshalb behandle ich dich auch nicht als Fremden. Wir sind alle Nachfahren einer großen verlorenen Zivilisation. Ihr als Rumer werdet die Reise weiterführen, wenn eure Zeit gekommen ist. Ihr werdet die Menschen in eine Zeit der Einheit, Größe und riesiger Bauten führen. Das wird die Menschen arrogant machen und gegenüber den Göttern überheblich. Es wird der Beginn sein von großen Technologien, die den Menschen über Jahrhunderte immer mehr wegführen von dcr Einheit mit der heilenden göttlichen Kraft. Wenn die Menschen die Rasenna ganz vergessen haben, sehnt sich die

Menschheit nach Ruhe und Einheit mit der Mutter Erde und dem inneren Frieden. Egal, was man für Technologien entwickeln wird oder wie viel man erobert, umso weiter bewegt man sich fort, um sich dann später daran zu erinnern, wie schön es war, das innere Auge zu haben. Eines Tages, wenn die Etrurier vergessen sind, wird man sich langsam an diese Geschichten und Energien zurücksehnen und sich an sie erinnern, wie es einst war. Dass da ein Volk war, erfüllt von Klängen und Musik. Ein Volk, das die Melodie der Mutter Erde nahm mit all den schönen Dingen, die sie hervorgebracht hat. Alles hat seine Melodie und seine Schwingung. Jeder Baum, jedes Tier und jeder Mensch, sogar die geistigen Wesen. Ihr, die ihr euch Römer nennt, lebt schon jetzt auf einer sehr materiellen Seite des Lebens und deshalb könnt ihr diese Melodien nicht hören. Ihr werdet vom Verstand regiert."

Lucius war perplex, denn so einen weisen Mann hatte er noch nie getroffen. Sein Geist war schärfer als das schärfste Gladius, das er je geführt hatte. Der Rasna Magna erinnerte ihn daran, wie vergänglich und im ständigen Wandel alles war. Das war wirklich schwere Kost für Lucius. Aber der Rasenna tröstete und relativierte damit, dass nichts verloren geht. Alles ist Energie und wir werden alle wiedergeboren und so werden wir uns erinnern, wenn dies alles längst vergessen ist. „Genug erzählt, jetzt will ich dir noch einen Lukumonen vorstellen. Das hier ist Zeri, ein Lukumone aus Pupluna. Er wird morgen zurückkehren, aber wenn ihr beide wollt, könnt ihr, bevor ihr abreist, noch unser Heiligtum besichtigen", sprach Rasna.

Keiner der beiden wagte diese große Ehre dem Rasna Magna auszuschlagen, obwohl beide auf ihrer Mission waren und die Zeit knapp wurde. Aber gerade darum hatte der Rasna Magna die beiden dazu eingeladen, um ihre Seelen zu testen. „Gut, dann morgen früh bei Sonnenaufgang. Wir treffen uns beim großen Tempel", beendete Rasna das Gespräch. Die beiden nickten und begaben sich in ihre Nachtquartiere.

Am nächsten Morgen trafen sie sich wie abgemacht beim Tempel, der auf der heiligen Tuffsteinstadt errichtet worden war. Der Rasna Magna begrüßte sie Flöte spielend und sagte: „Folgt mir!" Und sie gingen bis zu einem nahe gelegenen Brunnen, wo eine versteckte Treppe zum Vorschein kam. Diese Treppe führte weit nach unten und der große Schamane ging sicheren und schnellen Trittes voraus. Es hallte nach oben und der Rasna drängte: „Kommt, kommt, die Götter warten nicht." Sie folgten ihm weit bis tief ins Innere der Stadt, durch die verwinkelten Gänge, bis sie in einer Grotte angelangt waren, aus der ein Fluss entsprang. Mitten in dieser Grotte standen zwei weiße Tafeln, doppelt so groß wie ein ausgewachsener Mann. Darauf war eine längst vergangene Sprache eingemeißelt. Neben dieser Tafel stand eine Replik aus Marmor mit etrurischer Inschrift. Die zwei Besucher waren sprachlos, dass sie dieses Heiligtum zu Gesicht bekamen. Es war wunderschön und zugleich angsteinflößend, weil sie vor Aufzeichnungen einer längst vergangenen Zivilisation standen, die ebenfalls glaubte, ewig bestehen zu können. Und genau diese Arroganz hatte sie zu Fall gebracht.

Rasna Magna sprach: „Prägt euch diese Steine gut ein, sie erinnern daran, dass uns Mutter Erde in einem Moment wieder alles nehmen kann, wenn wir sie nicht respektieren und ehren. Diese zwei Steine sind ein Mahnmal und alles, was übrig geblieben ist von einem Reich, das dachte mit seinen technischen und geistigen Errungenschaften alles und jeden beherrschen zu können. Sogar die Priester gingen zu weit, viel zu weit, und unsere Mutter Erde verschlang sie. Darum verweilen diese zwei Steine in unserem Erdinneren, bis wir ein endgültiges Versteck weiter im Norden finden. Die Steine werden so lange ruhen, bis die Götter sich dazu entschließen, dieses Erbe der Menschheit wieder zu offenbaren."

Lucius und Zeri konnten nur so viel entziffern, dass es sich um geistige und physische Gesetze handeln musste. Dann mussten sie die Grotte mit dem fließenden Fluss wieder verlassen, die wie ein kleines Paradies unter dieser heiligen Stadt lag. Sie stiegen wieder hinauf; oben angekommen, überreichte Rasna Magna den beiden ein persönliches Geschenk und verabschiedete sich.

Clevsin

Lucius und Zeri verließen Velzna in Richtung Clevsin. So konnte der Schamane Lucius noch begleiten und in Clusium, wie es die Römer nannten, den Botschafter noch besser kennenlernen. Gemeinsam ritten sie los.

Nach einem halben Tag erreichten sie und ihre Pferde müde Clevsin. Der Einlass zur Stadt wurde durch Zeris Anwesenheit sehr erleichtert. Ohne zu fragen wurden beide sofort eingelassen, da ein Schamane den Respekt von allen etrurischen Dörfern und Städten genoss. Zeri und Lucius platzen förmlich in ein Fest hinein. Wagenrennen, Ringkämpfe, Musik und ein üppiges Bankett fanden sie vor. Lucius fragte: „In was sind wir denn da hineingeraten?" Zeri erklärte ihm: „Du kennst unsere Sitten nicht, oder? Das ist eine Beerdigung eines höheren Angehörigen einer Adelsfamilie. Siehst du die Frau, die eingebettet und mit Blumen wie bei einer Hochzeit geschmückt ist? Sie ist tot!" Lucius war ganz erstaunt: „Tot? Das ist eine Beerdigung?" „Ja, wir Rasenna feiern die Geburt wie den Tod, weil der Tod nur der Übergang in ein weiteres neues Leben ist. Wir kommen wieder, um zu lehren und zu lernen, so wie es uns der Rasna Magna gestern erklärt hat. Und wir feiern zusammen, so dass es für uns Lebende leichter ist loszulassen und für die Toten leichter zu gehen, zurück zu den Göttern, und sie so wiederkommen können, wenn der Schöpfer es will, um Neues zu erfahren. Ohne Tod gibt keine Geburt." Für Lucius war, obwohl er ursprünglich ein Etrurier war, die Vorstellung schön, aber fremd. Doch er bewunderte ihre Einstellung und sie gab ihm Mut und Zuversicht. So wohnte er

der Zeremonie bis zum Schluss mit Zeri bei. Da der König ebenfalls an der Zeremonie teilnahm, mussten sie sowieso warten.

Den ganzen Tag spielten Musiker um die Verstorbene herum, die geschützt war von Sonnensegeln, als würde sie noch leben. Ein Künstler erfasste das ganze Geschehen auf einer großen Skizze, die später als Vorlage für die Bemalung des Totenhauses dienen sollte. Zeri flüsterte Lucius noch ein paar Informationen zu, welche die Friedensverhandlungen begünstigen konnten: „Die Adelsfamilie führt einen großen Namen in ihrem Stammbaum. Der König Telmach ist Nachfahre des Odysseus und der Gründer der Stadt war Cluso, ein Fürstensohn aus einer lydischen Königsfamilie. Darauf waren und sind sie sehr stolz." Lucius bedankte sich. Am Ende der Zeremonie gingen sie Richtung Palast. Da angekommen, sprach Zeri zu den Wachen und bat um Einlass und Audienz beim König. „Wer bittet um Einlass?", wollten die Wachen wissen.

„Ich bin Zeri, oberster Schamane und Berater des Königs von Pupluna. Und das ist Lucius, ein Rumer und Botschafter des Volks und Senats von Rom." „Wartet hier!", befahlen die Palastwachen und marschierten davon. Nach einer Weile kehrten sie zurück und sprachen: „Der König Telmach erwartet euch zum Abendessen. Ich gebe euch Quartiere und dort wartet ihr, bis ich euch holen komme. Der König hat noch wichtige Handelstermine." Zeri erklärte Lucius: „Du musst wissen, wir sind hier im Kernland und es laufen alle Waren durch, die in den Süden, Norden oder Richtung Westen gehen. Diese Stadt regelt den ganzen Handel von Topfwaren, Schmiedekunst, Getreide, Sandstein, Skulpturen und allen anderen Gütern. Darum ist es sehr wichtig, dass der König mit seinen Handelsleuten die Wirtschaft am Laufen hält und es für alle Beteiligten friedlich und fair abläuft. Und das braucht nun mal viel Zeit." Lucius verstand das Problem und sprach: „Solange ich vom König Telmach ein Ja bekomme, warte ich gerne bis heute Abend." In der Zwischenzeit hatten Zeri und Lucius noch ein bisschen Zeit, sich besser kennenzulernen. Zeri erklärte Lucius, dass er auf einer sehr wichtigen Mission sei und dass ein großes Opfer von seinem König gefordert würde. Das größte Opfer, das Voltumna einem Menschen abverlangen könne. Lucius fragte bescheiden: „Und es gibt keinen Ausweg, das Opfer zu vermeiden?" „Doch, aber das wäre eine Alternative, die dem ganzen Volk von Etrurien Krieg und Vernichtung bringen würde. Und das würde auch den Rumern den Krieg bringen." Lucius verstand und entschuldigte sich dafür, dass er den Weg der Götter hinterfragte. Er war froh, dass er auch nur für eine kurze Zeit einen geistigen Weggefährten hatte. Zeri ermutigte Lucius: „Fragen stellen ist nie falsch, nur wenn man den Rat der Götter befragt, geht man den Weg der Weisen und vermeidet Chaos. Aber glaub mir, manchmal verursachen die Menschen so viel Chaos, dass man nur um den Schutz Voltumnas beten kann." Lucius: „Weswegen ist das so? Warum können nicht alle Menschen weise sein?" Zeri: „Ich denke, das hat viele Gründe, aber die Hauptursachen sind immer gleich. Das sind Selbstsucht, Eitelkeit, Eifersucht und Neid. Diese Eigenschaften sind seit Anfang der Menschheit immer gefährlich und sie schleichen sich langsam ein. Darum muss man stets auf der Hut sein, verstehst du, reisender Krieger?" „Ja, Zeri", antwortete Lucius, „aber wieso weißt du, dass ich ein Krieger bin?" „Hat dir der Rasna Magna nicht gesagt, dass jeder Mensch seine eigene Melodie hat? Das war nicht alles, wir sehen auch die Farben und das Wesen einer jeden Seele. Und du hast die Farben eines Kriegers, auch wenn du es zu vergeben versuchst oder vielleicht gar nicht sein willst." „Ja, genau, ich will nicht kämpfen, aber wenn ich muss, ist mir mein Leben egal. Nur das Leben meiner Männer ist mir wichtig, ob ich in einer Schlacht sterbe oder nicht, spielt keine Rolle. Doch mein Tod sollte nicht umsonst sein", sprach Lucius. „Das macht dich zu einem guten Anführer, denn das spüren deine Krieger und folgen dir, wohin du gehst, bis in den Tod. Obwohl du kein Krieger sein willst, wirst du für lange Zeit und für viele Leben einer sein."

So lehrte Zeri Lucius noch eine ganze Weile und der gelehrige Schüler versuchte zu verstehen. Es war schwere Kost für einen Römer, der beschloss, sein Schicksal selber in den Händen zu halten, erfahren zu müssen, dass wir alle dazu bestimmt sind, unser Schicksal zu erfüllen.

Es wurde Abend und die Leibgarde des Königs traf ein und brachte die beiden in den Palast zum König Telmach. Dort angekommen, sprach Telmach Zeri direkt an: „Was verschafft mir die Ehre, Rasna Zeri, dass du die Stadt Clevsin besuchen kommst?" „Großer König Telmach, ich möchte für diesen Botschafter Roms fürsprechen. Er hat ein wichtiges Anliegen, das auch den Zuspruch der Schamanen und Lukumonen hat." „So sprich, Rumer!", forderte der König Lucius auf. „Großer König

Telmach, Nachfahre des großen Odysseus, ich appelliere an Eure Weisheit und hoffe, Ihr stimmt dem Wunsch des Volkes und des Senats Roms nach dauerhaftem Frieden zu." Telmach: „Was hat Clevsin und mein Königshaus davon, wenn ich zustimme?" Lucius: „Nichts Materielles, wenn Ihr das meint, denn unser Krieg mit König Pyrrhos hat unsere ganzen Reserven aufgebraucht und der Krieg im Süden ist noch nicht zu Ende. Doch ich kann Euch, König Telmach, einen dankbaren Verbündeten versichern, der Etrurien zur Seite steht, sollte es Schwierigkeiten geben."

Ein kleiner Augenblick der Nachdenklichkeit verging, dann ein kurzes Beratungsgespräch mit seinem Priester, worauf die Antwort von König Telmach folgte: „Nun gut, zu bieten habt Ihr ja nicht viel. Trotzdem sage ich ja, auf Anraten meiner Priester, aber mit Vorbehalt. Wie Ihr wahrscheinlich schon wisst, trifft sich der Rat der zwölf Könige und Schamanen in Velzna zum Vollmondfest zur endgültigen Entscheidung." „Ja, mit der Antwort bin ich mehr als zufrieden", antwortete Lucius und strebte an, sofort weiterzureisen. Doch die Zeremonien und Traditionen der Etrurier ließen seine Zeit, die er für die Mission einplante, dahinschmelzen. Und das machte Lucius langsam nervös, denn er hatte keine Nachricht aus Rom und von dem Verlauf des Krieges gegen die Hellenen erhalten. Es konnte ja sein, dass der Krieg zu Ende war und Lucius und seine Mission überflüssig geworden waren. Doch an das dachte er nur einen kleinen Augenblick. Er übergab den Freundschaftsbrief und die Wünsche Roms. Dann fragte Lucius höflich, wann er weiterreisen dürfe. Der König Telmach antwortete: „Es wäre auch in unserem Sinne, dass Ihr die nächste Stadt bald erreicht. So sende ich einen Wegführer mit Euch, wenn das in Ordnung ist."

Lucius bedankte sich und nahm die Hilfe gerne in Anspruch. Hier in Zentraletrurien waren die Straßen unwegsam und die Wälder besonders dicht. Außerdem kannte er sich hier, fernab der Heimat, nicht gut aus. Zeri verabschiedete sich: „Leb wohl, Reisender. Ich bin froh, dass die Rumer dich ausgewählt haben, um diese Friedensreise zu machen. Ich muss jetzt in die andere Richtung. Du musst nach Osten, nach Phersna, und ich mache mich auf den Rückweg nach Pupluna zu meinem König, der mich erwartet." „Schade", sprach Lucius, „du bist mir ein guter Weggefährte gewesen. Dann sehen wir uns in deiner Stadt wieder, oder?" „Wenn es die Götter so wollen", antwortete Zeri und wandte sich an den etrurischen Führer: „Passt auf euren Gast gut auf, er ist sehr wichtig. Wie ist dein Name?" „Mein Name ist Palenza, Rasna Zeri", antwortete der Führer auf die Frage. „Palenza, pass auf Lucius auf, als wäre er dein Bruder", sprach Zeri weiter. Anschließend verließen alle drei Clevsin in Richtung ihrer Ziele. Zeri ritt, so schnell er konnte, nach Pupluna.

Phersna

Am späten Nachmittag erreichten Lucius und Palenza Phersna. Zeri sollte sein Ziel erst zwei Tage später erreichen, weil es mehr als 100 Kilometer westlich lag und der Weg über unzählige Hügel und Täler führte. In Phersna angekommen, gab sich der Führer Palenza mit seinem königlichen Amulett zu erkennen. Das Siegel unterstrich die Dringlichkeit der Audienz beim König von Phersna.

Diese Stadt war ein Außenposten Etruriens und sehr gut befestigt. Lucius merkte schnell, dass hier eine der Hauptarmeen lag. Die Stadt hatte überdurchschnittlich viele Mauern und übermäßig viele Soldaten auf den Straßen. Dies war jedoch verständlich, da hier neben Aritim die Hauptbollwerke gegen die Kelten und Gallier lagen, die von Norden in das Land der Etrurier vordringen wollten. Lucius konnte das nachvollziehen, weil den Reichtum an Handelswaren, die Technologien wie Bewässerung und Abwassersysteme viele Völker für sich selber wollten. Da war er wieder, der Neid, genau das, was Zeri beschrieben hatte.

Der General Tyreus holte sie ab und war sehr kurz in seiner Wortwahl: „Ihr wollt König Velimnes sprechen?" „Ja", sprachen beide im Chor. „Gut, dann kommt und folgt mir", erwiderte Tyreus kurz und marschierte mit seinen Kriegern davon. Lucius und sein Begleiter mussten sich beeilen, damit sie den Anschluss im Getümmel der Stadt nicht verloren. Beim Palast angekommen, sprach der General kurz mit dem König und wendete sich dann an die Besucher mit lauter Stimme: „Der große König

Velimnes von Phersna und Beschützer Etruriens empfängt Euch für einen kurzen Moment. So bedenkt und wählt und Eure Worte gut, fremder Rumer, denn die Zeit, die Euch gewährt wird, ist kurz." Lucius wusste, dass Tyreus ein würdiger Gegner wäre, wenn es zum Krieg kommen würde. Dieser General war kein Wortheld, wie er schon viele gesehen hatte. Die vielen Narben, die über seinen Körper verteilt waren, und seine nicht gesagten Worte zeugten von vielen Schlachten. Lucius war klar, dass solche Generäle oft mächtiger waren als ihre Könige.

So wusste Lucius nicht, wie er dem König begegnen sollte. Zu viel Respekt würde ihn und Rom als schwach dastehen lassen. Ein zu hartes Auftreten wäre ein Affront gegen den König und sein Volk. Dann sah er noch die Position des Schamanen. Weit abseits, so dass er nicht auf die Hilfe der Götter hoffen konnte. Vielleicht hatte Phersna zu viele Kriege erlebt gegen Stämme, die eindringen wollten, um das Korn zu stehlen, das hier auf den Feldern angebaut wurde. Da sprach Lucius: „Seid gegrüßt, König Velimnes, Herrscher über Nordetrurien und Oberbefehlshaber über die größte Armee von Norditalien. Rom schickt mich, um mit Euch und Eurem Volk von Phersna einen Frieden auszuhandeln, der von Dauer sein könnte und ein Vorteil für beide Seiten wäre."

„Die Vorteile für uns interessieren uns nicht, Rumer, ihr habt Veji erobert und Sutri annektiert und das werden wir euch nie vergessen, merke dir das! Hör zu, Rumer, das ist unser Standpunkt, wir werden uns jedoch dem Willen der Götter fügen am Vollmondfest. Wenn die Zeichen in Velzna auf Frieden stehen, dann soll es so sein. Ist jedoch Krieg angesagt, werde ich an vorderster Front mit meinem General Tyreus stehen und das Volk der Rumer mit seiner lächerlichen Armee zur Strecke bringen. Wir werden euer Mischvolk, das einst das unsere war, in die Sklaverei treiben und eure Kinder töten. Die Krieger werden in der Arena gegeneinander bis zum Tode kämpfen. Die Gewinner dürfen dann als Opfer für unsere toten Krieger sterben. Hast du mich verstanden, Rumer?"

Lucius war im ersten Augenblick fassungslos und sein etrurischer Begleiter schämte sich für diese Feindseligkeit. Für so eine Situation galten die gleichen Regeln wie auf dem Schlachtfeld. Wer Emotionen zeigt, hat bereits verloren und Lucius wollte nicht verlieren, weder im Krieg noch in einer Friedensverhandlung. So antwortete er ganz nüchtern: „Ja, König von Phersna, ich habe Euch verstanden. Ihr werdet Euch dem Willen der Götter unterordnen und ich glaube, in Velzna werden die Schamanen Euch den Frieden raten." Der General Tyreus sprach: „Wir werden sehen, wie sich die Götter entscheiden, noch ist nicht Vollmond."

Lucius verabschiedete sich vom Königshof und auf dem Weg der Stadt registrierte er die unglaubliche Truppenstärke. Ungefähr 3000 bis 4000 Männer zählte die wahrscheinlich stärkste Kriegsarmee Etruriens. Sein etrurischer Führer Palenza sprach: „Lucius, ich begleite dich zurück zum Trasimenischen See, da werden sich unsere Wege trennen. Dann werde ich in meine Stadt zurückkehren. Vom See führt eine Straße nordwärts Richtung Curtun, leicht zu finden auf einer Hügelkette."

Curtun

Schon bald erreichten sie ihr Ziel am Trasimenischen See und Lucius bedankte sich bei seinem treuen Führer für die Begleitung. Lucius ritt Richtung Cortona, wie es die Römer nannten, und er sah schon von Weitem die Hügelkette, wie es sein Wegbeschreiber geschildert hatte.

Zu den Füßen der Stadt lagen fruchtbare Ährenfelder, auf denen Hunderte von Kleinbauern mit ihren Ochsenwagen zum ersten Mal in diesem Jahr die Ernte einfahren konnten. Lucius erkundigte sich nach dem Weg. Bei den Stadttoren angekommen, versperrten ihm wie gewöhnlich zwei Stadtwachen den Durchgang und wollten seine Gründe des Besuches wissen. „Ich muss zu eurem König, ich habe eine wichtige Botschaft für ihn", sprach Lucius. Er zeigte seinen Ring und sein Armband, das ihn als Botschafter und Vertreter des Volkes von Rom auswies. Die Wächter nahmen die Insignien zur Kenntnis und eine der Wachen erklärte sich bereit, ihn zum Palast zu führen. Dort übergab er Lucius den Palastwachen, die ihn beim König Metana von Curtun anmeldeten. Der König empfing ihn, obwohl er gerade beim Essen war. Es war ein riesiges Bankett, der ganze Hof lag zum Essen an der reich gedeckten Tafel. Der König lud Lucius ein, sich ebenfalls am Tisch zu bedienen. Es spielten Flötisten und durch den Palast blies ein angenehmer Wind. Lucius war sehr hungrig und nahm die Einladung dankbar an. Es fiel ihm anfangs etwas schwer, beim Essen zu liegen. Aber dies war nur wieder einer der Unterschiede zu den Rumern. Die Etrurier lebten, um zu essen, die Rumer aßen, um zu überleben. Lucius aß von allem, was die Tafel hergab, Wild, Gemüse bis hin zu Früchten. Sein Magen fühlte sich schon ganz komisch an, da er so vielfältige Kost nicht gewohnt war. Er kannte nur die Legionskost, die am Morgen aus Hafer, Milch und Honig bestand und am Mittag und Abend aus Eiern oder Fleisch, vielleicht mal Beeren. Aber das hielt Lucius nicht davon ab, den etrurischen Stil zu genießen.

Der König Metana sprach über die Wiedergeburt, das Leben, die Liebe, seine Kinder und sogar über die Griechen. Diese hielt er für Narren, weil sie das Leben zu Tode philosophierten und versuchten ihre Seelen glücklich zu machen, indem sie imposante Bauten in die Welt stellten.

Für Lucius war König Metana ein Etrurier, der sehr repräsentativ war für das Volk. Er liebte die Natur und das Leben und für ihn war das Zusammenleben mit seinem Volk so natürlich, dass er auf den Straßen von Curtun nicht einmal an seinen Kleidern erkannt wurde. Er hörte das Anliegen von Lucius geduldig an und musste nicht einmal seinen Schamanen konsultieren, der König und sein Schamane verstanden sich wortlos. So nickte dieser nur zustimmend. Sie feierten zusammen bis tief in die Nacht hinein. Lucius erhielt sein Nachtquartier innerhalb des Palastes, was eigentlich unüblich war, aber Metana bestand darauf.

Am nächsten Tag bedankte sich Lucius höflich und von Herzen für diesen überaus netten Empfang. Der König bedankte sich ebenfalls für den Brief und die angebotene Freundschaft Roms.

Aritim

So ritt Lucius zum nordöstlichsten Punkt Etruriens los, in Richtung Aritim, wo er vorab schon davon gehört hatte, dass er keinen König antreffen würde, der sehr ausgeglichen und mit sich im Reinen war. Der Bergkette entlang ca. 25 Kilometer weiter traf er nun auf Aritim, das bekannt war für seine unzufriedene Arbeiterschicht mit ihrem König Cilnii. Schon von Weitem sah er die Stadt auf einem bescheidenen Hügel liegen.

Nach der üblichen Prozedur, die sich bei den Stadtwachen abspielte, konnte er sich zügig dem König Cilnii vorstellen. Dieser lud Lucius ein, sein Gast zu sein, weil gerade sportliche Wettkämpfe zu Ehren der Götter stattfanden. Lucius musste zusagen, wenn er wollte, dass der König ihm zuhörte. So schloss er sich dem Adel an, welcher in die Arena pilgerte und dort dem kuriosen Wettkampf frönte. Zuerst kam natürlich der Deckmantel der Religion, der dieses Spektakel rechtfertigten sollte. Bezahlte Priester segneten den Gründer der Arena, die mit ungefähr 8000 Zuschauern besetzt war. Der Priester sprach zu der Menge: „Dieser Wettkampf soll stattfinden zu Ehren unserer toten Krieger. So seht die gefangenen Gallier und Kelten. Krieger, die gegeneinander kämpfen bis zum Tode, damit sie im Totenreich ihren Frieden mit den unzähligen gefallenen Kriegern schließen können."
Das „Spektakel" war grausam. Es musste Mann gegen Mann gekämpft werden, Gallier gegen Kelten bis zum Tode. Nur ab und zu, wenn der Kampf hochbrisant war, schrie die Menge um Verschonung der Todgeweihten. Nur der König mit seinem Priester war dazu befugt, die

mutigen Kämpfer und Krieger von ihrem Gottesurteil loszusprechen. Nach diesen „Spielen" kamen noch andere sportliche Wettkämpfe wie Wagenrennen, Boxen oder Ringen gegen wilde Tiere. Lucius missfiel dies besonders, da er die Natur liebte, genauso wie die Todeskämpfe zwischen Kelten und Galliern. Obwohl in ihm ein schlafender Krieger wohnte, fand er keine Rechtfertigung für dieses Schauspiel, weder von den Menschen noch von den Göttern. Außer vielleicht von den Dämonen, die in einigen Menschen schlummerten.

Der König Cilnii machte sich mit seinem Gefolge zurück auf den Weg in den Palast. Dabei machten sie einen Zwischenhalt beim Tempel des Kriegsgottes, dem die Überlebenden des Schaukampfes geopfert wurden. Lucius empfand den König als abscheulich und dachte, dass so etwas in Rom undenkbar wäre. Die inneren Unruhen mussten beachtlich sein, wenn der König für einen Krieger solch unwürdigen Zirkus veranstalten musste. Beim Palast angekommen, kam dann Lucius schnell zum Punkt: „Mächtiger König Cilnii, ich komme, weil Rom mit Etrurien einen stabilen Frieden schließen will, und das für eine sehr lange Zeit." Als der König das Wort „stabil" hörte, klinkte er sich in das Gespräch ein: „Stabil? Stabilität gefällt mir. Und was kostet uns dieser Frieden?" Lucius: „Nichts, König Cilnii, außer Euer Wort, dass Ihr den Frieden einhaltet." Cilnii: „Ich gebe euch diesen Frieden, ein kleines Aber habe ich trotzdem noch." Lucius: „Ja, ich weiß, beim Vollmondfest …" Cilnii unterbrach ihn schon wieder: „Nein, diese veralteten Riten interessieren mich nicht." Der Schamane, der hier am Hof nur zur Zierde gehalten wurde, blickte traurig. Er war nur aus Tradition da, weil diese vom König verlangte, einen

Schamanen an seiner Seite zu haben. So wurde der Schamane am Hof nur geduldet. „Ich brauche nur eins von euch, wenn ihr den Krieg gegen die Hellenen überhaupt überleben solltet. Und zwar sind das ein oder zwei Legionen, die meine Stadt und ihren aufmüpfigen Mob zum Schweigen bringen", sprach König Cilnii. Lucius sagte widerwillig zu, aber nur unter der Bedingung, dass Rom diese Legionen auch für eine Weile entbehren konnte. Inzwischen hatte Lucius bereits zwei Städten militärische Hilfe zugesagt. Seine Asse waren somit verspielt. Er konnte und wollte keine weitere Hilfe zusagen, vor allem dann nicht, wenn es darum ging, ein Volk zu unterdrücken, welches seinen König hasste.

Auf dem Rückweg aus der Stadt konnte er regelrecht die Unzufriedenheit der Töpfer und Handwerker spüren, die nichts anderes wollten, als mitzubestimmen, was mit ihrer Stadt passierte. Aber Lucius waren diesmal die Hände gebunden. Er machte sich auf den Weg nach Velathri, quer durchs Land. Es war eine weite Strecke zurückzulegen, die weiteste auf seiner Reise. Es ging über unzählige Hügel und Flussläufe.

Pupluna

An dem Ort, wo unsere Geschichte weitergeht, sind die Bäume vom Wind geformt. Die Stadt Pupluna ist eingefasst zwischen zwei gegenüberliegenden Hügeln, zu ihren Füßen liegt die Bucht von Baratti. Vor fast 1000 Jahren erklommen die Vorfahren Puplunas dieses Kap, auf dem heute Krankru König war. Er schaute auf den Horizont des Tyrrhenischen Meeres, ein kühles Lüftchen wehte auf der Königsterrasse. Pupluna schien dem Himmel so nah, weil es auf dem höchsten Punkt des Kaps gebaut war.

Krankru sprach zu seinen Gefolgsleuten: „Ist das nicht die schönste Aussicht der Welt? Ist unsere Stadt nicht die schönste Tochter dieses Landes?" „Wie wahr", antworteten die Diener und Handelsleute einstimmig. Krankru: „Sind wir nicht Gesegnete der Götter, dass Mutter Erde uns die Hügel geschenkt hat, die voll sind mit Eisen, Kupfer, Blei und Silber? Umso mehr sind wir gezwungen, uns Zeit zu nehmen und unser geschäftiges Verhalten zu unterbrechen, um diese Schönheit zu genießen. Lasst uns morgen unserem Treiben Einhalt gebieten und einen Festtag einlegen. Zu Ehren der Götter werden wir hier im Palast feiern, um danke zu sagen." Auf dieses Stichwort kam die Königin Ushil herein und Krankru fügte gleich noch hinzu: „Und lasst uns danke sagen, dass wir eine so wunderschöne und kluge Königin haben." Alle stimmten dem König zu. Gemeinsam schauten sie ins Tal hinunter und waren stolz auf die Bevölkerung Puplunas und ihre unzähligen Eisenhütten, die Erz und die Mineralien zu wertvollen Metallen schmolzen. Trotz des großen Ertrages schafften sie es, das Gleichgewicht zwischen Bergbau und der Schönheit des Landes zu bewahren. Obwohl Krankru schon lange König von Pupluna war, verzauberte ihn die Form der Bucht, die einem Halbmond glich, immer wieder von Neuem. Er sah noch ein Weilchen zu, wie die Schiffe aus Phönizien und Ägypten in der Bucht an- oder ablegten. Krankru genoss es, wie friedlich der Handel ablief, trotz der verschiedenen Kulturen. Die Pupluner kontrollierten den Handel mit Eisen und Kupfer. Das war der Schlüssel zur Macht, welchen die Stadt seit Jahrhunderten nicht aus den Händen gab. Doch ahnte er nicht, was sich in Culsans Kopf für Gedanken regten. Der Sohn war neidisch auf seinen Vater und König.

In der Zwischenzeit kam in Pupluna ein Schiff mit weiterem Erz aus Ilva an. Die wichtigste Fracht war aber diesmal nicht die große Ladung, sondern der Schamane Neru. Er kam und wollte sich am Königshof von Pupluna vorstellen und seine Dienste anbieten, weil er hörte, dass Zeri schon länger vom Königshof weg war. So ging Neru zum König und stellte sich vor. Nur widerwillig ließ Krankru den Schamanen zu Hof. Neru sprach, als der König ihn eintreten ließ: „Großer weiser König Krankru. Ich habe schon viel von Euch gehört und Euer Hofschamane Zeri hat schon vor vielen Tagen den Hof verlassen. Nun müsst Ihr Eure Geschäfte und Entscheidungen ohne geistlichen Beistand erledigen." Darauf Krankru: „Da hast du richtig gehört. Doch Zeri kommt heute oder spätestens morgen nach Pupluna zurück, da bin ich sicher. Ich habe ihn nach Velzna geschickt, um dort eine wichtige Frage zu klären. Aber du darfst gerne bis zu Zeris Rückkehr als Gast in Pupluna bleiben." „Ich danke Euch, großer König Krankru." „Nun lass mich bitte alleine, denn ich hatte einen anstrengenden Tag", sprach der König und Neru verließ den Raum Richtung Innenhof, wo ihn überraschend Culsans abfing und ihn in eine Ecke des Hofes zerrte, wo ihn niemand sehen konnte. „Was machst du hier?", wollte Culsans von dem Fremden wissen. Neru sprach: „Ich bin hier, um dir zu helfen, König von Pupluna zu werden!" Culsans verstand die Welt nicht mehr, war aber gleichzeitig froh, einen Verbündeten gegen sein Fatum gefunden zu haben, auch wenn er nicht viel von Schamanen hielt. Culsans fragte: „Wie soll ich König von Pupluna werden? Schon in wenigen Tagen soll ich in Velzna zu Ehren Voltumnas geopfert werden." Neru lachte, gab Culsans einen festen Klaps auf die Schulter und riet: „Du bist doch ein junger Krieger, nicht? Und glaubst du nicht, dass du da noch ein Wörtchen mitzureden hast?" „Ja, ich befehlige schon ein paar Einheiten von meines Vaters Armee. Doch die meisten Krieger sind meinem Vater königstreu ergeben!" Neru erwiderte: „Genau das ist der Punkt! Du musst König werden! Dann wird die Armee dir die Treue schwören, wie einst deinem Vater!" Neru lachte bei den Worten fies hinter vorgehaltener Hand. „Das heißt, du willst, dass ich meinen Vater töte?", fragte Culsans völlig verblüfft. „Das hast du gesagt, ich würde so etwas nie von dir verlangen. Aber überlege, umgekehrt will er dich doch töten, oder?", heizte Neru das Gespräch weiter an. „Ja, schon, aber … …" „Was aber?", wollte Neru wissen. „Wenn ich meinen Vater töte, dann würde mich doch das Volk gar nicht als König anerkennen!", gab Culsans zu bedenken. „Still jetzt, lass uns in deinen Gemächern weiterreden, bevor die Wände Ohren kriegen", drängte Neru. Gemeinsam verschwanden sie in den Tiefen des Palastes.

In der Zwischenzeit war Thesan wieder einmal ausgebüxt und saß allein auf ihren geliebten Klippen. Es brachen sich große Wellen an den Felsen und dunkle Wolken zogen auf, wie Thesan sie in ihren jungen Jahren noch nie gesehen hatte. Sie beobachtete Delfine, die miteinander spielten und nach einer Weile in der Weite des Tyrrhenischen Meeres verschwanden. Nachdem die Wolken immer dunkler wurden und der Himmel immer bedrohlicher aussah, machte sich Thesan verängstigt auf direktem Weg zu ihren Großeltern. Dort angekommen rief Thesan ganz aufgebracht: „Teta, Teta, ich habe Angst!" Teta: „Was ist passiert?" „Ich weiß es nicht, der Himmel hat sich ganz verdunkelt und ich habe furchtbare Angst bekommen, Teta. Ich bin dann sofort zu dir geflüchtet. Es war auch keine Vision, sondern ein ganz komisches Schaudern, das durch den Körper fuhr." Teta: „Du musst keine Angst haben, aber wir müssen auf der Hut sein. Ich spüre diese Dunkelheit, die über Pupluna zieht. Sie ist düster und Dämonen versuchen Einzug zu nehmen in unsere Stadt!" „Wie können wir das verhindern?", wollte Thesan wissen. Teta: „Gar nicht, wir können nur versuchen es abzuwehren. Wir müssen den König warnen. Lass uns deinen Vater aufsuchen."

So gingen sie in den Hauptpalast, wo sie den König alleine mit seinen Dienern vorfanden. Die Königin war in der Stadt und schaute nach dem Rechten, denn sie war wie die Augen des Königs.

Beim König angekommen, sprach die ehemalige Königin zu Krankru: „Mein lieber Schwiegersohn und König, bitte gewähr uns kurz deine kostbare Zeit." Krankru empfing die beiden mit offenen Armen und ließ sie sprechen. Thesan erzählte von ihren düsteren Vorahnungen und ihre Teta konnte diese Befürchtungen nur bestätigen. Krankru antwortete darauf nüchtern: „Meine zwei Frauen, das ist ja schön und gut, aber was soll ich jetzt tun? Bloß weil es draußen düster wird? Wir müssen Zeri fragen, wenn er zurückgekehrt ist. Ihr wisst, ich teile eure Gabe nicht, die ihr geschenkt oder auferlegt bekommen habt."

Thesan und ihre Großmutter merkten, dass ihr Anliegen zwar ernst genommen wurde, doch er ihre Befürchtungen nicht ganz teilte. Wie auch, wenn er nicht sehen und fühlen konnte wie sie. So hatten sie zwar den König gewarnt, doch ohne dass er irgendwelche Maßnahmen traf. Er verließ sich in letzter Linie auf seinen Schamanen Zeri, der im Moment leider nicht vor Ort war. So gingen die beiden zurück in den Palastteil der Großmutter. Der König war nach diesem Besuch schon etwas beunruhigt, ging aber weiter seinen Pflichten nach und verdrängte unangenehme Gedanken. Jedoch erfolglos, Krankru fluchte: „Das fehlte mir gerade noch, mein Schamane ist längst überfällig und nun warnen mich meine zwei hellsichtigen Frauen vor einem dämonischen Angriff. Meine Stadt kann ich dagegen mit keiner Armee der Welt beschützen." Seine Diener und Sklaven verstanden nicht, mit wem ihr König sprach. Ob er Selbstgespräche führte oder die Götter befragte, das würde sein Geheimnis bleiben.

Krankru ging wieder auf die Terrasse. Er überschaute sein Reich und konnte nicht glauben, dass das alles in Gefahr war. Hatte er nicht schon andere Sorgen? Sein Sohn sollte zum Wohle Puplunas geopfert werden, war das nicht genug? Seine Schultern wurden immer schwerer und sein ganzer Körper tat ihm weh unter dieser Last. Da erinnerte sich Krankru, was sein Lehrer, Freund und Schamane zu ihm einst sagte: „Egal, was passiert, egal, ob du in einer Schlacht bist oder leidest, im Geist sind wir eins und verbunden mit der göttlichen Kraft und Weisheit. Wenn du im Tal der Finsternis wanderst, dann ist das Licht der Götter mit und unter uns!" Krankrus Schultern wurden ein bisschen leichter, aber seine Sorgen blieben. Er beschloss, einen großen Rundgang durch Pupluna zu unternehmen. Der Tag neigte sich dem Ende zu und die Sonne lag tief über dem Horizont. Seine Leibwache begleitete ihn bis zum Palasttor, dann trug er ihnen auf, hier auf ihn zu warten. Widerwillig befolgten die Wachen seinen Befehl. So machte sich der König alleine auf den Weg in die Stadt, atmete tief durch, lief an den Töpfern, den Schmieden und den Weberinnen vorbei.

In der Zwischenzeit kehrte die Königin von ihrem Rundgang zurück und begann ihren Ehemann zu suchen, als er im Palast nicht mehr vorzufinden war.

Krankru genoss unterdessen den Spaziergang und nahm das wohlwollende Nicken seines Volkes gerne entgegen. Es war das erste Mal, dass der König ohne Gefolge durch die Stadt ging. Er lief weiter Richtung Stadttore, er atmete langsam und konzentriert und versuchte in seinem Geiste

alles zu speichern, was er sah, spürte und roch. Er wollte alles in seinem Herzen aufnehmen und in Ewigkeit festhalten. Jetzt verstand Krankru auch Zeris Worte, die ihn einst lehrten: „Nichts geht verloren, alles bleibt gespeichert. Physisch unterliegen wir alle dem Gesetz der Veränderung, doch geistig geht nichts verloren." Der König ging weiter auf einer schmalen Straße, die durch den Wald zur Bucht Puplunas führte. Hier sah man die fleißigen Arbeiter an ihren rauchenden Öfen, aus denen das Eisen schmolz, das Pupluna so reich gemacht hatte. Er lief weiter, bis er an eine kleine Siedlung kam, die zwischen dem Hafen Puplunas und der Stadt lag. Diese Siedlung war spezialisiert darauf, dem Hügel von Pupluna kleine Quader abzuringen, die für den Bau der Häuser ihrer Ahnen bestimmt waren. Die prachtvollen Bauten, die von ihrer Existenz zeugten, wenn sie längst alle wieder zurück in die feinstoffliche Welt zurückgekehrt waren.

Es war das erste Mal, dass diese Arbeiter eine persönlich königliche Visite bekamen, obwohl schon über Generationen an diesem Berg gearbeitet wurde. Der König nahm sich Zeit und sprach mit einigen von ihnen. Er schaute in ihre Augen, lächelte und bedankte sich für ihre wertvolle Arbeit, die eine sehr, sehr lange Zeit überdauern würde. Um noch ein wenig allein zu sein, ging Krankru weiter Richtung Wald, ein wunderbarer Ort, um seine Gedanken zu ordnen und den Kopf frei zu bekommen. Im Wald angekommen, spürte er die Geister des Waldes, obwohl er kein Geistlicher war. Er hörte sie flüstern: „Es kommt alles, wie es muss, und es wird erfüllt eines jeden Schicksal." Die Geister und Faunen folgten Krankru neugierig und gaben ihm unbewusst Kraft und Stärke. Er bedankte

sich bei den Geistern des Waldes und den Göttern, die sie geschaffen hatten. Krankru machte sich mit neuem Mut und Trost zurück in die Stadt von Pupluna. Bereit, seinen Weg zu gehen und sein Volk durch diese dunkle Zeit zu führen. Ein einzigartiges Bild von Pupluna hatte sich in seinem Geiste eingebrannt. Es war eine Magie, die die Dunkelheit niemals schlucken könnte, sei sie noch so finster. Die Magie, die Etrurien umgab, war nicht besiegbar. Sie war eine geistige Macht, die ihnen die Kraft gab, sich künstlerisch so auszudrücken, wie es kein anderes Volk konnte. Krankru hatte seine persönliche Angst besiegt und mit diesem Bewusstsein musste er keinen Feind fürchten, weder geistig noch physisch.

Langsam neigte sich die etrurische Sonne dem Horizont entgegen und der König begab sich auf den Rückweg zum Palast. Er warf nochmals einen Blick zurück auf die Bucht von Pupluna, wo die Sonnenstrahlen mit den Hügeln spielten und lange Schatten zu den unzähligen Schloten warfen, die rundherum verteilt waren. Er inhalierte nochmals diesen Moment des Friedens und ließ sich von Vogelgesang begleiten. Am Palasteingang angekommen, wartete bereits seine Frau auf ihn: „Mein Mann und König." Sie schimmerte orange in der Abendsonne und war unbeschreiblich schön. Krankru erwiderte: „Meine Königin, schön, dass du auf mich gewartet hast." Er behielt die Fassung, obwohl er hätte weinen können vor Glück. Dieser Moment, den er intensiv wahrnahm, mit all dem Schönen und Friedlichen, das ihn umgab, raubte ihm den Atem. Es schien ihm voller Perfektion, so dass er im Innern Voltumna dankte, dass sein Leben von so viel Schönem umgeben war. Leider nahm er dies nicht immer wahr. Wie viele andere Menschen auch, verlor er sich im Strudel der Geschäfte und dem Streben nach Glück. So übersieht man gerne die wichtigen Dinge des Lebens. Ushil: „Wo warst du so lange? Und ohne deine Leibwachen?" Krankru: „Kann ein Krieger nicht auch mal alleine gehen? Ich brauchte Zeit für mich und meinen Geist. Ich war mit all den täglichen Sorgen beladen, die mir einfach zu schwer wurden." Die Königin: „Und es geht dir jetzt besser?" „Ja, jetzt, wo ich dich sehe, geht es mir besser." Ushil lächelte: „Du weißt noch immer, wie man seine Königin erobert." Sie umarmten sich und Ushil wollte ihren Mann dazu bewegen, endlich ein paar Stunden zu schlafen. Krankru war jedoch zu aufgeregt und spürte, dass Zeri nicht mehr weit war. So entschloss er sich zu warten, sagte seiner geliebten Frau „Gute Nacht" und sie zog sich in die Gemächer zurück.

Culsans, der sich ebenfalls zurückgezogen hatte, konspirierte weiter mit seinem neuen dunklen Schamanen. Neru erläuterte seine Pläne, wie er mit Hilfe seines Gegners die Macht ergreifen könne. Dafür müsste er aber gewisse Opfer bringen. Sie schmiedeten Pläne bis tief in die Nacht hinein …

Zur gleichen Zeit traf Zeri im Königspalast ein. Er meldete sich bei den Wachen und fragte nach König Krankru. Diese teilten ihm mit, dass der König ihn bereits erwarte und aus Sorge nicht schlafen könne. Die Wachen vergewisserten sich, dass Krankru wirklich nicht schlief, und ließen Zeri anschließend eintreten. Dieser war voller Hoffnung, dass die Magier und Schamanen von Velzna auf ein anderes Resultat kamen als Zeri.

Krankru war froh, seinen Freund und Schamanen wieder bei sich zu haben. Er schaute ihn fragend an und Zeri begann zu erzählen: „Mein König, meine schamanischen Freunde und ich haben sehr lange über dieses einzigartige Phänomen beraten. In der Geschichte unseres Volkes haben die Götter schon mehrmals hohe Opfer gefordert, aber dass Voltumna dieses Mal deinen Sohn will und dass wir an einer neuen Zeitenwende stehen, haben alle gewusst. Alle haben sich mit diesem Thema beschäftigt, da es sehr wichtig ist, den Willen der Götter genau zu erforschen. Sogar der Rasna Magna hat sich viel Zeit genommen." Krankru schaute erwartungsvoll. „Doch, mein lieber König, es ist einstimmig und unumgänglich, dass dein Sohn Culsans geopfert werden muss. Die Lukumonen, Schamanen und Magier hätten sogar am liebsten das Vollmondfest vorgezogen. Es mag schlimm für dich sein, aber Culsans ist der Schlüssel für unsere Zukunft. Natürlich können wir das Vollmondfest nicht verschieben, aber der Rat der Mysterienstadt Velzna war einer Meinung. Stirbt Culsans am Vollmondfest nicht, dann gehen wir alle den Pfad des Untergangs und des Vergessens. Entweder Culsans oder unser gesamtes Volk. Der Rat war froh, dass ich gekommen war, denn sie wussten bereits, dass die Zeit des Umbruchs begonnen hatte. Sie haben dir recht gegeben, dass du mich zu ihnen gesandt hast, denn die Tragweite dieses Themas wäre für einen Schamanen allein zu viel gewesen. Doch sind die Götter sich einig, dass sie Culsans frühzeitig zu sich holen wollen, um unser Schicksal abzumildern." Krankru war traurig und seine Augen füllten sich mit Tränen. „Sei nicht traurig, mein König, du handelst richtig und hast immer zum Wohle unseres Volkes gehandelt." „Ich weiß, Zeri, aber ich war

Culsans nie ein richtiger Vater! Ich war immer zu beschäftigt, um meinen Sohn richtig zu erziehen. Und jetzt muss ich ihn zum Wohle unseres Volkes opfern ..." Es wurde still im Palast. Zeri schwieg einen Moment mit seinem König, machte ihm dann aber Mut: „Das ist dein Schicksal und ich gehe mit dir diesen Weg. Und wenn du willst, dann opfere ich Culsans am Vollmondfest für dich." Krankru: „Nein, ich habe die Verantwortung und ich habe den Willen der Götter immer akzeptiert und werde auch jetzt nicht trotzen. Auch wenn ich es nicht verstehen kann. Danke, Zeri, für deine stete Aufrichtigkeit und dass du für mich da bist in dieser schweren Zeit!" „Tut mir leid, mein König, dass ich dir keine bessere Kunde von der Mysterienstadt überbringen konnte", entschuldigte sich Zeri. Beide gingen traurig zu Bett, nachdem sie noch einen großen Schluck aus der Amphore mit dem besten Wein getrunken hatten.

Am nächsten Morgen trugen alle Bewohner Waren herbei, um das Dankesfest vorzubereiten, wie es der König befohlen hatte. Den ganzen Tag verbrachte die Bevölkerung mit Singen, Musizieren und Schmücken der Stadt. Sie konnten von den schweren Gedanken des Königs nichts ahnen. Es wurden prachtvolle Stoffe aufgehängt und die Räucherungen und Blumen verteilten einen wohlriechenden Duft in der Luft.

Velathri

Am selben Tag, zu späterer Mittagsstunde, erreichte Lucius nordwestlich des etrurischen Reiches die höchste Stadt, Velathri, nachdem er die schier unendlichen Hügel mit seinem Pferd erklommen hatte. Es öffnete sich im Süden ein riesiges Tor, das mit drei Gesichtern der Vorfahren geschmückt war. Das Tor war so hoch, dass die Wachen darunter wie Kleinwüchsige aussahen. Wie üblich wurde er aufgehalten und nach seinen Besuchsgründen gefragt. Lucius war es langsam leid, sich immer wieder erklären zu müssen, lieber würde er auf dem Schlachtfeld stehen und ihnen die Informationen einprügeln. Da dies aber nicht ging, nahm er sich zusammen und trug sein Anliegen in einem ruhigen Ton im Namen Roms vor. Während des Vortragens seiner Bitte, den König zu sprechen, bestaunte er die imposante Mauer, die Velathri umgab. Er schätzte, wenn jemand so verrückt war, diese Stadt zu belagern, hatte dieser keine Chance, hier einzudringen. Viel zu hoch ragte die Stadt wie eine Majestät mit ihrer Befestigung empor.

Die Wachen lachten, als Lucius nach einer Audienz beim König fragte. Nicht weil die Frage so komisch war, sondern über die Unwissenheit von Lucius. Der König von Velathri war nämlich eine Königin. Nach dem üblichen Machtgeplänkel, das Lucius schon so oft erlebt hatte, führten die Wachen den Botschafter Roms zur Königin Calisna. Auf dem Weg durch die Stadt sah Lucius, wie vielfältig produktiv die Bewohner waren. Er war beeindruckt von den Steinmetzen, die aus Alabaster die schönsten Figuren gestalteten. Leider schritten die Wachen

vor ihm viel zu schnell, um alles im Detail betrachten zu können. So flogen sie förmlich an den Tonkünstlern vorbei, die aus rotem Lehm der Umgebung Töpfe, Figuren und Haushaltsgeräte formten und kreierten. Langsam näherten sie sich dem Palast und je näher, umso edler wurden die Materialien, die verarbeitet wurden. Bronzene Statuen, silberne Münzen und goldener Schmuck. Diese Stadt hatte Handwerker wie Velzna Priester und Schamanen. Jeder dieser Arbeiter musste, dem Geschick nach zu urteilen, seit Generationen seinem Handwerk nachgehen. Einige sahen, so fand Lucius, aber eher aus wie Griechen, nicht wie Etrurier. Die Wachen gingen immer noch zu schnell, so dass sich Lucius in den schmalen Gassen von Velathri verirrte. Er fand sich in einem Viertel wieder, wo die Bewohner Lucius noch mehr zum Stauen boten. Hier hoch oben über den Hügeln Etruriens produzierten die Menschen Segeltücher und Bestandteile für Schiffe, große Schiffe! Er fragte, ob hier in der Nähe ein Hafen sei, denn seines Wissens war die Küste einen Tagesritt entfernt. Die Leute antworteten stolz, ob er nicht wisse, dass westwärts am Fuße ihres Hügels ein großer künstlicher Hafen liege, von dem man mit fast jedem Schiff das Meer erreichen könne. Der Hafen sei so besser vor feindlichen Angriffen geschützt. Nachdem sie schon mehrmals an der Küste angegriffen worden waren, hätten sie sich dazu entschieden, neuere Schiffe nur noch hier zu bauen und zu planen. Lucius bestaunte die Taktik der Etrurier, die seinem Ermessen nach mehr auf Verteidigung aus war und nicht wie von den römischen Senatoren vermutet auf offensiv kriegerische Ausrichtung. Nachdem er eine Weile diesen Holzbauern und Segelmachern zugesehen hatte, ging er zurück in die Richtung, aus der er gekommen war.

Er suchte die Wachen, die ihn führen sollten. Aber die Gassen von Velathri waren eng und unübersichtlich. Er lief an Werkstätten vorbei, die kleine Kisten aus Marmor und Alabaster fertigten. Diese waren geschmückt mit allerlei Figuren aus Mythologie und Sagen. Aus dem alltäglichen Leben fanden sich auch Szenen wieder. Sie modellierten die Menschen, wie sie waren, nahmen nichts weg und dichteten nichts hinzu. Die günstigeren dieser Kisten waren aus Tuffstein gefertigt. Auf den Deckeln waren meistens einfache oder sogar ältere Menschen abgebildet, in so natürlicher Perfektion, die sich total unterschied von den griechischen Plastiken, die Lucius bis dahin kannte. Die Etrurier ahmten weder die Griechen noch andere Kulturen nach. Die etrurische Kunst, gerade bei diesen Kästen mit ihren Deckeln, auf denen eben diese Menschen abgebildet waren, zeigte die Menschen so, wie sie die Künstler sahen. Manche Skulpturen waren bei einer Tätigkeit abgebildet, beim Trinken oder Essen, wieder andere beim Wildschweinjagen. Lucius fiel auf, dass die Etrurier eine Natürlichkeit und Liebe zum Leben hatten, die sein Volk schon längst verloren hatte. Die Natürlichkeit und der Bezug zum eigenen Körper, zur Sexualität oder einfach zur Familie. Das eine schloss das andere nicht aus. Nun war Lucius neugierig und fragte einen der Handwerker, für was diese Kisten angefertigt wurden.

Der Handwerker schaute misstrauisch, antwortete ihm aber: „Du bist nicht von hier, oder? Das sind alles kleine Sarkophage. Hier in Velathri haben wir nur außerhalb der Stadt eine Nekropole für unsere Krieger. Wir Bewohner von Velathri werden eingeäschert und erhalten eben diese kleinen Urnen. Im Berginnern werden wir dann mit unse-

ren Familien in Höhlen bestattet. Man kann die Sarkophage vor seinem Tod in Auftrag geben und nach Wunsch mit einer Lieblingstätigkeit oder einem Gott verzieren lassen. Da sind der großen Vielfalt keine Grenzen gesetzt. Das entscheiden entweder die Familien oder der Hinübergegangene. Die meisten geben jedoch vor dem Tod eine Urne in Auftrag. Das ist auch der Grund, warum die Krieger nicht eingeäschert werden. Sie wissen nicht, wie früh sie eventuell schon sterben müssen, denn der Krieg kommt manchmal wie eine schwarze Wolke über uns. Die Krieger erhalten ihre eigene Totenstadt, weil sie manchmal einfach aus dem Leben gerissen werden. Für uns ist es eine Art Meditation, an diesen Sarkophagen zu arbeiten, da verlieren wir jedes Zeitgefühl und empfinden weder Hass noch Müdigkeit und wir sind geistig sehr zentriert. Es ist ein Triumph für das Leben, wenn wir einen dieser Kästen mit ihren Verzierungen geschaffen haben. Ein Triumph gegen den Tod und nicht gegen das Sterben. Wir glauben fest daran, dass es weitergeht."
„Danke, deine Ausführungen waren sehr beeindruckend. Das Volk und euer Glauben sind einzigartig. Ich habe noch nie so viele begabte Handwerker auf einem Haufen gesehen", sprach Lucius.

Da bahnte sich die Stadtwache, die den Römer verloren hatte, einen Weg durch die Menge und rief ihm zu: „Rumer, wir suchen dich schon in der ganzen Stadt, wo hast du gesteckt? Folge uns jetzt, es ist nicht mehr weit bis zur Königin Calisna." Sie gingen noch ein Stück durch die Stadt, in deren engen Gassen ein kühler Wind blies. Im Rücken des östlichen Stadtteils lag der Apennin, der manchmal eine etwas zu kühle Luft in die Stadt brachte.

Dies war so ein Tag. „Hoffentlich ist die Königin nicht wie der Wind", dachte sich Lucius. Beim Palast angekommen, übergaben die Stadtwachen den Botschafter den Palastwachen. Sie führten nun Lucius bis zum großen Saal, gingen aber zuerst alleine hincin, um die Königin über die Situation zu orientieren. Lucius hörte die Königin lachen, Flöten spielten und Harfenklänge ertönten. Wahrscheinlich war sie gerade beim Essen. „Oh ja, essen, das wäre jetzt wirklich nicht schlecht", dachte sich Lucius. Die Wachen kamen zurück und luden Lucius im Namen der Königin zum Essen ein. Lucius freute sich natürlich darüber, da er wusste, dass die Etrurier keine Kostverächter waren.

Er trat ein und die Königin Calisna lag da und bat Lucius Platz zu nehmen. Sie war sichtlich schon ein bisschen angeheitert. Der Wein stand in schönen Amphoren reichlich zur Verfügung. Lucius legte sich dazu und aß von allem etwas. Trauben, Oliven, verschiedene Büffelkäse, Wildschwein und allerlei Leckeres. Die Königin Calisna schaute sich den Botschafter an und hatte sichtlich keinen Mann an ihrer Seite. Sie flirtete mit Lucius, schaute ihm in die Augen und testete seine Reaktion. Dieser war jedoch mit seinen Gedanken bei Luri, die zwar schon wieder weit weg war nach all dem Erlebten, ihm aber trotzdem ganz nah. Die Königin freute sich, dass Lucius nicht darauf einstieg, war aber gleichzeitig ein wenig beleidigt und fragte: „Gefalle ich Euch nicht?" „Doch, Königin Calisna, aber Ihr seid die Königin von Velathri und ich nur ein Botschafter. Das sagt doch alles …", versuchte Lucius sich aus dieser peinlichen Situation zu retten. Calisna lachte und befahl den Dienern ihm endlich Wein einzu-

CALISNA

gießen. Das Festmahl ging über Stunden und Lucius' Becher wurde ständig nachgefüllt. Er trank langsam, da er diese Mengen nicht gewohnt war, und überhaupt mochte er es nicht, wenn die Leute zu betrunken waren. Doch jetzt musste er trinken, um Roms willen. Diese Königin war absolut trinkfest, was es unter römischen Frauen nicht gab. Dann stand die Königin auf und zum Erstaunen von Lucius konnte sie noch gerade gehen. Calisna nahm Lucius bei der Hand und führte ihn auf die Terrasse, auf der ein kleiner runder Tempel stand. Sie schaute noch kurz zurück und befahl den Beteiligten des Mahls drinnen zu bleiben. Sie schaute den Botschafter an: „So sprich, Lucius, was hast du meinem Volk mitzuteilen? Wenn du sprichst, vergiss nicht, ich bin eine Königin, aber in meinem Urteil oder meinen Verhandlungen bin ich jedem Etrurier ebenbürtig. Lass dich also nicht durch mein weibliches Wesen täuschen." Lucius war zwar erstaunt, eine Königin vor sich zu haben, denn das war er nicht gewohnt. Aber täuschen ließ er sich nicht. Er bot, wie allen anderen Völkern Etruriens auch, den Frieden Roms an und war gleichzeitig ehrlich zu ihr, was die Bedrängung der Griechen im Süden Roms betraf. Die Königin nahm die versiegelte Freundschaftsrolle an sich und rief gleichzeitig ihren Schamanen zur Seite. Sie las dem Schamanen den Brief vor. Dieser hörte interessiert zu und Lucius bestaunte derweil die umliegende, für Etrurien sehr raue Landschaft. Nachdem der Schamane aufmerksam die Informationen aufgenommen hatte, ging er in den kleinen runden und offenen Tempel und meditierte und betete über dem Brief. Nach einer kurzen Weile kam er zurück und sprach: „So hört, ihr Volk von Velathri. Der Bär ist gekommen, um den Frieden zu bewahren und sein Volk in ein neues Zeitalter zu führen. Fürchtet den Bären nicht, denn er bewahrt das alte Wissen. Wenn ihr aber den Bären töten wollt, frisst er euch auf. So wählt den sanften Weg und nicht den Weg der Verführung und des Krieges, der da kommen wird." Lucius verstand nicht einmal die Hälfte der Botschaft, weil das meiste auf Altetrurisch und in Versen war. So war die Prophezeiung für ihn nicht verständlich. Er traute sich jedoch nicht zu fragen und wartete auf den Kommentar der Königin: „Nun gut, so hat der Lukumone gesprochen und ich wähle gleichfalls den Frieden. Doch wie du sicher weißt, treffen sich die zwölf Völker Etruriens in Velzna zur Beratung. Da wird unsere außenpolitische Stellung manifestiert und dir dann überbracht. Genügt dir das, Bote Roms?" „Ja, Königin Calisna. Danke für Eure Gastfreundschaft, aber wenn es nicht zu unhöflich erscheint, würde ich gerne erst morgen bei Sonnenaufgang nach Pupluna aufbrechen, denn es ist ein weiter Weg", sprach Lucius. Die Königin flüsterte ihrem Lukumonen etwas zu, der das Flüstern erwiderte. Dann richtete sie an Lucius das Wort: „Entschuldige bitte meine Unhöflichkeit zu flüstern, aber ich wollte mich nur versichern. Wusstest du, dass du einen Begleiter hast?" Lucius war etwas überrascht: „Na ja, ich bin mit meinem Pferd unterwegs." „Das ist aber nicht das einzige Tier, das dich begleitet, Lucius", sprach die Königin weiter. Für Lucius klang wieder alles wie ein Rätsel. „Was dich begleitet, ist dein Krafttier. Ein mächtiges Tier!", erklärte ihm Calisna. Da erinnerte sich Lucius an die Worte von Luri und sprach: „Könnt Ihr mir sagen, welches Tier es ist?" „Das musst du selber herausfinden, Botschafter. Das kann dir niemand abnehmen. Ich weise meine Diener an, dir für morgen ein Schiff klarzumachen. Es fährt dich bis zur Küste, so findest du leichter den Weg nach Pupluna." „Das ist sehr aufmerksam von Euch, Königin. Danke auch für das vorzügliche Mahl", sprach Lucius. Die Königin wollte noch viel über das von Velathri weit abgelegene Rom wissen und Lucius gab gerne über seine Heimatstadt Auskunft. So gingen beide zufrieden schlafen und am nächsten Morgen erwartete Lucius ein königliches Geleit an Kriegern und Gesandten, die ihn zum Schiff begleiteten. Sogar die Königin ging noch ein Stück des Weges mit ihnen und war sichtlich beeindruckt von diesem Römer. Beim Abstieg von Velathri schaute er noch einmal die schroffe und doch so schöne Gegend dieser einsamen und hohen Stadt an. Auch Lucius war beeindruckt von der selbstbewussten Königin, die so stark und einsam war wie die Stadt, in der sie herrschte. Umso weiter er sich von Velathri entfernte, umso imposanter erschien sie, als ob sie ihre Seelenkraft aus dem Erdinnern schöpfen würde. Lucius war dankbar, dass er diese Stadt in ihrer Vielfältigkeit erleben durfte.

Der Abstieg Richtung Hafen dauerte eine Weile, war aber überhaupt nicht langweilig, da Lucius noch Bootsleute und Gesandte der Königin bei sich hatte. Ein bunt gemischter Haufen von Adelsleuten, Kaufleuten und Matrosen. Am Hafen angekommen, wurde sofort das Schiff startklar gemacht, so dass die Delegation, welche nach Pupluna wollte, ohne Verzögerung aufbrechen konnte.

Auf dem Meer

Lucius hatte kurz Zeit, das Schiff zu betrachten, auf dem er segeln sollte; es hatte ungefähr Platz für 20 bis 25 Personen und war bemalt und verziert. Das Segel hatte zwei wunderschöne Delfine aufgestickt. Alle begaben sich an Bord und schon ging die Reise los. Den Fluss entlang in Richtung Meer, vorbei an unzähligen Hügeln. Je näher das Meer kam, desto vielfältiger und schöner wurde die Vegetation. Auch die Hügel wurden sanfter und es schien weitaus freundlicher als in Velathri. Die Delegation hatte sich viel zu erzählen, da jeder auf seinen Reisen als Botschafter oder Händler schon einiges erlebt hatte. Piraten, andere Kulturen, unbekanntes Essen und andere Sitten. Nur Lucius saß da und hörte dem Naturschauspiel zu, welches seine ganz eigene Sprache hatte. Der Wind, der über die Baumwipfel hinwegzog, erzeugte Geräusche, die es nur hier gab. Die Schwalben, deren Gesang so wunderschön klang. Er hörte auch Laute, die weder Mensch noch Tier zuzuordnen waren. Das mussten die Waldkreaturen sein, von denen er schon erzählt bekommen hatte. Lucius hatte dieses Land neu entdeckt und es war für ihn unvorstellbar, in den Krieg zu ziehen, falls seine Mission scheiterte. Doch er war zuversichtlich; bis jetzt hatten alle Städte eingewilligt, einem langfristigen Frieden mit Rom zuzustimmen. Er durfte durchaus stolz auf sich sein, wie die Mission bislang verlaufen war.

Die Händler und Adligen auf dem Schiff bemerkten dies alles nicht. Sie waren zu sehr damit beschäftigt, mit ihren Erlebnissen zu prahlen. Doch die Stille des Botschafters fiel trotzdem auf: „He, Rumer, was ist los? Warum bist du

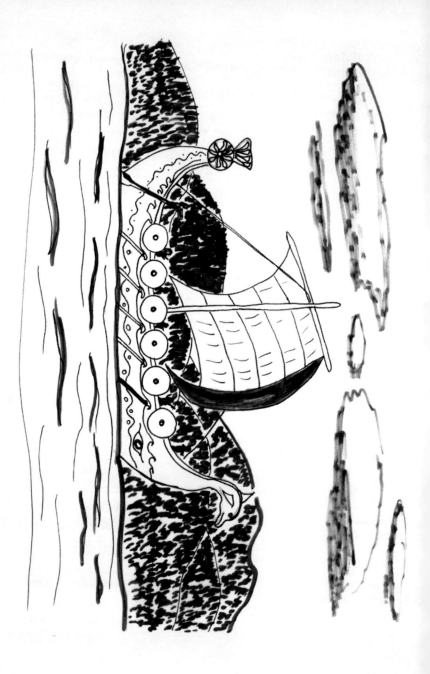

so still? Magst du unsere Geschichten nicht? Oder langweilen wir dich?" Lucius wurde aus seinen Tagträumen
gerissen. Er war gerade in einer Zwischenwelt und sein
Herz raste. Er hatte keine Ahnung, um was es ging, und
fragte nach: „Verzeihung, wie war die Frage noch mal?"
Da antwortete einer der Mitreisenden: „Ob wir dich
langweilen mit unseren Geschichte, dass du nicht zu-
hörst?" Lucius versuchte diplomatisch zu bleiben: „Nein,
ihr langweilt mich nicht, ich bitte um Verzeihung. Doch
ich kann nicht mithalten mit euren Geschichten." Alle
lachten und einer auf dem Schiff fuhr fort: „Als Botschafter Roms hast du sicher schon viel erlebt und viele Völker
gesehen?" Lucius wollte nicht lügen, obwohl er wusste,
dass es in der Politik so üblich war. Es entsprach nicht
seinem Credo von Ruhm und Ehre, das ihn die Legion
gelehrt hatte, und so versuchte er sich vage zu halten. Er
sprach: „Ich bin erst kürzlich zum Botschafter ernannt
worden, vorher war ich nur in Rom tätig für das Volk
und den Senat." Jetzt hatte er erst recht die Neugier der
Leute an Bord geweckt. Oh oh, jetzt war Lucius nicht nur
in der Ecke des Schiffes, wo er eigentlich gerne saß, nein,
auch in diesem Gespräch hatte er sich in eine Sackgasse
manövriert. Jetzt war der Moment, wo er dazu stand, was
er war oder wurde, nämlich kein richtiger Politiker. Lucius entschied sich für die Wahrheit und die Götter lächel-
ten. Er sprach: „Bevor ich Botschafter wurde, war ich
mein halbes Leben bei der Legion, und wenn meine Mission hier in Etrurien scheitert, dann gehe ich auch dahin
zurück."

Es wurde still auf dem Schiff, das weiter Richtung offenes
Meer segelte. Man konnte das Knarren der Schiffsplan-

ken hören. Die Passagiere des Schiffes wussten nicht so recht mit dieser Situation umzugehen. Sie starrten den Römer wortlos an. Bis jetzt konnten sie den Botschafter piesacken, aber jetzt, wo sie einen Zenturio vor sich hatten, war die Situation respektvoller. Nur einem Händler rutschte etwas heraus: „Dann bist du also ein Spion?" Die anderen schauten den Händler zornig an, doch dachten sie dasselbe. Lucius versuchte die Situation zu entspannen: „Der Senat hat mich geschickt, weil ich der Einzige bin, der etrurische Wurzeln hat. Die Mission ist essenziell, wir haben auch nur 2000 Mann zur Verteidigung in Rom." Die etrurische Delegation war erstaunt, dass der Zenturio eine militärisch so wichtige Information preisgab. Doch hinter dieser Information war eine doppelte List: Zum einen wollte Lucius das Vertrauen der Delegation gewinnen, zum anderen konnte es nicht schaden, wenn die in Rom verbleibenden Legionen unterschätzt wurden. Ein Mitreisender schnippisch: „Dann braucht ihr also den Frieden?" Lucius selbstbewusst: „Ihr nicht?" Ein anderer Händler: „Doch, es ist besser für beide Seiten, wenn wir in Frieden existieren können und die Vergangenheit ruhen lassen, ein neues Kapitel aufschlagen und so eine neue Ära beginnen." „Weise, weise", konterte einer der Abgesandten der Königin.

Langsam beruhigte sich das Klima an Bord und das Boot steuerte ins offene Meer hinaus, machte einen Schwenker und bog nach links Richtung Pupluna ab. Die Segel füllten sich jetzt richtig mit Wind. Der Schiffsführer, der hinten beide Ruder betätigte, sprach: „So, jetzt geht es nicht mehr lange, dann sehen wir unsere Freunde in Pupluna."

Alle freuten sich und jubelten. Lucius merkte, dass zwischen den Menschen von Velathri und Pupluna ein starkes Band bestand. Er fragte nach: „Warum seid ihr im Geiste so verbunden, eure beiden Völker?" Einer der Abgesandten der Königin war überzeugt von der Aufrichtigkeit des Römers und erklärte: „Unsere Vorfahren, die alle vom großen König Tyrenus abstammen, der uns weit über das Meer hierher führte, gründete die Stadt Velathri. Natürlich auch andere Städte, aber Pupluna wurde durch Bewohner von unserem Stamm gegründet. Sie sind unsere Kinder und einst war es eine kleine Kolonie, die dazu bestimmt war, unsere Waren zu verschiffen in die ganze uns bekannte Welt. Dann fanden unsere Töchter und Söhne reiches Erz, Zinn, Blei und Minen rund um Pupluna. Heute ist es eine der Städte im Bund der Zwölf. Wir sind stolz darauf, dass der König der Pupluner und sein Volk unsere Nachfahren sind und eine so wunderschöne und blühende Stadt entstanden ist. Versteh mich nicht falsch, Botschafter, wir lieben Velathri, aber nirgends ist man dem Himmelsgöttern und den Wesen des Meeres so nah. Die Aussicht von Pupluna ist atemberaubend, du wirst schon sehen!"

Der Kapitän gab bekannt, dass sie am späten Nachmittag die Küste erreichen würden, wenn der Wind die Stärke behielt. Schon konnte man von Weitem die Halbinsel erkennen, die aus dem Land ins Meer hinausragte. „Seht Ihr, dort ist es!", rief einer Lucius zu, der sich im Bug befand. Alle gingen in dem kleinen Segelschiff nach vorne, um ebenfalls einen Blick zu erhaschen. Der Wind zog nochmals etwas an und das Schiff hatte nun volle Fahrt. Der Segelmast bog sich durch und die Planken arbeiteten ineinander. Ihr Transportmittel leckte ein wenig, denn es hatte schon viele dieser Fahrten hinter sich gebracht. Der Kapitän amüsierte sich über seine Passagiere, die nervös das eintretende Wasser beobachteten und dem Knarren lauschten. Er rief in den Wind: „Ihr elenden Landratten, da weht ein bisschen der Hauch der Götter und ihr zittert wie Espenlaub. Wir haben dank den Göttern genau den richtigen Wind, die perfekte Richtung und ein in die Jahre gekommenes, aber treues Schiff an unserer Seite."

Die Schirmpinien umrandeten die Bucht von Baratti und gaben ein perfekt harmonisches Bild ab; wenn man genau hinschaute, konnte man sogar den Palast des Königs erkennen. Lucius schaute erwartungsvoll seinem nächsten Ziel entgegen und bewunderte die rauchenden Schlote, die wie viele kleine Vulkane aussahen, wo das so begehrte Metall entstand.

Ankunft in Pupluna

Endlich konnten sie anlegen. Es war eine ruhige Boots-
fahrt gewesen und dennoch hatten einige Passagiere weiße, wenn nicht sogar etwas gelbliche Gesichter. Alle stiegen aus und halfen der Mannschaft noch die Ladung von
Keramiken, Alabaster und Skulpturen auszuladen. Zum
Glück war es nicht mehr so heiß; dennoch war der Aufstieg nach Pupluna beschwerlich. Lucius war sich jedoch
nicht zu schade, kräftig mit anzupacken und alle Güter
den Hügel hochzutragen. Während des Fußmarsches erklärte ein Abgesandter Lucius: „Hier ist Endstation von
allen Seewegen. Alle Waren werden hier ein- und ausge-
führt, deshalb hast du am Hafen auch die vielen Händler
gesehen. Einst war Pupluna eine kleine Knospe, jetzt
wirst du sie aber in voller Blüte sehen. Reich an Kunst,
Musikern und schönen Tempeln." Lucius wollte gerne
auf die Konversation einsteigen, seine Amphore war jedoch zu schwer und der Weg zu steil, um darauf einzugehen. Alle Träger schwitzten und keuchten den Hügel hinauf und endlich sah man die Stadtmauern Puplunas. Die
Stadtwachen riefen noch mehr Helfer hinzu, als sie ihre
Brüder so schwer beladen erblickten. Sogar Merlinus, das
Pferd von Lucius, war vollgepackt und erschöpft.

Einer der Älteren sprach Lucius an: „Ich bin ein Abgesandter der Königin Calisna und muss zu König Krankru.
Folge mir, wenn du eine Audienz bei ihm möchtest. Ich
stelle dich ihm vor." Lucius bedankte sich und folgte sogleich. Er musste ebenfalls ein Botschafter sein und
nannte sich Tiursius. Auf dem Weg zum Palast blieben
sie einen Moment am äußeren Rand von Pupluna stehen,

blickten auf das schier endlose Meer hinaus und genossen für eine kurze Zeit die Stille. Der Palast und die Akropolis waren schon in Reichweite, aber anstatt direkt den Palast anzusteuern, schritt Tiursius zielstrebig zur Akropolis und flüsterte Lucius zu: „Immer wenn ich hier bin, bringe ich gerne ein Opfer, um den Gott Tarchon zu ehren. Er ist zuständig für die Weisheit. Und wenn wir schon dabei sind, danken wir noch durch eine Gabe Nortia und Minerva." Lucius, der sich in sein Schicksal fügte, ergänzte: „Und Voltumna?" Tiursius lachte und antwortete: „Du überraschst mich, Rumer! Jetzt kennst du schon unseren obersten Gott. Natürlich opfern wir auch ihm etwas Schönes. Du erstaunst mich wirklich mit deinem Wissen über unsere Kultur und Religion." Sie steuerten einen kleinen Basar vor der Tempelanlage an, wo man allerlei kleine Statuen, Früchte und Tiere kaufen konnte. Lucius erwarb eine kleine Skulptur mit Flügeln und Tiursius ein paar frische Früchte. Gemeinsam betraten sie anschließend den Eingang der Akropolis, der Richtung Südosten lag. Die Tempelanlage war in vier Sektoren unterteilt, die sich den Himmelsrichtungen anglichen. Tiursius sprach belehrend: „Du kannst dich hier frei bewegen, doch das Gebäude im Nordwesten solltest du nicht betreten!" Lucius, der keine Angst vor Göttern und Dämonen hatte, fragte nach: „Warum nicht?" „Weil es das Gebäude mit den Göttern der Unterwelt ist, und glaub mir, du willst ihnen nicht begegnen", sprach Tiursius mit Nachdruck. „Du hast recht", musste Lucius nun zustimmen.

Was sie nicht wussten, zur gleichen Zeit befanden sich Culsans und sein schwarzer Schamane Neru in eben diesem Tempel der Unterwelt und opferten Phersu und Tuchulcha Tiere.

Lucius und der ältere Botschafter besuchten im großen Tempel im Nordosten die Gottheit des Himmels, Tina, im Südosten die Gottheit Neptun, den Gott der Meere, und im Südwesten die Gottheiten der Erde, Fufluns und Selvans. Nach den Huldigungen steuerte Lucius ins Zentrum der Anlage, wo ein kleiner runder Tempel stand. Tiursius folgte ihm umgehend und wollte auch sogleich wissen: „Wohin gehst du?" „Zu Voltumna", antwortete Lucius. Der alte Botschafter war irritiert und wollte wissen, woher er das wisse. „Weil hier drinnen keine Statuen stehen, das kann nur Voltumna sein. Es gibt nur einen Brunnen, aus welchem Wasser fließt. Dieses Wasser symbolisiert das Leben, welches Voltumna uns schenkt." Tiursius war sichtlich erstaunt, dass ein Rumer so viel über den höchsten Gott Etruriens wusste, und wollte auch sofort wissen, woher Lucius so gut informiert war. Lucius erwiderte kurz: „Ich hatte einen guten Lehrer." Er ging hinein, betete leise und stellte die kleine Skulptur vor sich hin, um Voltumnas zu gedenken. Anschließend bedankte er sich auch bei dem alten Botschafter, dass er ihn an einen so schönen Ort mitgenommen hatte. Es erinnerte ihn auch an seine Erlebnisse mit dem Rasna Magna. Langsam gingen beide geistig gestärkt Richtung Königspalast, der an der Spitze der Stadt lag. Kurz darauf verließen auch Neru und sein Schützling Culsans die Tempelanlage.

Lucius und der Botschafter aus Velathri wurden von den Palastwachen nach dem üblichen Nachfragen hineingelassen. Beide mussten in einer Art Empfangshalle warten und wurden netterweise in der Zwischenzeit verpflegt. Sie bestaunten eine aus marmorbehauene Statue des Apulu, welche diesem Saal eine besondere Atmosphäre verlieh. Eine Wache trat ein und gab bekannt, dass der König und die Königin die beiden Botschafter nun auf der Terrasse empfangen würden. Sie marschierten hinter der Wache her. Die Farben des Palastes erinnerten an das Meer, wobei zusätzlich mit Blattgold Verzierungen angebracht waren. Am anderen Ende des Palastes kamen sie endlich bei der Terrasse an, wo Krankru und Ushil die Botschafter herzlich in Empfang nahmen. Über ihnen war eine Art Sonnensegel gespannt, welches vor der Hitze schützte. Da stand auch Zeri, der Lucius freudig begrüßte: „Lucius, tritt näher! Darf ich dir meinen König Krankru und seine wunderbare Frau, die Königin Ushil, vorstellen?" „Es ist mir eine Ehre", antwortete Lucius. Der König sprach: „Zeri hat mir schon viel über dich und dein Rom erzählt." Lucius antwortete: „Es ist nicht mein Rom, ich bin nur Bürger dieser Stadt. Aber ehrlich gesagt, fühle ich mich auch hier in Etrurien wie zu Hause, es ist wirklich wunderschön hier." Alle Anwesenden auf der Terrasse fühlten sich sehr geschmeichelt.

Bis auf einen, Culsans, der soeben hinzugekommen war und gleich anfing zu provozieren: „So ein Heuchler, der will doch nur, dass wir stillhalten, wenn die Rumer unsere etrurischen Brüder im Süden überfallen. Lasst euch nicht blenden, Freunde, er ist der Feind. Vor hundert Jahren haben sie sich Veji geholt und jetzt versuchen sie noch mehr von unserem etrurischen Reich zu erobern." Der König zwang seinen Prinzen ruhig zu sein: „Beherrsche dich, mein Sohn, er spricht nur für Rom, aber er ist nicht Rom! Behalte deinen Zorn für dich!" Krankru wendete sich direkt an Lucius: „Entschuldige bitte, Lucius, Diplomatie ist nicht meines Sohnes Stärke. Ich hoffe, du kannst mir verzeihen, das ist sonst nicht unsere Art." Culsans drängte schon wieder dazwischen: „Das ist nicht deine Art, aber meine! Ihr Älteren habt schon viel zu viel nachgegeben. Es ist Zeit für Expansion und es ist Zeit, dass sich Etrurien das zurückholt, was Etrurien gehört. Rom war etrurisch und ich finde, es sollte wieder etrurisch werden." Die anwesenden Hofleute dachten zwar gleich, hielten aber loyal zu ihrem König und warteten auf dessen Kommentar: „Lucius, was meinst du zu diesem Thema?" Lucius dachte einen kurzen Moment nach und antwortete wie ein routinierter Botschafter: „Die Römer, besser gesagt das Volk von Rom hat sich vor langer Zeit gegen die Lebensweise der Etrurier entschieden, weil ihre Könige nicht weise und gerecht waren. Ich durfte auf meiner langen Reise durch Etrurien eure Kultur, euer Denken und eure Lebensweise wieder entdecken. Dafür bin ich dankbar! Doch ist die Geschichte, wie sie ist, und die Römer, und dazu zähle ich auch, sind ihren eigenen Weg gegangen und haben sich gegen ihre Könige und deren Glauben gestellt. Wie ich auf meiner Reise gesehen habe, gehen unsere zwei Völker ganz unterschiedliche Wege. Ihr den geistigen und feinstofflichen, während die Römer an ihre Götter zwar glauben, aber dennoch immer wieder dem Fatum trotzen. Aber was ist nun der richtige Weg?"

Es wurde still am Hof von Pupluna. Noch nie hatte ein Rumer solch weise Worte gewählt. Lucius sprach weiter:

„Wenn wir zusammen den Weg des Friedens gehen, können wir nur voneinander profitieren. Die Römer könnten wieder lernen, mehr auf die Götter und die Natur zu hören." Culsans unterbrach schon wieder: „Und was könnten wir von euch lernen, Herr Botschafter? Wie man brandschatzt und Städte plündert? Oder wie man sich von den Griechen den Hintern versohlen lässt?" Lucius fuhr fort: „Nein, von uns könnt ihr lernen, wie man sich behauptet, auch wenn es augenscheinlich keinen Ausweg mehr gibt." Zeri staunte über den Römer und seine charismatische Art.

In diesem Moment stürzte die kleine Thesan herbei und rief nach ihrer Mutter. „Was ist los?", fragte Ushil besorgt. „Ich habe schlecht geträumt!" „Es war nur ein Traum, mein Schatz, es war nur ein Traum", versuchte Ushil ihre Tochter zu beruhigen und nahm die kleine Seherin liebevoll in den Arm. Thesan war sofort Mittelpunkt der Zusammenkunft der oberen Schicht Puplunas und Velathris. Zeri führte Lucius ein bisschen näher und stellte ihm Thesan vor. Er sprach: „Schau, Thesan, das ist ein Botschafter Roms. Er heißt Lucius und ist ein Freund." Thesan schluchzte noch ein Weilchen, war aber neugierig und stelle Lucius tausend Fragen über Rom und seine Bürger. Lucius beantwortete alle Fragen geduldig und mit Freude. Ein Teil der Delegierten hörte ebenfalls gespannt zu, andere tranken Wein oder unterhielten sich rege. Nur zwei beobachteten die Szene mit Argwohn, Culsans und sein dunkler Begleiter Neru. Schon wieder hatte die kleine Thesan die ganze Aufmerksamkeit auf sich gezogen. Was für eine Schmach für Culsans. Er und sein Schamane zogen sich zurück und schmiedeten weiter Pläne, wie sie die Opferung verhindern konnten.

Thesan zerrte den Botschafter Richtung Atrium des Palastes, wo sie sich gerne aufhielt. Sie stellte Lucius noch mehr Fragen über die römischen Frauen und die Kultur. Thesan: „Wie sind die römischen Frauen? Sind sie hübsch? Und wie sind ihre Kleider?" Lucius lachte, antwortete aber ernst: „Die römischen Frauen sind sehr hübsch, aber nicht so selbstbewusst. Auch haben sie keine Gleichstellung gegenüber dem Mann wie in eurer Kultur. In Politik und Wirtschaft gibt es keine Frauen, die alleine und unabhängig handeln." Nach diesen Informationen war Thesan stolz, eine Etrurierin zu sein. Trotzdem war sie weiter neugierig auf die römische Kultur. Das Fremde zog sie regelrecht an und Thesan hatte in Lucius einen Freud gefunden. Lucius war ebenfalls fasziniert von dieser kleinen Persönlichkeit. Sie war noch ein Kind und konnte sich bereits unterhalten wie eine Erwachsene. Der Botschafter machte Thesan ein Kompliment: „Wenn du älter bist, wirst du bestimmt eine sehr gute Königin, da bin ich ganz sicher!" „Ich glaube, das lässt mein Bruder nicht zu", sprach Thesan in den Raum hinein. „Wieso?", wollte Lucius wissen. „Na ja, mein Bruder ist sehr eifersüchtig und eitel und ich glaube nicht, dass er zulässt, dass ich eines Tages Königin werde", sprach Thesan direkt aus ihrem Herzen. Lucius wusste, dass sie wahrscheinlich recht hatte, und versuchte das Gespräch auf ein anderes Thema zu lenken: „Was bedeutet diese goldene Ringscheibe, die du auf deiner Stirn trägst?" Thesan gab ihrem neuen Freund gerne Auskunft: „Das ist das dritte Auge, das tragen die Personen, welche die Gabe der

Götter haben, die geistige Welt zu sehen." „Und was siehst du jetzt?", fragte Lucius neugierig. „Im Moment nichts, das hängt nicht von mir ab. Manchmal sehen wir Seherinnen einfach Dinge, die wir nicht steuern können, und versuchen so den Willen der Götter den anderen mitzuteilen. Ich sehe zum Beispiel, dass du ein großer Krieger bist und in dir ein großes Tier schläft, das man nicht wecken darf." „Ich bin beeindruckt, kleine Königin", sprach Lucius und meinte dies ganz ehrlich. „Wenn es dir recht ist, würde ich jetzt gerne in den Nebenpalast zu meiner Teta gehen", teilte Thesan Lucius mit. „Geh nur, bis bald", verabschiedete sich Lucius für den Moment.

Lucius kehrte ins Gemenge zurück und die Königin Ushil bedankte sich beim Botschafter, dass er sich so rührend um die Prinzessin gekümmert hatte. Er antwortete: „Es war mir eine Ehre!" Der König wandte sich ebenfalls an Lucius und sprach: „Zeri hat für dich und deine Stadt Fürsprache gehalten. Er hält viel von dir, Rumer, doch ich muss wissen, ob und wie ihr den Frieden bewahren könnt? Ihr wünscht euch den Frieden sehnlichst und auch mein Volk dürstet danach. Was nützt der ganze Reichtum unserer Stadt, wenn unsere Söhne Puplunas und die anderen etrurischen Völker in einem Krieg fallen, den wir beide gar nicht wollen? Ich bitte euch um zwei Sachen: erstens um eure Freundschaft und zweitens … um ein Pfand!" „Ein Pfand?" Lucius war entsetzt. „Ja, ein Pfand. Ich brauche ein Pfand von euch, Botschafter", betonte der König mit Nachdruck. Lucius verstand: „Ah, ich habe verstanden, König Krankru. Gut, ich mache Euch einen Vorschlag: Wenn ich meine Mission erfolgreich beendet habe, dann lasse ich mich – vorausgesetzt, der Senat stimmt zu – hier in der Nähe von Pupluna nieder. Als Friedenspfand sozusagen. Und wenn Rom den Friedensschwur brechen sollte, dann steht es Euch frei, über mich zu verfügen. Auch wenn es bedeuten sollte, das ich zum Sklaven werde oder Ihr meinen Tod anordnet." König Krankru war erstaunt über dieses Angebot, es überzeugte ihn dennoch und er reichte Lucius die Hand: „Weißt du, was du da gerade tust? Ist dir klar, was du mir hier anbietest? Wenn es dir ernst ist, bin ich überzeugt von der Ehrlichkeit dieses Angebotes."

Diener kamen herein, brachten Wein auf die Terrasse und zündeten große Feuerschalen an. Einer der Diener hatte einen römischen Namen, Livius. Lucius fiel das sofort auf, er traute sich aber nicht nachzufragen. Im selben Moment sprach Livius das Königspaar an: „Darf ich den Höchsten Puplunas noch etwas bringen? Haben sie noch einen Wunsch?" „Nein, Livius, alles bestens", bekam er von den Königen zur Antwort. Es war ungewöhnlich, dass ein römischer Diener am etrurischen Hof war. Aber die Könige schienen ihm voll zu vertrauen, und dass er kein Sklave war, konnte Lucius auch erkennen. Der Diener Livius zog sich zurück und die Abendstimmung war toll. Das Feuer auf den Säulen brannte und tauchte die Terrasse in ein rotes Licht. Einige Gäste verabschiedeten sich ebenfalls und es waren nur noch wenige Personen anwesend, die sich über banale, aber dennoch schöne und einfache Dinge des Lebens unterhielten. Die Sterne leuchteten etwas heller als sonst über Pupluna und die Bucht von Baratti. Der König bot Lucius noch an, am nächsten Tag eine Führung durch Pupluna und das Hinterland zu machen, bevor sie in den frühen Morgenstunden zu Bett gingen. Zeri zog sich ebenfalls zurück, murmelte noch ein Gebet in die dunkle Nacht hinaus und ging begleitet durch seinen selbstgeschnitzten Stock in sein Haus, das etwas unterhalb des Palastes lag.

Die Stadt schlief in den Morgenstunden und hinter dem Hügel konnte man bereits wieder das Licht schimmern sehen, das den neuen Tag begrüßte.

König Krankru schickte schon früh seinen Diener Livius, um den Botschafter zu wecken, damit sie möglichst viel von Pupluna besichtigen konnten. Lucius war sofort startklar und man konnte die frische Luft in der Stadt riechen. Auch die junge Thesan war bereits wach, streifte durch den Palast und erblickte ihren Vater draußen auf seinem Pferd sitzend. Sofort rannte sie los und bestürmte ihn, sie doch bitte auf seinem edlen Pferd mitzunehmen. Krankru war unschlüssig, aber wer konnte schon den großen Kulleraugen der kleinen Tochter widerstehen … Er packte ihre Hand und schwang sie hinter sich auf das Pferd. Thesan war überglücklich, wieder einmal Zeit mit ihrem Vater verbringen zu können, von dem sie in ihrem kurzen Leben noch viel zu wenig gehabt hatte. Lucius ritt auf seinem Pferd daher und war froh, eine kleine Pause von seiner langen Mission zu haben. Der König wollte seinen Gast ein wenig ärgern: „Na, sind die Römer auch schon auf?" Lucius grinste und grüßte höflich: „Guten Morgen, König und kleine Königin." „Nein, für diesen Morgen bin ich nur dein Freund und freue mich, dir mein schönes Reich zu zeigen, wo du leben wirst." Lucius freute sich ebenfalls, er befand sich in einer der schönsten

Gegenden, die er je besucht hatte. Sie ritten über die Hügel und besichtigten verschiedene Tempelanlagen und Ritualplätze, die sonst nur die Einheimischen zu sehen bekamen. Hier wohnten noch immer Lukumonen und Magier tief in den Wäldern. Den ganzen Tag ritten sie durch die Gegend und erklommen sämtliche Hügel rund um Pupluna. Sie genossen die verschiedenen Perspektiven, die sich auf ihrer kleinen Reise boten. Der Wind blies unaufhörlich und war ständiger Begleiter auf ihrem Ritt. Thesan genoss es dabei zu sein und fühlte sich sehr beschützt von den zwei Männern, dem Wald und den Geistern, die darin lebten.

Im Hinterland kamen sie zu einer kleinen Mine, wo wie in Ilva Eisenerze abgebaut wurden. Da stand ein Tempel und davor eine Statue aus Eisen. Krankru stieg ab, verneigte sich vor Sethlans, sprach ein kleines Gebet und schwang sich zurück aufs Pferd. Für Lucius sah die Skulptur eher aus wie ein Schmied, nicht wie ein Gott. Doch er wagte nichts zu sagen. Es war auch gar nicht nötig, der König sprach von sich aus: „Darf ich dir vorstellen, das ist Sethlans, der Gatte von Minerva. Er ist der Schirmherr über alle, die mit der Metallverarbeitung zu tun haben." Daneben befanden sich eine Handvoll Arbeiter, die meist nur mit ein bisschen Leder geschützt waren und ihrem Schutzherrn, dem Gott der Metalle, verblüffend ähnlich sahen. Sie waren über und über mit Ruß und Schmutz bedeckt, dennoch sahen sie glücklich und zufrieden aus mit dem, was sie taten. Das Trio ritt weiter in die Wälder von Pupluna hinein und merkte nicht, wie die Zeit verrann. Je weiter sie sich von der Stadt entfernten, umso kleiner und natürlicher wurden die Siedlungen.

Langsam mussten sie umkehren, die Sonne hatte den Zenit längst überschritten und der Hunger machte sich bemerkbar. Um sich zu verpflegen, hielten sie bei einer kleinen Siedlung an, die sich selbst den Namen Celverdu gab. Hier lebten einige Kleinbauern und Korbflechter ganz bescheiden und zurückgezogen. Lucius verstand die Sprache dieser Einheimischen schon wieder nicht, wie damals, als er kurz darauf angegriffen und verletzt wurde. König Krankru konnte jedoch perfekt ihren etrurischen Dialekt und sofort verwandelte sich die Skepsis in eine zuvorkommende Gastfreundschaft. Sie wurden zu einem üppigen Mahl eingeladen und der König schenkte dem Dorfältesten zum Dank ein Amulett, das er schon sein halbes Leben lang trug. Die Dorfbewohner wussten nicht, dass sie ihren König vor sich hatten, doch war ihnen klar, dass es sich um eine wichtige Person handeln musste. Thesan schmunzelte und fand es witzig, dass ihr Vater trotz Nachfragen der Bewohner seine Identität nicht preisgab. Es gefiel ihr sowieso besser, wenn ihr Vater einfach einmal nur Vater war. Gestärkt, aber müde kehrten sie nun zurück in Richtung Palast. Das war einer der Tage, an dem die Zeit stehen bleiben durfte, leider war er nun auch schon wieder vorbei. Ein perfekter Tag mit einem perfekten Sonnenuntergang. Thesans Lieblingszeit war gekommen, sie durfte sich auf Lucius' Pferd setzen und streckte ihr Gesicht der wärmenden Sonne entgegen, bis sie im Meer versank. Sie ritten vorbei an unzähligen Öfen, die Tag und Nacht voller Glut und flüssigem Eisenerz waren. Thesan war müde und musste sich konzentrieren, nicht vom Pferd zu fallen. Sie umklammerte Lucius, der gemütlich und gleichmäßig sein treues Tier lenkte. Lucius bedankte sich bei Krankru, als sie auf dem kurvigen Pflasterweg zum Palast hochritten. Das war ein Tag, den er so schnell nicht vergessen würde. Der Botschafter und der König steiften durch die Wälder wie zwei Gesetzlose. Oben angekommen, war Thesan so erschöpft, dass sie die Diener direkt vom Pferd nahmen und in ihr Bett trugen. Sie hatte ein glückliches Lächeln auf ihrem Gesicht. Lucius konnte sich ein Schmunzeln nicht verkneifen, er empfand sehr viel Sympathie für die kleine Thesan und ihren Vater. Krankru sprach: „Komm, lass uns noch eine Kleinigkeit essen." Lucius nickte und folgte ihm auf die Terrasse. Krankru begrüßte seinen Hofstaat freundlich, wies sie aber an, die Terrasse zu verlassen, und betonte, dass er mit Lucius allein sein wolle. Die Königin ging zu ihrer kleinen Tochter, um zu sehen, ob sie schon schlief. Krankru bedankte sich ebenfalls bei dem Römer: „Ich danke dir für den schönen und unvergesslichen Tag. Es war endlich mal wieder ein Tag ohne Sorgen um meine Stadt, meine Vorfahren und meine Kinder. Doch jetzt holt mich der Vollmond ein, der in drei Tagen meinen Sohn holen wird." Lucius verstand nicht und hakte nach: „Ihr sprecht in Rätseln! Was bedrückt Euch und warum seid Ihr plötzlich so traurig?" Krankrus Antwort ließ nicht lange auf sich warten, es schien, als bräche der König jeden Moment zusammen: „Weißt du, mein Freund, in drei Tagen ist das Vollmondfest." „Ja, ich weiß, ich wurde ebenfalls dazu eingeladen", erwiderte Lucius. „Dann weißt du auch über unser Fest Bescheid?", fragte Krankru nach. Lucius: „Ein wenig, aber über eure Rituale weiß ich nicht so viel." „Wenn wir zusammenkommen, also die zwölf Könige des Städtebundes von Etrurien, die Schamanen, Lukumonen und Abgesandten, dann haben wir meistens ein großes Fest.

Dann müssen feindliche Krieger in einem Kampf um Leben und Tod zu Ehren unserer Götter kämpfen. Das sind meist Krieger, die gefangen genommen wurden", erklärte Krankru. „Davon habe ich schon gehört", sprach Lucius. Der König fuhr fort: „Mein Sohn Culsans muss an diesem Vollmondfest zum Wohle Etruriens sterben. Andernfalls stürzt unser Volk ins Unglück. Ich akzeptiere den Willen Voltumnas, doch ist der Schmerz unerträglich und dieser Tag rückt unaufhörlich näher. Ich war zwar nicht immer da für meinen Sohn oder der beste Vater für ihn, doch liebe ich ihn von Herzen." Lucius war ganz bestürzt von dieser Nachricht, wollte dem König jedoch sein Mitgefühl zum Ausdruck bringen: „Ich sehe und fühle Euren Schmerz, auch wenn ich selber keine Kinder habe."

Da kam Zeri herein, als hätte er den Königsschmerz ebenfalls gespürt. Er lief auf die beiden zu, die da saßen wie zwei alte Freunde. Er sprach: „Mein König, verzweifle nicht, es ist alles so, wie es sein muss. Ich bin an deiner Seite, doch wir müssen wachsam bleiben in diesen letzten Tagen." „Wieso meinst du?", wollte Krankru wissen. „Gefahr droht, das haben mir die Götter mitgeteilt." Den König beunruhigte dies aber nicht, er war nur tief traurig. Lucius verabschiedete sich langsam und es tat ihm leid, dass er nicht mehr für den König und inzwischen Freund tun konnte. Er sprach zu Krankru: „Ihr entschuldigt mich, ich werde morgen weiterreiten, um noch die zwei letzten Destinationen meiner Mission, Vatluna und Rosaelle, zu besuchen. So bin ich rechtzeitig zurück zum Vollmondfest. Da sehen wir uns wieder, mein Freund." „Ja, wir sehen uns da, reite vorsichtig."

Vatluna

Am Morgen sattelte Lucius sein Pferd bei Sonnenaufgang, da stand auf einmal Thesan in der Tür. Die Sonne schien hinein, so dass nur die Umrisse zu erkennen waren. Sie sprach: „Lucius, gehst du schon?" „Ja, Prinzessin, ich reite jetzt los", gab Lucius zur Antwort. Thesan: „Nimmst du mich noch mal auf deinem Pferd mit?" „Das geht leider nicht", erklärte Lucius. Thesan ließ nicht locker, da stimmte Lucius einem Kompromiss zu: „Du kannst mich ein Stückchen des Weges begleiten, den Hügel hinab, aber dann wirst du schnurstracks zum Palast zurückkehren, versprochen?" Thesan willigte widerwillig ein, zu gerne hätte sie Lucius bei seiner Mission begleitet. Doch immerhin durfte sie noch ein kleines Stück mit ihrem neuen Freund mitreiten. Thesan plapperte und erzählte ununterbrochen aus ihrem jungen Leben und Lucius hörte gespannt zu. Unten am Hügel angekommen unterbrach Lucius die kleine Erzählerin: „Meine Prinzessin, es war mir ein Vergnügen, dich kennengelernt zu haben, und ich bin stolz, dich meine Freundin zu nennen." Er verbeugte sich vor Thesan, was er sonst nur vor hohen Würdenträgern machte. Thesan war traurig, dass Lucius schon weiterziehen musste, verstand aber auch, dass er eine wichtige Aufgabe zu erfüllen hatte. Sie umarmte den Bären und ließ ihn mit einer Träne im Auge ziehen. Wie versprochen, machte sie sich sofort auf den Rückweg und Lucius galoppierte Richtung Vatluna.

Zum Glück war es nicht schwer zu finden. Bereits am frühen Mittag kam Lucius an einen See, der in einem Fluss mündete. Da ganz weit oben war Vatluna zu sehen.

So weit oben diese Stadt war, so stolz fühlten sich auch die Bewohner. Vor Jahrhunderten stellte sich Vatluna mit Rosaelle und Velathri einer Machtergreifung Roms erfolgreich entgegen. Es war ein anstrengender Ritt nach oben und die Luft war schwül. Am Stadttor angekommen, sah Lucius die fleißigen Händler mit ihren Karren, die ihre Waren auf einem Sammelplatz abluden und darauf gleich wieder Richtung Meer fuhren, wo die Schiffe aus Ägypten, Syrien und anderen Ländern ankamen. Die Vatluner betrieben regen Handel, sogar eigene Münzen hatten sie, auf denen ihr Stadtzeichen eingeprägt war.

Lucius sprach die Stadtwachen an, ob sie ihn zu ihrem König führen konnten. „Du meinst König Milos?" „Ja, wenn er so heißt, dann würde ich gerne König Milos sprechen", erwiderte Lucius. Die zwei Wachen schauten ihn fragend an und so erklärte ihnen Lucius, dass er ein Botschafter Roms war und zur Unterstützung seines Anliegens zusätzlich einen Freundschaftsbrief von König Krankru dabei hatte. Das machte alles ein bisschen leichter und so diskutierten die Wachen dank des Briefes nicht lange umher und führten Lucius auf direktem Weg zu König Milos. Vor dem Palast standen Krieger, die den Botschafter als Ehrengeleit zum König Milos brachten. Sie betraten einen großen Saal, wo der König und sein Schamane an einem Modell herumbastelten, das einem Steinkreis glich. Milos war ganz versunken in seine Tätigkeit und winkte Lucius so nebenbei herein. Lucius sprach erst, als der König ihn dazu aufforderte: „Ich bringe Euch Grüße von König Krankru." „Oh, er überbringt mir Grüße durch einen römischen Botschafter? Habe ich da etwas verpasst?" „Nein, Ihr habt nichts verpasst, doch sind König Krankru und ich Freunde geworden. So hat er mir diese Freundschaftsrolle für Euch mitgegeben, in der Hoffnung, Ihr hört mich und mein Anliegen an", sprach Lucius. Der König lenkte ab und fragte Lucius, ob er wisse, was das sei. Er spielte auf das Modell an, das er und der Schamane entwickelten. Lucius: „Keine Ahnung, König Milos, vielleicht Steine?" Der König lachte: „Hast du solche Steinkreise noch nie gesehen?" „Nein, sollte ich?", erwiderte Lucius. Der König erklärte: „Das ist das Modell, aus dessen Vorlage wir große Steine bauen werden. Es wird uns beim Beobachten der Sterne helfen. So können wir Sommer und Winter voneinander trennen und unseren Kalender noch genauer bestimmen." Lucius war sichtlich beeindruckt von solch präziser Technik. Er hatte schon davon gehört, sie aber noch nicht selbst gesehen. „So sprich, Rumer, was ist dein Anliegen?", unterbrach König Milos seine Gedanken. „Du kommst doch nicht nur, um mir die Grüße von König Krankru zu überbringen? Was will Rom diesmal?" Lucius: „Ein Friede, der lange währt, das wäre der Wunsch meines Volkes und des Senats von Rom." König Milos lachte ein bisschen, weil er von der misslichen Lage von Rom wusste. „Es bleibt euch ja auch nichts anderes übrig, als um einen Frieden zu betteln." Nun war Lucius in seinem Stolz als Zenturio gekränkt. Er blieb zwar immer höflich und zuvorkommend, doch diese herablassende Art war schwer zu schlucken. Lucius versuchte sich zu zügeln: „Rom bietet Euch den Frieden und Ihr lacht nur? Rom fleht nicht, es bittet nur!" Die Stimmung im Raum wurde kühler. König Milos wurde klar, dass er nicht nur einen jämmerlichen Nachrichtenüberbringer vor sich hatte, der seine Verhandlungen um jeden Preis durchzubringen versuchte. Der König begann Lucius zu respektieren und ging auf die Verhandlungen langsam ein. Das war knapp, denn nur einziger König konnte alle anderen in einen Krieg mitreißen. Lucius wusste jedoch, dass er erst mit einem Ja der zwölf Könige zurück in Rom von einer erfolgreichen Mission sprechen konnte.

Milos führte Lucius in einen Raum, von dem man das ganze Umland von Vatluna sehen konnte. Der Ausblick war atemberaubend und erfüllte den Zweck, die Macht von Vatluna zu zeigen. Der König unterstrich diese Art der Machtausübung noch mit den Worten: „Siehst du diesen Fluss, den See, ja das ganze umliegende Flachland, das meine Vorfahren urbar gemacht haben? Dieses ganze Umland gehört zum Einflussgebiet der Stadt Vatluna." Ein frischer Wind ging durch den Palast, da sie sehr weit oben auf dem Hügel, ja man konnte schon fast Berg sagen, waren. Lucius etwas sarkastisch: „Ist es hier oben immer so kühl?" Der König schaute Lucius ein bisschen entsetzt an angesichts dieser frechen Bemerkung. Die Diener zuckten ebenfalls sprachlos mit den Schultern. Dann fing Milos an zu lachen und fand die vorlaute Art doch sehr amüsant. Er winkte Lucius zu einem Tisch und wollte nun endlich die Rolle sehen, die der Senat mitgegeben hatte. Er öffnete sie und las leise vor sich hin. Der König schaute den Botschafter skeptisch an: „Nun denn, dann mach mal einen Vorschlag um des Friedens willen. Was hast du mir anzubieten? Und was meinen die Könige, die du vor mir besucht hast?" Lucius erzählte ausführlich von seiner Friedensmission, von seinen geistigen Erlebnissen und von seinem Eindruck, den er von Etrurien gewonnen hatte. Der König war beeindruckt, mit wie viel

Hingabe er für diese Mission eintrat, und war nach langem Hin und Her, einem Essen und der obligaten Führung durch die Tempelstadt einverstanden mit dem Friedensangebot aus Rom.

Lucius' Zeit war knapp. Er hatte nicht einmal mehr zwei Tage bis zum Vollmondfest und für den Besuch beim König von Rosaelle. So blieb keine Zeit mehr, um diplomatisches Blabla auszutauschen. Lucius erklärte König Milos seine eilige Situation und der König ließ den Botschafter ziehen. Er bekam sogar noch einen Führer mit auf seinen Weg, damit er sein Ziel schneller erreichen konnte. Dafür war Lucius sehr dankbar und erleichtert, dass er nur noch eine Stadt zu besuchen hatte.

Rosaelle

Der Führer Lacunas ging voran über unzählige Schleich-
wege, die Lucius nie auf die Schnelle gefunden hätte. Als
sie sich am späten Nachmittag Rosaelle näherten, stand
die Sonne schon tief über dem Horizont. Jetzt wusste Lucius auch, warum man diese Stadt die „Kornkammer Etruriens" nannte. Unzählige Ährenfelder säumten ihren
Weg. Trotzdem wirkte die Stadt eher ärmlich, die mehr-
heitlich aus Bauern bestand. Der Aufstieg zur Stadt war
leicht und wenig steil, es ging ein stetig ansteigender Weg
hinauf. Lacunas ritt mit seinem Pferd voraus, um die Wachen über den Botschafter und sein Anliegen zu informieren. So konnten sie sofort passieren und wurden in
den Palast geleitet, wo sie sogleich Schlafplätze zugewie-
sen bekamen. Lucius fragte höflich, aber bestimmt, ob er
nicht gleich beim König vorsprechen durfte. Doch der
König befand sich mit ein paar Kriegern außerhalb der
Stadt und würde erst am anderen Morgen zurückkehren.
Das war gar nicht gut, die Zeit lief Lucius langsam wirklich davon. Das machte seine Mission noch schwieriger.
Doch es blieb ihm nichts anderes übrig, als zu warten. So
aß Lucius mit seinem Führer Lacunas zusammen und
sprach etwas mit ihm: „Ist das nicht witzig, jetzt haben
wir so viel Zeit gespart und doch sind wir, oder besser
gesagt ich, gezwungen zu warten." „Ja", erwiderte Lacunas, „aber jetzt hast du etwas Zeit für dich, um alles zu
reflektieren, was du erlebt hast." Lucius nahm die Worte
von Lacunas an und spazierte, bevor es dunkel wurde,
noch etwas durch Rosaelle. Was er sah, war wahrscheinlich die ärmste Stadt Etruriens. Die meisten Einwohner
waren einfache Bauern, vielleicht noch ein paar Kaufleute

und Handwerker. Doch erblickte Lucius auch etwas Wundervolles: ein schönes Badehaus mit verschiedenen Becken. Diese Therme lud direkt zum Baden ein und Lucius entschied sich, dies auch zu tun, schließlich passierte heute sowieso nichts mehr. Die Leute hier in Rosaelle waren zwar einfach, aber freundlich und Lucius gegenüber überhaupt nicht voreingenommen. Nach dem wohltuenden Bad ging er zurück zum Palast, wobei ihn dunkle Wolken über dem Himmel begleiteten. Lacunas wartete schon auf Lucius: „Hast du das gesehen? Es zieht ein seltsames Unwetter auf." Lucius hatte natürlich die komische Stimmung am Himmel bemerkt. Es war fast furchteinflößend. Lucius: „Ich würde sagen, die Götter sind sauer! Wenn ein solches Unwetter aufzieht, bedeutet das nichts Gutes. Ich hoffe es natürlich nicht, aber hast du schon einmal so einen dunklen Himmel gesehen?" „Nein, der Himmel sieht wirklich seltsam aus", stimmte Lacunas ihm zu. Der Wind war so stark, dass sogar die großen Feuerschalen erloschen, die rund um den Palast brannten. Der Mond und die Sterne wurden von der Dunkelheit verschluckt, man konnte nicht einmal die Hand vor Augen sehen. Sie gingen etwas beunruhigt zu Bett.

In dieser Nacht träumte ganz Etrurien viele Dinge, komische Dinge und Botschaften. Manche verstanden die Mitteilung der Götter, manche aber auch nicht. Vor allem die sensiblen Etrurier träumten von der möglichen Zukunft oder dem Weg, den das Volk einschlagen konnte.

Einer der Träumenden sah, wie Etrurien an einer Weggabelung stand. Ein Weg führte auf einer engen, schmalen Straße entlang, welche aber stetig und kontinuierlich war.

Der andere Weg war schön und breit, machte aber eine Kurve, so dass man das Ende nicht sehen konnte … Ein anderer Schlafender träumte von einem großen König, der zwar brutal war, aber Etrurien erfolgreich und mächtig machen würde. Doch er hatte zwei Gesichter … Ein Träumender erlebte in seiner nächtlichen Reise, dass es keine Delfine im Meer mehr gab und Minerva zu den Geistlichen sprach: „Flieht aus Etrurien und tragt euer Wissen zu anderen Völkern. Euer Volk wird nicht mehr auf euch hören …"

Es war eine dunkle und finstere Nacht und Lucius träumte ebenfalls und wälzte sich im Schlaf. Er schwitzte und knurrte wie ein Bär. Es war ein fürchterlicher Traum, alles schien so real und Lucius erwachte schweißgebadet. Er dachte, bestimmt bin ich schon zu lange unterwegs, da spielt einem das Unterbewusstsein schon mal einen Streich. Warum sonst sollte er von Krieg träumen …

Verschwörung

Auch in Pupluna war die Nacht unruhig. Nur Culsans und sein schwarzer Schamane Neru waren wach und schlossen in einem Ritual einen Pakt mit der Unterwelt, welcher den Sitz des Königs von Pupluna forderte.

Am nächsten Tag waren viele Leute verstört, dennoch hatten die meisten ihre Träume bereits wieder vergessen oder verdrängt. Das Wetter war immer noch unruhig und die Sonne war an diesem Tag über Etrurien nicht zu sehen. Neru schlich sich unterdessen in die königliche Küche und mischte dem König und der Königin ein Schlafkraut, das er aus Mohn und anderen Kräutern zubereitete, direkt in das Essen. Er ging zurück zu Culsans und teilte ihm seinen teuflischen Plan mit: „Schon am frühen Nachmittag werden deine Eltern in ihren Gemächern schlafen, dann musst du sie töten! Den römischen Diener Livius musst du danach ebenfalls dahin bestellen, auch ihn wirst du töten. Dann wirst du alles den Römern und seinem Volk in die Schuhe schieben. Der Schock, den die Etrurier erleiden werden, wird sie diese Lüge eher glauben machen als die unglaubliche Wahrheit, dass der Königssohn seine Eltern umgebracht und zu den Göttern geschickt hat. Wenn du das tust, versichere ich dir, wird dir dein Volk in den Krieg gegen die Römer folgen als dem neuen König von Pupluna! Das ist sicher! Hast du den Mut, dies zu tun, Culsans?" Culsans nickte wortlos. „Dann bist du der König von heute, der Etrurien seine ganze Größe wiedergibt. Es ist einfach sehr wichtig, dass du den römischen Diener zu dir bestellst und ihn unbemerkt in die Gemächer deiner Eltern führst. Du wirst ihn

mit dem Schwert deines Vaters töten. Richte das Gemach so her, als ob ein Kampf stattgefunden hätte. Dann wird jeder denken, dass sie sich gegenseitig umgebracht haben. Wir beide werden uns anschließend in aller Ruhe und vor aller Augen aus der Stadt begeben, um unsere dunklen Götter aufzusuchen." So gingen die beiden Intriganten hin, um zu tun, was sie dachten tun zu müssen.

Schon bald nach dem Frühstück wurden Krankru und Ushil schläfrig und beschlossen sich noch einmal hinzulegen. Als sie sich in ihre Gemächer zurückgezogen hatten, vergewisserte sich Culsans, dass keine Wachen zugegen und seine Eltern auch wirklich eingeschlafen waren. Er schlich hinein und begab sich zuerst zu seinem Vater und beugte sich über ihn. In der Annahme, dass der König fest schlief, richtete er den Dolch über sein Herz. In diesem Augenblick öffnete sein Vater ganz benommen nochmals die Augen und stammelte erschrocken: „Was tust du da, mein Sohn?" „Ich schicke dich zu den Göttern, so wie du mich zu den Göttern schicken wolltest! Wann hättest es du mir erzählt? Wenn ich auf dem Opfertisch liege?", flüsterte Culsans furchteinflößend! Der Vater war betrübt und gelähmt von dieser Situation: „Mein Sohn, in dem Moment, wo du mein Herz durchbohrst, hältst du das Schicksal Etruriens in den Händen. Du wirst unsere Zivilisation in Krieg, Chaos und letztendlich in die Vergessenheit führen. Du hast noch immer die Wahl, mein Sohn. Mein Leben ist in deinen Händen. Entscheidest du dich für den Willen unserer Götter, wird Etrurien weiter bestehen. Man wird dich nie vergessen, weil du dein Leben gabst für uns alle. Wenn ich den Willen Voltumnas umstimmen könnte, würde ich mein Leben anstelle des deinen anbieten." Culsans verzog sein Gesicht dämonisch: „Das trifft sich ja gut, denn der Wille meiner Götter ist es, dass du stirbst! Denn ich verachte dich und deine Götter. Die Götter meiner Welt machen mich zum König von Pupluna." Culsans stach Krankru mitten ins Herz. Dieser hauchte mit seinem letzten Atemzug: „Du Narr, du weißt nicht, was du tust …!"

Da erwachte Ushil leicht wie im Halbschlaf; bei ihr wirkte das pflanzliche Narkotikum viel stärker. Sie sprach verängstigt: „Was ist denn hier los?" Doch Culsans fackelte diesmal nicht lange, hielt seiner Mutter den Mund zu und sprach: „Verflucht sollt ihr sein, dass ihr mich zwingt, das zu tun!" Mit einem einzigen Dolchhieb beförderte er auch Ushil ins Jenseits.

Danach verwüstete er das Gemach, so dass es wie nach einem gewaltsamen Kampf aussah. Er nahm sich das Königsschwert und holte den römischen Diener Livius mit den Worten „Kommt schnell, dem König und der Königin geht es nicht gut" herbei. Der pflichtbewusste Diener ließ alles stehen und liegen, ging voraus und eilte in die königlichen Gemächer. Als Livius die beiden da so liegen sah, drehte er sich um, bereits mit der Vorahnung, dass dies eine Falle war. In diesem Moment stieß ihm Culsans bereits das Schwert zwischen die Rippen. Dann legte er in aller Ruhe das Schwert in die Hände seines toten Vaters. Mit der Hilfe seiner Dämonen sah alles so aus, als hätte der Kampf zwischen dem Königspaar und dem römischen Diener wirklich stattgefunden. Dann schlich er sich aus dem Gemach seiner Eltern und ging zusammen mit seinem dunklen Gefährten Neru und seinen Wachen

zum Tempel. Vor dem Tempel des Aita, Herrscher des Hades, huldigten sie bei einem kleinen Schrein der Göttin Culsu, die wortverwandt war mit Culsans. Sie war die Hüterin der Pforte zur Unterwelt. Anschließend gingen Neru und Culsans hinein und ehrten Phersu, die Totendämonin. Sie bedankten sich für den Beistand der Götter und dass alles so gut gelungen war. Dann riefen sie Tuchulcha, den Totengott, lobten und priesen ihn und baten um einen glorreichen Sieg gegen die Römer.

Es wurde kühl über Pupluna und die Leute in der Stadt wunderten sich. Nicht über den Wind, der fast das ganze Jahr über wehte, es war eher ein Frösteln, das durch ihren Körper fuhr. Teilweise gingen die Feuer in den Eisenöfen aus, die sonst ununterbrochen brannten. Die Bewohner kannten den Tod, nur wurde er diesmal bewusst gerufen und blieb. Die Fröhlichkeit und Lebensfreude der Etrurier wich der Angst und wurde vom Wind fortgetragen. Am späten Nachmittag machten sich die Palastwachen auf die Suche nach dem Königspaar und fanden sie scheinbar ermordet durch den römischen Diener Livius. So dachten sie jedenfalls und riefen sofort Zeri herbei. Thesan war wie so oft bei ihren Großeltern und hatte ebenfalls keine Gewissheit, aber schlimme Befürchtungen.

Die Wachen informierten Zeri, dass Culsans mit seinem Schamanen in der Tempelstadt war, und so schickte er eine Delegation los, um ihn zu holen. Denn damals wie heute war das Schlimmste, eine führerlose Stadt zu haben. Zeri war verwirrt. Konnten die Römer so perfid sein und zuerst Friedensverhandlungen führen, um dann die Könige Etruriens zu ermorden? Das wollte und konnte Zeri nicht glauben. Das machte doch alles keinen Sinn! Die Delegation erreichte die Tempelanlage und durchsuchte sie. Doch sie fanden Culsans und Neru nicht, weil diese sich im Tempel der Unterwelt aufhielten. Vor dem Eingang des Tempels Aida stießen die Wachen dann plötzlich auf die beiden Gesuchten. Sie waren zwar etwas erstaunt, Culsans und Neru dort zu finden, aber in der ganzen Aufregung fiel das nicht weiter auf. Zurück im Palast, klärte Zeri den Thronfolger über die Situation auf und Culsans vergoss Krokodilstränen. Dann wandte er sich an den Schamanen. „Du warst immer ein guter Berater meines Vaters, was sollen wir tun?", schmeichelte er ihm und umarmte dabei seinen Feind. Pflichtbewusst rief Zeri Culsans sofort zur Übernahme des Königsamtes auf. Zu gern hätte er jedoch Thesan auf dem Thron gesehen, doch dafür war es einfach zu spät und die Prinzessin noch zu jung.

Anschließend informierte Zeri die Großeltern, welche völlig schockiert zusammenbrachen. Teta wollte die Nachricht an Thesan selbst überbringen. Schweren Herzens nahm sie ihre Enkeltochter in die Arme und berichtete über den grausamen Tod ihrer Eltern. Thesan war wie gelähmt, die Tränen liefen lautlos ihre Wangen hinunter. Sofort wusste die kleine Seherin, dass ihr Bruder dahintersteckte, zu lange wollte er schon die Macht an sich reißen. Doch sie schwieg in der Gewissheit, dass es ohnehin schon zu spät war. Culsans wollte die Bevölkerung selbst über das schreckliche Ereignis in Kenntnis setzen und rief das Volk auf, sich zu versammeln: „Bewohner von Pupluna, ich habe die unangenehme Aufgabe, euch

171

über den gewaltsamen Tod des Königs Krankru und der Königin Ushil zu informieren. Ein hinterhältiger Römer, der sich als treuer Diener und Freund in den Palast eingeschlichen hat, nahm meinen geliebten Eltern das Leben. Das werden wir uns nicht gefallen lassen und ich verspreche euch, als neuer König von Pupluna den Krieg gegen Rom aufzurufen und die Römer zu vernichten."

Das Volk war schockiert und gleichzeitig war ihnen nun klar, warum heute der Wind so kalt blies, der sogar das Löschen einiger Öfen vermochte. Die Königshüllen (die Körper von Krankru und Ushil) wurden nun von den herbeigerufenen Priestern präpariert. Anschließend folgte ein Trauermarsch zur Akropolis, wo alle Abschied nehmen durften. Zur gleichen Zeit wurden alle Zeichen und Symbole des Königs in einem Ritual vernichtet. Die Krieger wurden herbeigerufen und jeder erhielt eine Trinkschale mit Wein. Sie schworen mit erhobenen Schalen dem neuen König Culsans die Treue bis in den Tod und jubelten dem neuen Herrscher zu. Zusammen wollten sie bei den Römern für das Attentat Rache üben. Für die Krieger dauerte der Frieden ohnehin schon viel zu lange, endlich konnten sie sich wieder auf dem Schlachtfeld beweisen. Dann zerbrachen sie ihre Trinkschalen und legten die Überreste in das Gemach von Krankru und Ushil, anschließend wurde die Tür zugemauert. So wurde sinnbildlich der Bund zum verstorbenen König aufgelöst. Das ermordete Königspaar wurde nun für die Reise in das nächste Leben vorbereitet. Die schönsten Kleider wurden ihnen angezogen und alles herbeigetragen, was ihnen lieb und teuer gewesen war. Dann ging der Trauerzug von der Akropolis weiter zu einem Plateau.

173

Hier befand sich das wunderschöne Königsgrab, das an die Bucht von Pupluna angrenzte. Es war eine exakte Nachbildung des Königsgemachs, sogar die Betten sahen identisch aus. Betten aus Stein gemeißelt, gedacht für die Ewigkeit. Die beiden Leichen wurden darauf gelegt, wobei diese Zeremonie mit einem Flötenspiel begleitet wurde. Auf die Stühle wurden Kleider zum Wechseln gelegt und auf dem Tisch wurden frische Früchte und allerlei Essbares platziert. Thesan weinte fürchterlich und legte den Schmuck ihrer Mutter in einer kleinen Schatulle neben das Bett. Die Rüstung des Königs wollte Culsans höchstpersönlich in das Grab legen und spielte dabei den trauernden Sohn. Nachdem alle von den Verstorbenen Abschied genommen hatten, wurde das Kuppelgrab sorgfältig versiegelt und so für die andere Seite freigegeben. Obwohl eine Beerdigung ebenso mit einem Fest gefeiert wurde wie eine Geburt, war vielen aufgrund der speziellen Situation nicht unbedingt danach zumute. Der Mord überschattete das traurige Ereignis. So wurde das ehemalige Königspaar in einer komischen Stimmung beigesetzt. Es war ein nasser und kalter Tag in Etrurien, wie man ihn selten erlebte. Die Götter weinten. Die Situation hatte einen bitteren Beigeschmack angesichts des Krieges, der ihnen nun bevorstehen würde. Culsans war jedoch schon völlig benommen vom Rausch der Macht. Er hatte die Götter und ihren Willen mit Hilfe der Unterwelt ausgetrickst. Er wollte keine Zeit verstreichen lassen und führte gleich nach der Beerdigung seine erste Amtshandlung aus: Er öffnete außerordentlich den Mundus!

175

Der Mundus befand sich in der Stadtmitte, auf der Kreuzung der Nordsüdachse. Normalerweise wurde dieser nur an drei Tagen im Jahr geöffnet. Der Mundus führte tief in den Berg hinein und reichte bis zur Unterwelt. In diesen drei heiligen Tagen konnte man mit der Unterwelt Kontakt aufnehmen und Gaben hinunterschicken, um die dunklen Götter zu beschwichtigen.

Doch Culsans und Neru hatten einen Pakt geschlossen, dass nach erfolgreicher Ermordung und Machtübernahme der Mundus geöffnet bleiben musste. Darum diese außerordentliche Maßnahme. Zeri war schockiert, doch war er der Schamane des ehemaligen Königs und, so wie es aussah, nicht von Culsans. Neru hatte seinen Platz eingenommen. Die Priester gingen und taten, wie ihnen befohlen wurde. Zeri konnte das nur mit Argwohn beobachten, doch er war machtlos. Es wurde ein letztes Treffen mit Culsans, Neru und Zeri vereinbart. Für Zeri kam diese Zusammenkunft etwas plötzlich, er hatte noch keine Zeit gehabt, zu reflektieren und über das Geschehene nachzudenken, zu tief saß der Schock. Culsans empfing zusammen mit Neru den alten Hofschamanen. Es war ein komischer Anblick. Wo normalerweise König Krankru mit seiner Gemahlin Ushil saß, thronte nun überheblich und selbstgefällig Culsans mit seinem Nachfolger. Er befand es nicht einmal für nötig aufzustehen, um Zeri den nötigen Respekt zu erweisen, den er sich nach so vielen Jahren treuen Dienstes verdient hatte. Culsans sprach sitzend von oben herab: „Es ist eine neue Zeit angebrochen, alter Mann. Vorbei sind die Zeiten, wo du von Frieden geschwafelt und meinem Vater von einer Co-Existenz der Römer erzählt hast. Ich habe die Handelsleute angewiesen, den Durst der Griechen nach Waffen und Rüstungen zu stillen. Diese sind darüber sehr erfreut, und weißt du was? Sobald die Griechen die Römer mit unseren Waffen geschwächt haben, werden wir Rom vernichten und die Bevölkerung für den Tod meines Vaters versklaven. Ab sofort wird ein neues Etrurien entstehen, da hat Rom als Republik keinen Platz. Es wird zurückkommen in den Bund der Städte Etruriens. Ich entlasse dich, Zeri, aus dem Hof von Pupluna, natürlich mit einer Entschädigung, die deiner Amtszeit angemessen ist." Diener brachten eine Truhe voll mit Silbermünzen herein. Dazu erhielt Zeri eine Schriftrolle, die seine Dienstzeit würdigte.

Zeri war traurig, aber durch sein Wissen war ihm klar, dass er nichts festhalten konnte, und so ließ er los. Das Loslassen war eine seiner Hauptaufgaben, die er gelernt hatte. Ob man es konnte oder nicht, man wusste es erst, wenn es so weit war. So ließ er los, mit einem Herz voller Dankbarkeit und mit dem Wissen, dass alles im Fluss war. Er wollte nicht in einer Stadt leben, in welcher der Mundus ständig geöffnet war. Culsans fragte ihn noch zum Abschied: „Willst du meinem Hof oder der Stadt noch etwas sagen?" Zeri: „Du hast als König von Pupluna gesprochen und dein Wort ist Gesetz. So frage ich dich zum Abschied, ob ich in der Akropolis an die einfachen Leute noch ein Wort richten darf?" Auf diese Frage hin schaute Culsans seinen neuen Schamanen an. Dieser nickte und so gewährte der neue König Zeri seinen Wunsch. Wer sollte nach diesem Vorfall noch auf ihn hören? So dachte Culsans zumindest.

Sofort sprach sich herum, dass Zeri in der Akropolis eine Rede an das Volk halten würde. Die Leute versammelten sich und hörten gespannt hin: „Volk von Pupluna, hört mir zu. Ich weiß, dass euer Herz nach Vergeltung trachtet nach unseres Königs Tod. Doch lasst euch nicht von dem Hass blenden, denn ihr wisst noch nicht, wer euer Feind ist. Sind es die Römer oder sind wir es selber? Noch vor Kurzem haben die Götter zu uns gesprochen und euch gewarnt. Falls wir unser Schwert gegen die Römer erheben, dann wählen wir unseren eigenen Untergang. Vergesst nicht, das ist nicht meine Meinung, das ist die Meinung der Götter. Das Wort Voltumnas!"

„Und was sollen wir deiner Meinung nach tun?", wollte ein Bewohner wissen. „Wir sind verzweifelt!", rief ein anderer. Zeri beruhigte die Gemüter und sprach weiter: „Wenn man traurig und verzweifelt ist, ist es manchmal besser, man bleibt stehen und schaut sich um, als dass man sich blindlings in eine falsche Richtung stürzt. Sonst kann man vielleicht nicht mehr umkehren. Ich bitte euch nur um ein wenig Besinnung." Doch der Mundus war schon zu lange offen und die Herzen der Leute zu sehr vergiftet mit dämonischen Ideen eines Krieges gegen Rom. Zu laut war der Schrei der Lüge und zu leise das Flüstern der Wahrheit zu hören. Alle Ermahnungen von Seiten Zeris halfen nichts. Die Bevölkerung von Pupluna wollte Krieg gegen Rom, und das um jeden Preis. Zu tief saß der Schmerz über den plötzlichen Verlust des geliebten Königs. Als Zeri seine Rede beendet hatte und seine Bemühungen im Nichts verliefen, befahl Culsans zur gleichen Zeit das Kriegsfeuer zu entfachen. Es war ein Feuer, das auf dem höchsten Punkt von Pupluna angezündet wurde, um den anderen Städten Etruriens zu zeigen, dass jetzt Kriegszustand herrschte und um Beistand gebeten wurde. Doch auf die Antwort musste Culsans bis zur Vollmondnacht warten, die bereits morgen bevorstand. Noch in der Nacht trafen Neru und Culsans alle Vorbereitungen, um dann in aller Frühe nach Velzna aufbrechen zu können. Zeri machte sich auf den Weg nach Rosaelle und hoffte, Lucius da noch lebend anzutreffen, nach allem, was vorgefallen war.

Es war eine seltsame Nacht in Etrurien, der Wind stand beinahe still, so als ob die Zeit angehalten wurde. In dieser Nacht träumten die Schamanen, Magier und Seher Etruriens. Die Götter segneten sie und gaben ihnen den Auftrag, ihr Wissen und die Weisheit über alle Zeiten hinweg zu sichern und zu bewahren. Am nächsten Tag verschwand ein großer Teil der Schamanen und Geistlichen in die Wälder Etruriens. Andere setzten sich nach Norden zu den Kelten ab oder lösten sich wie vom Himmel verschluckt in Luft auf. Die Geistlichen Velznas, die eigentlich mit den Vorbereitungen des Vollmondfestes beschäftigt waren, hatten den Auftrag erhalten, die großen Steintafeln, die tief im Innern des Hügels von Velzna verborgen lagen, weiter nördlich in ein endgültiges Versteck zu bringen. Nur der Rasna Magna wusste, wo die Reise genau hinging. Es sollte das Vermächtnis Etruriens werden. Die Steintafeln waren schwer und die Schrift der Atlanten konnten schon zu dieser Zeit nur noch wenige übersetzen. Aber es war gedacht als Vermächtnis an die Menschheit und musste deshalb unbedingt gerettet werden, um zu beweisen, dass wir alle denselben Ursprung haben. Im Auftrag von Rasna Magna musste ein Steinmetz auf den etrurischen Tafeln noch folgenden Wortlaut hinzufügen:

„Das ist eine Nachricht an die Menschen, die lange nach uns kommen werden. Seht her, wir waren einst ein stolzes Volk von Etruriern, die ihr Etrusker nennen werdet. Wir waren reich und stark und niemand von uns hätte gedacht, dass wir eines Tages von der Landkarte verschwinden, unsere Sprache eliminiert und unsere Kultur assimiliert wird. Das Volk von Etruriern wird vergessen werden. Doch der Tag wird kommen, an dem man sich an uns erinnert. Und so wie unsere von den Göttern vorbestimmten Tage gezählt sind, so sind auch die euren gezählt. Denn der Geist ist stärker als alles andere, und wenn ihr ins Land der Etrurier reist, werdet ihr uns spüren. Alles ist im Wandel, doch der Geist der Götter und Voltumnas wird dort sein und von uns berichten. Doch wir Geistlichen werden diesmal nicht kämpfen, weil die Götter uns vor diesem Kampf gewarnt haben. So gehen wir hin, wo der Wind des Geistes uns hinträgt. Und unser Sein als Volk Etruriens wird erlöschen wie ein Stern am Firmament. Vielleicht ist für euch, die ihr das nun lest, auch eine Zeit des Wandels angebrochen. Doch wir machen euch Mut, Zeitenwenden sind gut, denn es wird Neues von den Göttern offenbart. Ein neues Zeitalter bricht an!“

Das waren die letzten Worte, die in den großen Steinblock gemeißelt wurden. Anschließend wickelte man die Steine in Seidentücher und verkleidete sie mit Holz. Die schwere Fracht wurde auf große Karren verladen. Die Flötenspieler und Priester begleiteten den Zug und be-

räucherten die Steine für eine gute und sichere Fahrt in die Tiefen der Berge, wo die Kelten und Gallier herrschten. Der Preis war hoch, den sie für das Versteck zahlen mussten. All die Priester und Lukumonen, die mitreisten, blieben anschließend bei ihren Brüdern, den Kelten und Galliern, und teilten ihr Wissen mit ihnen. So erhielten sie im Gegenzug freies Geleit für ihre wertvolle Ladung in die im Norden gelegenen Dolomiten. Es sollte ein Versteck werden für Äonen. Die Begleiter des Schatzes ließen sich in der Umgebung des Versteckes nieder, um das Wissen zu hüten. Die keltischen und gallischen Brüder hatten zwar eine etwas rauere Kultur, trotzdem war ihr Geist offen im Umgang mit Kräutern, Sternen und der Vogelschau. Die Geistlichen nannten sich in diesem Volk Druiden.

Die zurückgebliebenen Schamanen in Velzna bereiteten das Vollmondfest vor, das diesmal ganz besonders schön werden sollte. Die ganze Stadt wurde geschmückt und reichlich Essen wurde herbeigebracht. Der Ältestenrat beriet unterdessen darüber, wie viele Schamanen zurückbleiben und dem Volk weiterhin mit geistlichem Rat und medizinischer Versorgung zur Seite stehen sollten, so dass ihr Erbe hier weiter bestehen bleiben konnte.

Mord

Zur gleichen Zeit ging Thesan im Palast zu ihrem Bruder und König Culsans. Da es noch früh am Morgen war, traf sie keine anderen Menschen an.

Thesan hatte wie alle Geistlichen in dieser Nacht einen Traum gehabt. Sie träumte von einer Schlange, die einen Panther biss. Zugleich verdunkelte sich der Himmel am helllichten Tag. Thesan wusste, dass sich hinter diesem Traum nichts Gutes verbarg. Doch sie wollte ihrem Bruder in die Augen sehen, wenn sie ihm von diesem Traum erzählte. Sie traf Culsans zusammen mit seinem Schamanen Neru an. Dieser flüsterte seinem König mit dämonisch funkelnden Augen zu: „Töte sie …!" Culsans, dessen Herz noch nicht ganz erloschen war und trotz allem noch ein wenig Liebe für seine Schwester empfand, schaute Neru fragend an. Sollte er dies wirklich tun? Neru: „Töte sie, Thesan ist die Einzige, die dir den Thron noch streitig machen kann." Genau mit diesen Worten erwischte er Culsans abermals. Sobald es um seine Macht ging, war Culsans nichts mehr heilig. Nicht einmal sein eigen Fleisch und Blut war vor ihm sicher.

Thesan blieb vor Furcht wie angewurzelt stehen und konnte nicht fassen, was sie da hörte. Culsans griff mit feuerleuchtenden Augen nach dem zierlichen Hals seiner Schwester. Thesan weinte nicht mehr vor Furcht, nein, sie wusste, dass ihr Bruder ein intriganter Mörder war, und wenn sie starb, erlosch auch die Hoffnung Puplunas. Culsans drückte ihren Hals mit aller Kraft zu und sie wurde immer schwächer und schwächer. Thesan versuchte noch nach Luft zu schnappen, doch ihr Bruder bezog seine Kraft aus der Unterwelt, wogegen sie sich nicht mehr wehren konnte, und Neru heizte seine Tat noch weiter an. Thesan rann eine letzte Träne über die Wangen, bevor sie in die Welt der Toten überging. Jetzt war alles wieder leicht und nichts tat mehr weh. Ein Falke landete mitten auf dem Königspalast und nahm die Seele der kleinen Seherin mit. Er flog mit ihr davon und plötzlich schien nichts mehr so wichtig. Der Wind blies über die Weiten eines Ährenfeldes. Thesan schritt hindurch und erblickte auf der anderen Seite ihre Eltern, die sie in Empfang nahmen und in die Arme schlossen.

In dieser Stunde von Thesans Tod verdunkelte sich die Sonne über Etrurien. Neru sprach hastig zu Culsans: „Wir müssen sie verschwinden lassen." Culsans war völlig verstört, scheinbar selbst überrascht über seine Tat, und überließ Neru die Organisation, den Leichnam zu beseitigen. So nahmen sie Thesan die königlichen Gewänder, Schmuck und alles Weitere ab, was auf eine Königstochter schließen ließ. Doch als Culsans die Ringscheibe an ihrem Kopf entfernen wollte, hielten ihn die Verhüllten zurück. Er konnte sie nicht sehen, aber er spürte sie und konnte unter keinen Umständen diese Scheibe berühren. So ließ er es bleiben, etwas verärgert, aber es musste jetzt schnell gehen. Nun wickelten sie Thesan in große Tücher und verließen den Palast mit der toten Schwester über einen geheimen Gang in Richtung Totenstadt. Hier befanden sich tausende in den Berg gehauene Gräber, die aussahen wie kleine Wohnungen. Eine davon kaufte Neru für Culsans unter falschem Namen. Dann legten sie Thesan in Stoff gehüllt in ein solch einfaches bürgerliches

Grab mit zwei einfachen Betten aus Stein. Sie verschlossen den Eingang mit einem großen Stein und so verschwand die vermeintliche Gefahr aus Culsans Augen.

Die guten Geister verließen langsam, aber stetig die Eisenstadt. Der Rauch aus den Schloten rings um Pupluna schien schwärzer als sonst. Keiner wusste, wo Thesan war oder was geschehen war. Nur die Großmutter ahnte, dass etwas nicht stimmte. Sie rief nach ihrer Enkelin, doch die Antwort blieb aus. Sie fröstelte, nicht wissend, was Thesan Grausames widerfahren war. Culsans und Neru machten sich langsam, als ob nichts gewesen wäre, bereit für die Reise nach Velzna. Auch das Hofgefolge und die höchsten Angehörigen des Militärs waren bereits in Aufstellung. Bis am Abend mussten sie die Heilige Stadt erreichen, da bereits das Vollmondfest stattfinden würde und die letzten Schamanen und Könige Etruriens ebenfalls eintreffen sollten.

Gefangenschaft

Nur Zeri ritt Richtung Süden, um Lucius zu suchen. Dieser war in Rosaelle und stand unter Arrest. Das Kriegsfeuer wurde auch in Rosaelle entzündet, und solange nicht genau klar war, wie die Etrurier gegen Rom fortfahren würden, hielten sie Lucius sicherheitshalber in Gewahrsam. Zeri erreichte am späten Nachmittag die Stadt. Lucius schwor sich in seiner kleinen Zelle, wenn er freikommen würde, müsste er diese ungerechte Tat vergelten. Er sprach zu den Wachen: „Es wäre besser, ihr würdet mich gleich töten, als dass ihr mich ungerechterweise hier gefangen haltet. Ich bin in Frieden hier und ihr spuckt Rom vor die Füße. Betet zu den Göttern, dass ich hier niemals mehr rauskomme." Trotz den schweren Eisengittern, welche die Wachen von Lucius trennten, fürchteten sie sich vor dem Bären, den sie da geweckt hatten.

Zeri wurde in der Zwischenzeit überall problemlos vorbeigelassen. Niemand wusste, dass er nicht mehr der Hofschamane von Pupluna war. Zu groß war das Gewirr von Nachrichten von dem Tod des Königs und den Verschwörungstheorien, dass die Römer an allem schuld seien. Die Zuständigen waren ein bisschen verwirrt, dass ein so angesehener Schamane nach dem Abschaum eines Römers fragte. Aber in der ganzen Aufregung fiel auch das nicht weiter auf. Pupluna befand sich schon im Kriegszustand, und wenn der König und sein Gefolge nach Rosaelle zurückkehrten, würde der Krieg auch hier begonnen haben. So konnte Zeri fast unbemerkt zu Lucius vordringen. Der Kerker war sehr dunkel und Zeri

189

konnte nur die Umrisse erkennen. „Lucius, bist du da?" Der Zenturio trat an das Gitter, sein Gesicht sah etwas geschunden aus. Zeri versuchte die Situation mit Humor zu nehmen: „Das letzte Mal hast du aber besser ausgesehen, mein Freund …" „Zeri, du musst mir glauben, Rom hat damit nichts zu tun. Glaubst du, die schicken mich auf eine so lange Friedensmission, um dann einen Krieg anzuzetteln?" Zeri unterbrach Lucius: „Du musst hier verschwinden, Lucius, und das Land schnellstmöglich verlassen." „Was für eine Ironie, dass ich hinter Gittern gefangen gehalten werde", sprach Lucius beinahe schmunzelnd. Zeri: „Ich werde dir helfen zu fliehen!" „Ich schätze das sehr, aber du würdest damit Etrurien verraten und ich glaube nicht, dass du dich dann länger hier aufhalten könntest", widersprach Lucius energisch. „Vertraust du mir?", wollte der Schamane von Lucius wissen. „Ja, natürlich vertraue ich dir, mein Freund." „Ich gebe dir hier ein paar Kräuter. Wenn du das nächste Mal dein Essen erhältst, mischst du diese in dein Wasser. Zuerst trinkst du von diesem Gebräu und anschließend musst du ein paar Brocken essen." „Und dann?", fragte Lucius ungläubig. „Fallen dann die Gitterstäbe aus den Verankerungen und ich bin frei …?" Der Schamane musste über den Sarkasmus lachen: „Nein, viel einfacher. Durch die Kräuter wirst du in einen tiefen Schlaf fallen, so dass die Wachen denken werden, du bist tot. Sobald ich diese Nachricht erhalte, werde ich zu dir eilen und darauf bestehen, dich nach Rom zu überführen. So bin ich dann kein Verräter, sondern nur ein Bote Etruriens, der den toten Botschafter nach Hause bringt." „Solch eine Ironie! Und ich dachte, ich würde ruhmreich in einer Schlacht für Rom sterben!", witzelte Lucius. „Beschwöre es nicht herauf, die Schlacht wird kommen, mein römischer Freund, sie wird kommen! Früher, als du denkst, wirst du mein Volk besiegen. Die Arroganz wird sie umbringen. Die Etrurier haben nicht auf die Götter gehört und den Rat Voltumnas ignoriert. Das werden sie mit dem Untergang bezahlen. Du wirst die letzte Schlacht gegen mein Volk führen und die Arroganz in Demut umkehren. Ich weiß, du wolltest uns den Frieden bringen und deine Absichten waren ehrlich. Doch der Weg ist heute ein anderer als zu Beginn deiner Reise. Es wird der Weg des Vergessens sein … Die Römer werden ernten, was wir gesät haben. Die Technik der Be- und Entwässerung, die Architektur und Kräuterwissenschaften, unsere Sprache und Kultur." Lucius war sprachlos über Zeris Ehrlichkeit und zugleich traurig, denn er wusste, auch die Klinge des Sieges war zweischneidig. Wenn die Römer den Krieg wirklich gewinnen sollten, was Lucius unglaublich vorkam, dann würde sich Rom eine große Schuld aufladen. Zeri setzte den Gedanken von Lucius fort, als ob er ihn lesen konnte: „Vergiss nicht, wenn ihr den Krieg gewinnen werdet, ist das zwar ein Triumph für Rom. Doch der wird auch ein Fluch sein. Egal, wie groß und mächtig Rom sein wird, es wird seine Freiheit und erlangte Größe immer mit dem Gladius verteidigen müssen. Andere Völker werden nach dieser Macht trachten und ein Augenblick der Unachtsamkeit wird euch den Untergang bringen. Nun muss ich aber los, mach, wie ich dir gesagt habe, und wir werden uns in Freiheit wiedersehen." Zeri zottelte mit seinem großen Holzstock davon. Die Ereignisse hatten auch ihn gezeichnet. Schon bald kamen die Wachen mit einem Topf Bohnenbrei und einem Tonbecher Wasser, der auf dem Weg zum Kerker schon halb verschüttet war, zurück. So tat Lucius die Kräuter in den halb vollen Becher und trank davon. Es roch etwas erdig, aber er hatte schon Schlechteres getrunken. Anschließend aß er etwas von dem Bohnenbrei, und noch bevor er richtig hinuntergeschluckt hatte, schlief er über dem Topf ein. Es sah so aus, als ob Lucius vergiftet worden wäre. Die Wächter entdeckten den Gefangenen regungslos in der Zelle liegen und waren zugleich froh, dass der Bär sich nun nicht mehr regte: „Da hast du dein Maul wohl etwas zu weit aufgerissen, Rumer. Das Essen ist dir wohl nicht bekommen …" Die Wachen meldeten dem General Minotos den Vorfall, wobei Zeri natürlich nur zufällig in der Nähe stand. Der General begab sich sofort in die Zelle, ein toter römischer Botschafter, das fehlte ihm gerade noch. Er schalt die Wächter aufs Übelste. Zeri, der Minotos gefolgt war, unterbrach den zornigen Mann: „Mein lieber General Minotos, er ist ja bereits tot und ich bin mir sicher, dass Ihr mit einem toten Botschafter Roms nichts zu tun haben wollt. So schlage ich vor, Ihr ladet mir diesen Römer auf den Karren und ich fahre die Überreste in seine Heimat zurück." Der General, der weiß war vor Wut, bekam allmählich wieder seine normale Gesichtsfarbe zurück. Er fragte leicht verdutzt: „Das würdet Ihr tun?" „Selbstverständlich, aber wir müssen es schnell tun, denn wenn der Krieg ausgebrochen ist, kann ich diese Mission nicht mehr erfüllen", antwortete Zeri. Nun wurde Minotos wieder laut und befehligte alles Notwendige zu veranlassen, damit der tote Botschafter aus der Stadt geschafft werden konnte.

So stand in Kürze ein Karren mit zwei Pferden für Zeri bereit. Der Schamane war gerade aufgestiegen, da hielt ihn der General nochmals zurück: „Meine Wächter berichteten mir, dass Ihr eine lange Unterhaltung mit dem Rumer hattet, kurz bevor er starb. Was in der Götter Namen kann so wichtig gewesen sein, dass Ihr als höchster Schamane Puplunas das Vollmondfest verpasst?" Dabei hielt der General den Arm von Zeri mit festem Druck. Es sah tatsächlich etwas komisch aus, zuerst das unangemeldete Erscheinen von Zeri, dann der plötzliche Tod von Lucius, das Kriegsfeuer in Pupluna … Der General forderte eine Erklärung. Zeri antwortete mit ruhiger Stimme: „General Minotos, ich will Euch nur helfen. Die Unterhaltung diente lediglich der Aufklärung. Rom wird Verschwörung und Hochverrat vorgeworfen. So beschloss ich, den Verschwörern und ihren Methoden auf den Grund zu gehen. Das erschien mir wichtiger, als dem Geschrei von Krieg nachzugehen. Ihr als erfahrener General wisst, wie leicht Krieg begonnen wird und wie hoch der Preis für Sieg oder Niederlage ist. Meine Aufgabe ist es, soweit es in meiner Macht steht, diesen Krieg zu verhindern." Minotos, der schon einige Schlachten geschlagen hatte, verstand Zeri. Er ließ seinen Arm los, gab seinem Pferd einen Klaps auf den Hintern und wies die Wachen an, den Schamanen passieren zu lassen. Zeris Herz klopfte laut und er war froh, dass die Götter hinter ihm standen und ihm die richtigen Worte in den Mund gelegt hatten.

Lucius lag hinten zugedeckt auf dem Karren. Sein Puls war so langsam, dass er im Moment wirklich näher bei den Toten als bei den Lebendigen war. Er schritt durch

194

eine Tür und rauschte mit seinem Geistkörper durch die etrurischen Wälder. Er hörte jemanden seinen Namen rufen. Die Stimme war weit weg und er musste einen Hügel erklimmen, um dem Rufen näher zu kommen. Die Sonne blendete ihn und plötzlich ergriff ihn eine Kinderhand. Lucius konnte noch immer nichts erkennen, denn in der geistigen Welt schien die Sonne heller als auf Erden. „Ich bin's, Thesan. Warum bist du schon hier, Lucius? Es ist doch noch gar nicht Zeit für dich." Lucius beantwortete die Frage mit einer Gegenfrage: „Wo bin ich hier und warum treffe ich hier auf dich?" Thesan: „Du bist durch eine Tür gekommen, die nicht von Menschenhand geöffnet werden kann. Nur Wesen ohne Körper sind hier." „Dann bist du nicht mehr am Leben?", fragte der Römer vorsichtig. Thesan lachte: „Ja, und du kommst einfach hierher, ohne dass du tot bist?" Lucius wusste nichts dazu zu sagen. War er tot? Oder doch nicht? Die Neugier war jedenfalls zu groß, zu erfahren, wo er war und wie es hier aussah. Ein Gefühl von Geborgenheit und Zufriedenheit erfüllte seinen Körper. Langsam gewöhnte er sich an das helle Sonnenlicht und er blickte in ein wunderschönes großes Tal hinunter mit einer kleinen Stadt darin. Sie schien zumindest klein. Er fragte Thesan: „Habe ich diese steinernen Häuser nicht schon mal gesehen? Thesan: „Aber natürlich, in der Welt der Materie haben wir sie gebaut, damit sie sich hier manifestieren können. Jetzt hast du eines unserer Geheimnisse gesehen. Wir bauen die Häuser in der jenseitigen Welt, dass wir später hier ein Zuhause haben. In der anderen Welt sind es nur Totenstädte, aber wie du siehst, ist es hier alles andere als tot! Wenn wir dann durch die Türe treten, sind wir zu Hause." Zwei erwachsene Personen kamen den Hügel hinauf und zuerst konnte Lucius sie nicht erkennen. Sie standen schon fast vor ihm, als er sah, dass es sich um Krankru und Ushil handelte. Sie begrüßten Lucius wie einen alten Freund. Dann nahmen sie ihre Tochter an der Hand und gingen Richtung Stadt. Lucius wollte ihnen folgen, doch Ushil wehrte ihm: „Du musst zurück. Zurück durch die Tür, durch die du gekommen bist. Wir sehen uns später, jetzt ist es noch nicht an der Zeit. Du hast noch einige Aufgaben zu erledigen. Das Fatum braucht dich!" Lucius war verwirrt. War er nun tot oder nicht? Und was machten Krankru und Ushil hier? Und seine kleine Freundin Thesan? Er lief den Weg zurück durch den Wald, den er gekommen war, und schritt, wie ihm geheißen, durch die Tür.

Es schüttelte und rumpelte und Lucius erwachte. „Wo bin ich?", fragte er, ohne jemanden zu sehen. Zeri beugte sich über ihn: „Ah, der Herr ist wieder wach geworden. Geht es dir gut?" „Ich weiß nicht, ich habe so komisch geträumt. In einer anderen Welt habe ich Thesan und ihre Eltern getroffen. Sie sind tot!" Zeri lachte und entschuldigte sich zugleich: „Ups, dann warst du wohl auch für einen kurzen Moment mehr tot als lebendig, sonst wärst du nicht auf die andere Seite gelangt. Ich habe wohl ein bisschen zu viel Kräuter erwischt ... Das ist halt immer so eine Sache mit der Dosierung, aber ich wollte auf Nummer sicher gehen."

Lucius konnte nicht glauben, dass er in die Welt der Toten abgetaucht war. Aber er fand es sehr faszinierend und verstand nun die Etrurier noch ein bisschen besser. Was für eine unglaubliche Reise! Sie kutschierten weiter Rom entgegen und Zeri wollte von Lucius wissen: „Meinst du, du hättest Verwendung für einen alten ausgemusterten Schamanen?" Der Römer war geehrt und erwiderte: „Solange ich lebe, werde ich natürlich Verwendung haben für dich und bitte dich ebenfalls darum, sei mein Lehrer!" „Es wird mir eine Ehre sein, dich zu unterrichten, aber zuerst müssen wir den Krieg überleben, Zenturio!"

Der Holzkarren holperte weiter Richtung Süden auf der Straße, die wir heute Via Aurelia nennen. Sie konnten unbemerkt an Velcha und Tarchuna vorbeikommen. Lucius machte Zeri den Vorschlag, ab jetzt landeinwärts Richtung Tiber zu fahren, so konnten sie der Kontrolle der Stadt Caere entkommen. Die Sonne war bereits im Tyrrhenischen Meer untergegangen, als sie von Weitem Rom am Horizont erblicken konnten. Lucius war froh, wieder in seiner Heimat zu sein. Zeri dagegen war ein bisschen traurig, er wusste nicht, ob er jemals nach Etrurien zurückkehren würde. Lucius spürte Zeris Gefühle und nahm ihn in den Arm: „Mein Freund, sei nicht traurig, wir werden gemeinsam ins Land deiner Vorfahren zurückkehren, Seite an Seite. Lebendig oder als Geister." Zeri war froh über diese Worte. Er konnte jetzt einen Freund gebrauchen, auch wenn er zur Hälfte römisch war. Es wurde ihm erst jetzt so richtig der Verlust seiner Familie bewusst. Im Rücken der beiden Reisenden wurde es finster. Nicht nur, weil die Sonne untergegangen war, nein, dunkle Wolken zogen über Etrurien auf. Zeri schaute nur kurz zurück: „Jetzt wird es endgültig finster über meinem Land." Lucius wollte das Ganze etwas herunterspielen: „Das ist doch nur ein Gewitter." Doch Zeri, der die Blitze deuten konnte, sprach plötzlich in einer uralten

Sprache zu den Göttern, die Lucius nicht verstehen konnte. Zeri wandte sich an Lucius: „Heute ist Vollmondnacht und kein Licht wird am Himmel zu sehen sein. Die Könige sind kalt und stolz. Sie werden zusammenkommen, um über Krieg oder Frieden zu beraten. Doch der zweigesichtige König wird sie alle in die Tiefe reißen. Denn die Könige haben aufgehört, auf die Abgesandten der Götter zu hören, diese gehen bereits, wohin der Wind sie trägt. Etrurien wird aufhören zu sein."

Lucius' Kiefer blieb weit offen stehen, als er diese Worte von Zeri hörte. „Und das haben dir die Götter jetzt offenbart?" Zeri antwortete bescheiden: „Nein, eigentlich haben sie mich nur an diese Worte erinnert. Sie wurden vor über zehn Saeculi, also 1000 Sommersonnenwenden gesprochen und unserem Volk prophezeit. Jetzt ist die Zeit, wo diese Prophezeiung eintrifft." Lucius' Kiefer fiel noch weiter herunter. Zeri nüchtern: „Mach den Mund zu, Römer, es zieht!" Lucius musste dies zuerst verdauen und so schwiegen sie die restliche Zeit ihres Weges bis nach Rom.

Königstreffen in Velzna

Zur gleichen Zeit in Etrurien trafen die Könige und die Schamanen der zwölf Städte in Velzna ein. Stolz war der Einmarsch in die Heilige Stadt. Doch das Herz der dagebliebenen Lukumonen schmerzte. Es war alles bereit, die Opfertiere, das Essen, die Musiker. Bis spät in die Nacht trafen die Delegierten ein. Wie immer wurden vor den Toren Velznas Blütenblätter über die Lukumonen und Könige herabgelassen. Die Stadt roch nach Feuer und wohlriechenden Kräutern. Nur noch eines fehlte, der Vollmond. Die Gewitterwolken waren zu dicht und zu dunkel, die Nacht tiefschwarz. Nur die Feuer in den großen Schalen spendeten etwas Licht. Als alle eingetroffen waren, versammelten sich die Anwesenden auf einem großen Platz. Der König von Aritim schrie in die Menge: „Lasst das Vollmondfest beginnen!" Die Musiker begannen auf ihren Harfen und Doppelflöten zu spielen. Die Tänzer wirbelten umher und es herrschte eine ausgelassene Stimmung, immer noch in der Hoffnung, dass sich der Vollmond doch zeigen würde.

Rasna Magna beobachtete die Szene von einem Hochplateau beim größten Tempel Voltumnas. Er betete leise vor sich hin: „Vater, der du uns das alles geschenkt hast, danke für die schöne Zeit, die wir als Volk erleben durften. Dass du uns gelehrt hast, eine Stadt von innen und außen zu bauen, dass zwei weiße Ochsen die Furchen zogen, um die Grenzen der Stadt festzulegen. Du hast uns in so viele Geheimnisse eingeweiht. Und dank dir, großer Voltumna, weiß ich, dass nichts verloren gehen wird. Wir haben unsere Geschichte nicht niedergeschrieben, dass die, welche nach uns kommen, nur unseren Geist wiedererleben können. Die, die nur materiell sind, werden nur ein paar Steine und Gräber finden. Es ist keine Schrift notwendig, die das, was geschehen ist, festhält. Was geschehen ist, wird immer da sein. Und mit diesem Wissen, behütet von deinen Händen, lasse ich los. Unsere Geschichte in den Schriftrollen der Welt geht zu Ende, so steht es im Buch des lebendigen Voltumna geschrieben und so soll es sein." Rasna Magna sah in den Himmel hinauf und erblickte für einen kurzen Moment einen Stern, der aufleuchtete. Es huschte ein Lächeln über sein Gesicht und er sprach: „Wer dich als Freund hat, großer Voltumna, was soll dieser noch fürchten?" Er ging mit einem zufriedenen Herzen Richtung Zeremonienplatz.

Es war bereits spät in der Nacht, als der große Gong ertönte und die Musiker auf einmal alle verstummten. Alles war ruhig in der Tempelstadt. Da ergriff einer der höheren Priester das Wort und las das Zeremoniell vor: „Lukumonen und Priester von Etrurien. Wir rufen die Götter um Weisheit und große Gnade. Dass sie sich zeigen mögen und uns den Weg bahnen durch die hügeligen Straßen der Zeit. Nehmt dieses Opfer als Zeichen unseres Wohlwollens." Sie töteten einen weißen Stier auf einem Altar mitten auf dem Zeremonienplatz. Dann wurde das Opfertier verbrannt. Anschließend begannen die Könige zu sprechen und zu beraten. Einige fragten sich, was das Kriegsfeuer auf dem Turm von Pupluna zu bedeuten hatte. Die Nachricht hatte noch nicht alle Städte erreicht. So wurde das erste Wort dem frischgekrönten König Culsans übergeben. Er war ein guter Rhetoriker und mit seinen falschen, aber sehr überzeugenden Worten hatte er die volle Aufmerksamkeit auf sich gezogen: „Könige Etruriens, vorbei sind die Zeiten, in denen wir die Schmach hinnehmen mussten, als Rom uns die Stadt Veji aus dem Leib gerissen hat!" Ein leichtes Grollen ging durch die monarchischen Reihen. „Die Arroganz der Römer mit ihrer Meinung, sie könnten alles selbst in die Hand nehmen und für sich und ihr Volk entscheiden, ohne einen König zu haben, geht mir sowieso auf die Nerven. Jetzt haben sie sogar einen Spion in meine Stadt geschickt und meine Mutter und meinen Vater ermordet." Ein Raunen ging durch die Menge, der Schock saß tief für diejenigen, die diese schreckliche Nachricht erst jetzt erfahren hatten. Ein römischer Spion und Mörder eines Königspaares, diese Informationen genügten, um die anderen Könige mit Hassgefühlen zu erfüllen. So wollten sie mehr hören von der römischen Verschwörung gegen Etrurien. Culsans fuhr fort: „Sie haben auch einen Botschafter in unsere Stadt geschickt und heuchelten Frieden im Namen Roms. Er hat sich meinen Vater zum Freund gemacht, so dass er keinen Verdacht schöpfen konnte. Einen Tag nach der Abreise des Botschafters wurden der König von Pupluna und seine Frau durch die Hand eines römischen Dieners getötet. Es deutet alles darauf hin, dass dieser Diener nur auf den Befehl aus Rom gewartet hatte." Die Menge war außer sich und Culsans setzte seine Rede fort im Wissen, dass ihm die Könige jetzt aus der Hand fressen würden: „Findet ihr nicht auch, dass nun die Zeit gekommen ist, uns nicht mehr von Rom auf die Füße treten zu lassen?" Culsans blickte zufrieden in die nickenden Gesichter. „Ich sage, es ist jetzt Zeit, dass wir zurückschlagen, solange die römischen Legionen noch im Süden gebunden sind, wo sie eifrig und verbissen gegen König

Pyrrhos kämpfen. Wir werden uns Rom einverleiben und es zur dreizehnten etrurischen Stadt machen. Das wird der Anfang eines neuen, größeren und mächtigeren Etruriens sein, das nichts und niemanden fürchtet, nicht einmal die eigenen Schamanen und ihre Prophezeiungen." Die Mehrheit der Könige stand auf und jubelte dem jungen Herrscher zu und befürwortete sein Begehren. Nur die Königin Calisna von Velathri und der König Tarnas von Caere hielten sich zurück, zu groß war noch ihr Glaube an das alte geistige Etrurien. Culsans heizte aber die Menge und die Stimmung noch weiter an: „Und wenn ich alleine in den Krieg ziehen muss, ich werde es tun und Rom in die Knie zwingen."

Nach diesen Worten nahm ein König nach dem anderen die Schriftrolle, die Lucius bei seinen Besuchen hinterlassen hatte, und warf sie in das Opferfeuer. Nur Calisna und Tarnas blieben standhaft. Die Königin Calisna ergriff mit Zustimmung von Culsans das Wort: „Liebe Könige von Etrurien, ich respektiere euren Willen, Krieg gegen Rom zu führen. Ihr wollt euch das zurückholen, was ihr als abtrünnig betrachtet. Doch vergesst nicht, die Römer werden das ihrerseits auch nicht einfach hinnehmen. Und einen Krieg zu führen, den ihr bereits als gewonnen feiert, ist gefährlich. Die Römer sind anders als alles, was wir kennen. Darum bitte ich euch um Weisheit. Falls ihr Krieg wollt, dann respektiert den Willen meiner Bevölkerung. Wir werden nicht aktiv an einem Feldzug gegen die Römer teilnehmen. Das ist die Entscheidung meines Schamanen und mir." Der König Tarnas von Caere schloss sich diesen Worten an. So verließen die beiden die Versammlung und das Fest zusammen mit ihren Schamanen. Die dagebliebenen Könige schworen gemeinsam, in ihren Städten nach der Rückkehr sogleich das Kriegsfeuer zu entzünden und die Kriegsvorbereitungen zu treffen. Alle beschworen das Bündnis des Krieges; sobald diese letzten Worte gesprochen wurden, blies ein heftiger Wind durch die Tempelstadt und brachte die Feuer in Velzna zum Erlöschen.

Einige Schamanen versuchten die Feuer wieder zum Lodern zu bringen und erkannten dabei den Wink des Schicksals nicht, zu sehr waren ihre Herzen von Hass und Vergeltung geprägt. Der Rasna Magna ließ geschehen, was geschehen musste. Zu festgefahren waren sie auf ihrem Weg und zu groß der Glaube, nur weil der Entschluss in der Heiligen Stadt gefallen war, dass die Götter auch hinter ihnen standen. Er wusste, dass nun keine Umkehr mehr möglich war. Die Könige stimmten ihr weiteres Vorgehen ab. Sie beschlossen eine schnelle Mobilmachung aller Truppen Etruriens, die sich am Tiber entlang treffen würden. Alle Truppen, die sich in der Nähe des Tyrrhenischen Meeres befanden, mussten sofort in östliche Richtung des Tibers im Schutz der etrurischen Hügel in Bewegung gesetzt werden. Dort, zwei Tagesmärsche von Rom entfernt, würden sich alle Krieger Etruriens sammeln. Die Könige berieten noch bis tief in den Morgen hinein und legten Strategien fest. Dabei kam heraus, dass sie eine Streitmacht mobilisierten, die zu Pferd 2.000 Mann stark war, mit ungefähr 18.000 Kriegern am Boden. Jetzt fühlten sich die Könige Etruriens unbesiegbar. Culsans hatte noch eine Idee, die er in die Kriegsberatung einbrachte: die Rekrutierung von Kelten und Galliern. Er selbst wollte in den Norden reiten und

sie als Söldner gewinnen. Die anderen Könige waren begeistert von dieser Idee; das war genau die Reserve, die ihnen aus Caere und Velathri fehlte. Es wurde langsam hell über Velzna, als die Hauptbesprechungen fertig waren. Doch wollte die Sonne über Etrurien nicht so recht scheinen. Ein dichter Nebel hatte sich über das Land gelegt und es war kalt und feucht, wie es noch selten der Fall gewesen war. Die Könige verließen die Tempelstadt in alle Richtungen zu ihren Städten, um die Krieger zu alarmieren.

Ein Feuer nach dem anderen wurde auf den Türmen entzündet, es herrschte Krieg! Die Geistlichen des Landes waren traurig; es war das erste Mal, dass nicht auf die Stimme der Götter gehört wurde. Nachdem die Könige Velzna verlassen hatten, diskutierten die Lukumonen noch weiter und gaben sich die Schuld für diese Situation. Einer sprach: „Wir hätten die Statuen nicht bauen dürfen, nur die Angst hat uns dazu gebracht, die Götter in Formen darzustellen. Hätten wir doch, so wie es die Verhüllten wollten und uns offenbarten, es einfach sein gelassen." Noch ein anderer meldete sich zu Wort: „Ja, wir eiferten zu sehr den Griechen nach, die in ihren Tempeln auch so schöne Statuen haben, und dabei vergessen sie auch immer mehr die Götter und ihre Mächte dahinter." Der Rasna Magna blieb ruhig und hörte ihre Argumente an, sein Verstand war messerscharf. Die Lukumonen blickten hilflos und fragend in seine Richtung. „Kinder, Kinder, sie haben zwar den falschen Pfad genommen, trotzdem ist der andere Weg fast der gleiche. Ihre Wahl fiel einfach auf den Pfad, der viel Leid und Verzweiflung bringen wird. Doch auch das ist nicht umsonst, da wir auch daraus wieder lernen werden. Unser Schicksal ist besiegelt, nur dass es jetzt etwas beschleunigt wird. Die Götter sind nicht erzürnt, das solltet ihr wissen. Unsere Zeit als Volk läuft ab und ihr könnt es drehen und wenden, wie ihr wollt, es wird nichts daran ändern. All unsere Zauberkraft wird hier nichts helfen, denn es ist der Wille der Götter. Darum sage ich euch, bringt alles aus der Stadt, was unsere Geheimnisse betrifft. Und seid nicht traurig, denn kein Gedanke, der in den Mysterienschulen gelehrt, und kein Wort, das in Etrurien gesprochen wurde, wird jemals verloren gehen. Es wird für jeden gespeichert sein, der sich daran erinnern oder etwas von uns erfahren will. So macht euch bereit, dorthin zu gehen, wo der Wind euch hinträgt, um dort zu lehren und zu heilen und denen, die von unserem Volk und unserer Lebensfreude hören wollen, zu erzählen. Diejenigen, die bleiben müssen, habt keine Angst, denn ihr seid verantwortlich für die neue und alte Bevölkerung von Velzna." Ein junger Priester fragte den Rasna Magna: „Und was ist mit Euch? Bleibt Ihr auch hier in Velzna?" „Ja, mein Schüler und Jungschamane, ich werde hier zurückbleiben. Du wirst aber mit den anderen gehen." Es herrschte plötzlich ein reges Treiben und alle handelten voller Zuversicht, wie der Rasna Magna es gesagt hatte. Er konnte ihnen wieder Licht und Verständnis in ihre Herzen bringen und das Wissen, dass es einen großen Plan der Götter gab, der dem Fluss des Lebens glich. So wie der Fluss mit mehreren Armen in verschiedene Richtungen floss, genauso verstreuten sich die Priester in die unterschiedlichen Himmelsrichtungen, so dass das Wasser des Lebens alle erreichen konnte, die von den Verhüllten hören wollten.

Zurück in Rom

Zur gleichen Zeit trat Lucius mit Zeri vor den Senat von Rom und berichtete: „Wo soll ich nur anfangen? Eigentlich war ja meine Mission erfolgreich." „Eigentlich?", unterbrach ihn ein Senator. Lucius: „Eigentlich deshalb, da ich schon fast alle Könige Etruriens mit dem langfristigen Friedensangebot überzeugen konnte. Doch in Rosaelle wurde ich plötzlich und ohne zu erfahren, warum, in den Kerker geworfen. Erst später erfuhr ich den Grund dafür. Angeblich hat ein römischer Spion in Pupluna das Königspaar getötet. Senat, ich habe alles in meiner Macht Stehende getan, um Rom und Etrurien den Frieden zu bringen. Doch wie ich vermute, wollen die Könige Etruriens den Krieg nun als Vergeltung für den Tod an König Krankru." Den Senatoren stand die Angst förmlich ins Gesicht geschrieben. Sofort kam der Gedanke auf, dass dies nun das Ende von Rom als freier Republik sei. Manche sprachen es auch aus: „Wir sind verloren, bei den Göttern!" „Unsere Legionen sind in Herculaneum am Kämpfen!" „Um neue Legionen auszuheben, haben wir keine Zeit!" Lucius versuchte die hysterischen Patrizier zu beruhigen. Sie waren vielleicht gute Politiker, wenn es um das Tagesgeschäft ging. Doch diese Nachricht überforderte die Senatoren bei Weitem. Nun begannen sie, Lucius die Schuld zuzuschieben: „Du hast als Botschafter versagt! Du bist vielleicht ein guter Zenturio, aber das Militär als Botschafter, das konnte ja nicht gutgehen." Lucius wehrte sich nicht, denn sie hatten ja recht, die Mission war gescheitert. Als die Situation ihren Höhepunkt erreichte und nur noch ein wildes Durcheinander von den Senatorensitzen kam, klopfte Zeri mit seinem Stock auf den Marmorboden, auf dem geschrieben stand: „Für den Senat und das Volk von Rom." Dreimal ertönte der Holzstab, dann herrschte wohltuende Ruhe.

Die Senatoren waren zurück aus ihrem Schockzustand und schauten gebannt zu Zeri, der anfing zu sprechen: „Entschuldigt bitte, dass ich das Wort ergreife, da ich als etrurischer Schamane dazu nicht berechtigt wäre. Doch ich spreche hier nicht für mich oder mein Volk, sondern für meinen Freund Lucius. Warum ich das tue, wollt ihr sicher wissen. Nun, ich spreche für Lucius, weil er in Etrurien für euch als Senat und für das Volk von Rom Fürsprecher war. Für das höchste Gut, das es gibt, den Frieden zwischen den Völkern. Er tat das mit so viel Liebe und Leidenschaft für Rom." Die Senatoren ließen Zeri gewähren und forderten ihn auf, weiterzusprechen. „Er hat Rom als Botschafter ehrenhaft vertreten und behandelte die Könige Etruriens und seine Priester stets mit Respekt. Er versuchte allen das Anliegen Roms klarzumachen und vor einem Krieg zu bewahren. Doch kam auf dem Schlachtfeld der Diplomatie wieder einmal alles anders, als wir dachten. Es sah bereits so aus, als ob Lucius die Schlacht der Worte um den Frieden gewonnen hätte. Doch nach seiner Abreise von Pupluna gab es einen gemeinen Mord an meinem König und seiner Ehefrau. Nun war es einfach, den Römern die Schuld in die Schuhe zu schieben. Darum bin ich hier und unterstütze meinen neu gewonnenen Freund Lucius. Gebt die Verteidigung Roms in seine Hände und ihr werdet weiterbestehen können." Da gab es einen Zwischenruf eines Senatoren: „Wir haben schon die Verhandlungen in seine Hände gelegt und was kam dabei heraus?" Zeri konterte: „Fakt ist,

ich bin ein Schamane Etruriens und ich sage euch, wenn ihr die Verteidigung eurem Zenturio Lucius überlasst, wird die Republik noch lange weiterbestehen. Tut ihr es nicht, dann wird der Traum von einem freien Rom, wie ihr ihn hier und heute lebt, noch kommende Woche sterben." Die Senatoren wurden still und gaben Zeri den Respekt, den ein Priester verdiente. Denn die Künste der Voraussagung und Deutung etrurischer Schamanen waren auch bei den Römern wohlbekannt. Bei aller Selbstbestimmung, die bei den Römern über alles beliebt war, hatten sie Ehrfurcht vor den etrurischen Lukumonen. Ein Senator wandte sich an Lucius: „Also rein theoretisch, wenn wir dir das Kommando der Verteidigung Roms überlassen, was würdest du tun? Es ist ein schwieriges Unterfangen, mit nur 2.000 Mann Rom zu schützen. Darum würden wir als Senat gerne wissen, wie wird die Strategie aussehen und wie würdest du vorgehen?" Lucius antwortete, wie ihm geheißen: „Ich würde Rom gar nicht verteidigen!" Ein Raunen ging durch die Menge und Empörung machte sich breit. Ein General, der Rom nicht verteidigen wollte? Lucius fuhr fort: „Ich würde den Krieg zu jenen bringen, die ihn uns bringen wollen. Führen wir dort Krieg, wo wir es wollen. So verschafft sich Rom Zeit, sich auf das Schlimmste vorzubereiten. Bleiben unsere Soldaten hier, können wir Rom nicht halten. Ich gehe mit den 2.000 Männern den Tiber entlang bis zum Vadimonischen See. Daneben erhebt sich ein bewaldeter Hügel. Beide liegen nördlich der Stadt Falerii. Die Etrurier werden ihre Streitmacht mit ungefähr 20.000 Mann von Norden her mobilisieren und zwischen See und Hügel auftauchen. Dort in dieser Enge werden wir ihnen in die Flanken fallen und sie für Tage aufhalten, weil da die Größe ihrer Armee nicht viel ausrichten kann. Das werden die Etrurier nicht erwarten und wir können ihre Schwäche der Flanke ausnutzen. Ihre hoplitenähnliche Kampfart ist auf einen Frontalzusammenstoß ausgerichtet, nicht für einen seitlichen Angriff. Ja, so würde ich es machen. Rein theoretisch natürlich." Zeri schmunzelte. Sofort folgten demokratische Einwände verschiedener Senatoren: „Dann ist Rom aber schutzlos." „Wenn Lucius' Theorie nicht stimmt und sie kommen die Küstenstraße dem Meer entlang? Dann geht sein Angriff ins Leere!" „Wir können es dir nicht erlauben, die Stadt schutzlos sich selbst zu überlassen." Nach stundenlanger Beratung stimmte der Senat endlich ab. Lucius erhielt den Oberbefehl über die Verteidigung unter der Bedingung, dass er Rom mit seinen Soldaten nicht verlassen dürfe. Die Stadtmauern waren dick, hoch und sicher und diesen Schutz galt es aufrechtzuerhalten. Lucius war es gewöhnt, Befehle anzunehmen, die keinen Sinn machten. Er nickte demütig, obwohl es in ihm brodelte. Er wusste, mit diesem Befehl gaben sie Rom in die Hände des Feindes.

Lucius verließ das Plenum mit Zeri und begab sich in sein Quartier, wo bereits sein Freund Argentus auf ihn wartete. Die beiden Zenturii berieten die Situation zusammen und Argentus berichtete von dem Training, das er während der Abwesenheit von Lucius durchgeführt hatte. Argentus konnte nicht verstehen, dass die Senatoren nicht auf den Vorschlag von Lucius eingingen. Er war einer der besten Strategen, die er kannte. „Was tun wir jetzt?", fragte Argentus, der für römische Verhältnisse ein Riese war. Er konnte mit bloßen Händen eine Mauer einreißen. Lucius überlegte kurz und antwortete: „Wenn du dabei bist, Argentus, dann mobilisieren wir unsere 2.000 Männer noch heute Nacht und marschieren Richtung Falerii. Wenn du nein sagst, bleiben wir in Rom und versuchen hier Seite an Seite die Verteidigung aufrechtzuerhalten und werden wahrscheinlich mit unserer geliebten Stadt untergehen." Der ruhige Argentus schlug mit seiner Faust auf den kleinen Tisch, an dem sie zusammen mit Zeri saßen. Er zerbrach unter der Wucht in zwei Teile. „Niemals, solange ich lebe, wird Rom untergehen. Wir haben nicht so viele Schlachten zusammen geschlagen, damit wir hier nur wegen ein paar Senatoren, die keine Ahnung haben, verlieren. Die sind der Meinung, unsere Arbeit besser zu kennen als wir." Lucius war erfreut über diese Reaktion: „Dann sollten wir also meutern zum Wohle von Rom?" Argentus lachte: „Wenn du dir deiner Sache sicher bist und wenn du denkst, dass wir eine bessere Chance in Falerii haben, dann soll es so sein." Gleichzeitig schauten beide fragend den Schamanen an, der bist jetzt noch kein Wort dazu gesagt hatte. Zeri nickte auf seine stumme und weise Art. Argentus gab sich damit nicht zufrieden und hakte nach: „Weiser Mann, werden wir den Krieg gewinnen?"

Zeri ergriff nun das Wort: „Das wissen nur die Götter, aber eines kann ich euch sagen. Wenn ihr in Rom bleibt, wird die Stadt brennen. Ihr habt eine gute Entscheidung getroffen, diesmal nicht auf eure Ältesten zu hören. Sie wollen Sicherheit, die gibt es aber in den Zeiten des Umbruchs nicht, meine zwei Freunde."

Argentus: „Das wollte ich zwar nicht hören, aber ich deute das mal nicht als Nein. Also, Lucius, dann marschieren wir noch heute Nacht. Informiere die Soldaten!" „So wird es sein, Amice. Ehre und Stärke!", antwortete Lucius und war froh über die Unterstützung seines Freundes.

Als der Mond schon hoch über dem Forum stand, wurde ins Kriegshorn geblasen. Die meisten Soldaten schliefen bereits und erschraken von dem Geräusch. Viele dachten, sie würden jetzt angegriffen, und beeilten sich, um im Hof der Kaserne anzutreten. 2.000 Soldaten, davon 200 berittene Krieger. Als alle in geübter Aufstellung mit ihren Gladien, dem Pilum (Speer) und dem Scutum (Schild) angetreten waren, saß Lucius bereits auf seinem Pferd. Er sprach zu ihnen aus vollem Herzen und mit wachem Geiste, so dass alle Soldaten auch hören konnten, was er zu sagen hatte. Argentus saß ebenfalls auf seinem Pferd und positionierte sich hinter Lucius. Diese Geste gewichtete das Wort von Lucius noch stärker, denn Argentus sah in voller Montur sehr eindrucksvoll aus. Er war breiter und größer als jeder andere Kämpfer in dieser Armee. Lucius: „Männer Roms! Ich habe heute eine wichtige Entscheidung getroffen, wo und wie wir Rom verteidigen werden. Der Senat sagt, dass wir hier kämpfen müssen. Doch ich sage, wir müssen marschieren und Rom am richtigen Punkt verteidigen. Ich mache euch nichts vor, es ist gegen den Befehl des Senats. Ich belüge euch nicht, wir werden sterben, wenn wir hier in Rom bleiben, und wir werden sterben, wenn wir den Feind suchen und bekämpfen. Mit dem Unterschied, dass Rom eine Chance zum Überleben bekommt. Meint ihr nicht auch?" „Jaa-aa", schrie ihm seine Armee entgegen. „Ihr habt diesen Beruf aus freien Stücken gewählt, ihr wurdet hier und in Schlachten trainiert, genau für diesen Moment. Wir müssen als eine Einheit funktionieren! Keiner darf aus der Formation ausbrechen. Diese Schlacht wird darüber entscheiden, ob es ein Rom, so wie wir es kennen, weiter geben wird. Ich werde, wenn es sein muss, mein Leben dafür geben. Wir werden den Etruriern solche Schmerzen zufügen, dass sie es sich nochmals überlegen, Rom überhaupt anzugreifen. Wenn wir hier bleiben und kämpfen, wird unser Tod sinnlos sein. Greifen wir jedoch draußen an und versuchen unseren Feind so hart zu treffen, wie wir können, werden wir in Ehre sterben. Darum frage ich euch, wollt ihr mir folgen, Männer?" Die Soldaten zogen ihre Gladien und klopften damit gegen ihre gebogenen Schilder, was halb Rom aus dem Schlaf riss. Darunter auch ein paar Senatoren, die sich sofort zur Kaserne aufmachten. Doch der Trupp setzte sich bereits in Bewegung Richtung Falerii. Sie marschierten schnell, das war eine ihrer Stärken, um da aufzutauchen, wo sie keiner erwartete. Zwei Senatoren gelang es schließlich zu Pferd, den Trupp einzuholen. Sie flehten die einfachen Fußsoldaten an, umzukehren, um zurück in Rom die Verteidigung aufrechtzuerhalten. Doch keiner der Soldaten gab Antwort oder würdigte sie eines Blickes. Zu loyal standen sie ihrem Zenturio gegenüber. Die Senatoren ritten nun an die Spitze der Armee von Lucius. Sie redeten auf den Zenturio ein: „Lucius, wir bitten dich, wenn deine Strategie nicht aufgeht, verpasst du die Hauptarmee von Etrurien." Lucius genoss für einen Augenblick das Flehen der Vertreter Roms. Mit ruhiger Stimme antwortete er: „Es tut mir leid, dass ich so handeln muss. Geht zurück nach Rom und tut das, was ihr am besten könnt, und überlasst mir das Kämpfen und die Verteidigung." Die Senatoren: „Du wirst doch alles geben?" „Mein Leben und das meiner Männer, das ist mehr, als ich geben will. Bei den Göttern, wir werden kämpfen und euch hoffentlich so viel Zeit verschaffen, dass ein oder zwei Armeen aus diesem wahnsinnigen Krieg mit König Pyrrhos zurückkommen werden. Betet, dass es so sein wird!" Die Senatoren wussten nicht mehr, was sie antworten sollten. Sie hatten zwar das Recht im Rücken, doch Lucius strahlte eine so große Autorität aus, dass jedes weitere Wort überflüssig wurde. Innerlich waren sie zwar froh, einen Zenturio wie Lucius zu haben, mussten aber doch noch Folgendes loswerden: „Du weißt, wenn du erfolgreich bist oder einfach nur überlebst, wirst du dich und Argentus vor dem Senat verantworten müssen." Lucius zog seine Oberlippe etwas nach oben, er hatte nicht einmal ein ganzes Lächeln für die beiden Politiker übrig. Nach dieser Geste kehrten die Senatoren schweigend nach Rom zurück. Argentus schaute stur geradeaus, für ihn galt nun nur noch die Schlacht, die bevorstand. Nicht nur zu überleben, sondern auch die riesige Armee der Etrurier bei Falerii aufzuhalten.

Lucius war es egal zu sterben, wenn es dem Zweck dienlich war und Rom vor dem Untergang bewahren konnte. Lieber ein sinnvoller Tod, als ein sinnloses Leben zu führen, das war seine tiefe Einstellung. Er wünschte sich zwar den Frieden für sein Volk und Etrurien, doch dieses Ziel war in weite Ferne gerückt. Trotz allem fühlte er sich nach seiner Mission mehr denn je mit diesem speziellen Volk verbunden. Diesem magischen Land voller Mysterien und Magie konnte auch er sich nicht entziehen. Warum nur musste dieser Krieg sein? Warum ließen die Götter das zu? Zeri ritt neben Lucius und sah, dass sein

Freund in Gedanken versunken war, und antwortete still: „Lucius, ich weiß, was du denkst. Suche die Schuld nicht bei dir. Mein Volk hat nicht auf die Götter gehört. Sie wurden mehr als einmal gewarnt. Du verteidigst nur deine Stadt. Vergiss nicht, es gibt keine gerechten oder ungerechten Kriege. Es kommt alles so, wie es muss. Ein griechischer Freund von mir hat einmal gesagt, nur die Toten haben das Ende des Krieges gesehen. Kämpfe, mein Freund, als wäre es dein letzter Kampf, die Götter werden dich beschützen. Die Überlegenheit deines Feindes wird seine große Schwäche sein." Lucius blickte zu Zeri; er hatte alles verstanden, obwohl er kein Wort laut gesagt hatte.

Am anderen Morgen marschierte die Armee in die kleine Stadt Falerii ein. Das Dorf war verängstigt, hatten sie doch nur wenige etrurische Krieger zur Verfügung. Das Stadtoberhaupt trat hervor und wollte von Lucius und Argentus wissen, was hier vor sich ging. Lucius wusste, als Krieger und Soldat musste er das Städtchen dem Erdboden gleichmachen. Doch die Reise durch das etrurische Land hinterließ Spuren. Argentus erinnerte ihn an den Plan: „Wenn einer von unseren etrurischen Freunden hier das Gefühl hat, er müsse die Streitmacht von König Culsans warnen, dann ist unser Überraschungsvorteil weg." „Ja, das weiß ich natürlich", erwiderte Lucius etwas gereizt. Da meldete einer der Kohortenführer, einen fliehenden Etrurier erwischt zu haben. Lucius war nun wieder schlagartig klar, dass sie sich in einem Krieg befanden und falsches Mitleid tödlich enden würde. So ließ er alle Krieger von Falerii vorführen, welche sofort entwaffnet

wurden. Lucius sprach zu den Bewohnern: „Wir sind Römer und wollen nichts von eurem Dorf. Doch wenn einer von euch, und das ist kein Wunsch, sondern ein Befehl, wenn nur einer von euch davonläuft, wird das ganze Dorf niedergemacht. So wie diese Krieger!" Dann gab er seinen Soldaten den Befehl, alle 49 Krieger von Falerii mit einem Genickstich vor den Augen der Bevölkerung niederzustrecken. Schockiert und verängstigt mussten diese zuschauen, wie Lucius mit der Tat seinen Worten Ausdruck verlieh. Argentus wandte sich an Lucius: „Ich hoffe, diese Aktion hält für eine Weile an, denn ich habe genauso wenig Lust wie du, Frauen und Kinder zu töten."

Als die Hinrichtung vorbei war, atmeten einige der Bevölkerung auf, nicht auch noch drangekommen zu sein. Sie teilten ihr Essen mit den Römern zum Dank, ihr Leben verschont zu haben. Denn ihnen war klar, dass normalerweise alle getötet werden mussten, um eine Flucht zu verhindern. Doch sie spürten die Entschlossenheit von Lucius, der in seiner Bestimmung, ein Krieger zu sein, wieder völlig aufging. Lucius unterhielt sich derweil mit Argentus über das weitere Vorgehen: „Nordwärts von Falerii liegt ein großer Hügel. Über diesen Hügel führt ein Weg, über den wir zum Vadimonischen See gelangen. Dort zwischen Hügel und See führt die Tiberstraße von Norden nach Süden. Da wird Culsans mit seiner Armee durchmarschieren müssen. Diese Hügelstraße kreuzt die Tiberstraße, wo wir aus dem Wald heraus den Etruriern in die Flanken fallen. Denn sie werden keinen Platz haben, sich richtig zu formieren. Was hältst du davon?" Argentus überlegte und antwortete dann: „Was denkst du, wann sie hier durchkommen werden?" „Ich denke, sie benötigen ungefähr fünf bis sieben Tage. In zwei Tagen werde ich mich mit Zeri und ein paar Männern in Richtung Velzna aufmachen, um den Feind auszuspähen. Wenn wir Glück haben, können wir dann genau sagen, wann wir uns auf dem Hügel positionieren müssen. In der Zwischenzeit lass die Männer so viel und gut essen, wie sie wollen. Für viele werden es die letzten friedlichen Tage unter den Lebenden sein, mein Freund." „Das denke ich auch. So werden wir es machen", erwiderte Argentus.

Der Krieg beginnt

Culsans hatte unterdessen keltische und gallische Krieger rekrutiert, die an der Seite der Etrurier kämpfen würden. 3.500 Kelten und Gallier standen bereit, um mit Culsans in die Schlacht zu ziehen. Dazu nahm er auch alle Krieger aus Pupluna mit, die nochmals 3.500 Etrurier umfassten.

General Ferit marschierte mit 3.500 Kriegern bereits Richtung Velcha, wo General Petluna mit 2.500 Mann auf ihn wartete. Zusammen ging es anschließend mit insgesamt 6.000 Soldaten zum vereinbarten Treffpunkt. Culsans streifte auf seiner Route noch Vatluna und Rosaelle, welche beide nochmals 1.500 Krieger stellen konnten. Mit insgesamt 9.000 Männern traf sich Culsans auf der Höhe des Bolsenasees mit Ferit und Petluna. Ferit war stolz auf seine Streitmacht, welche er zusammen mit der Streitmacht von Velcha aufstellen konnte. Doch das Gefühl hielt nicht lange an, als Culsans am Horizont mit 9.000 Männern auf sie zukam. Die Größe der Armee beeindruckte die erfahrenen Generäle und es wurmte sie, dass nun die Befehlsgewalt dem unerfahrenen Culsans zufiel. Wie konnte ein so junger General ein so großes Heer befehligen? Als Culsans die Straße entlanggaloppierte, glänzte seine etrurische Rüstung in der Sonne. Er begrüßte die beiden Generale herablassend und noch immer auf dem Pferd sitzend. Um keine Zeit zu verlieren, ging es ohne Pause weiter in Richtung Velzna. Dafür würden sie ungefähr eineinhalb Tage brauchen. Culsans hoffte, dass, sobald er in Rom angekommen wäre, die Römer ohne groß zu kämpfen gleich kapitulieren würden, gegen eine so große Übermacht. Lucius sollte mit seiner Theorie, dass die Römer nach Velzna marschieren würden, recht behalten. Sie kamen über das Landesinnere der Tiberstraße entlang.

Gleichzeitig kamen aus Curtun und Phersna je 1.500 Krieger, aus Aritim 1.200 und aus Clevsin nochmals 1.000 Männer unter dem Kommando von General Tyreus. Zusammen marschierten sie den Chiarafluss entlang bis zum Tiber. Diese Armee aus 5.200 Kriegshungrigen schlug ihr Lager zwischen der Heiligen Stadt Velzna und dem Tiber auf und wartete auf das 15.000 Mann starke Heer von Culsans, Ferit und Petluna. Sie befestigen ihr Lager mit Palisaden und kleinen Holztürmen. Die Bewohner versorgten die Krieger mit Weizen, Nüssen und Fleisch. Das Lager war geschützt von unzähligen Buchen. General Tyreus ließ seine Männer einen kleinen Kanal um die Zeltstadt graben, so dass sie Wasser vom Tiber umleiten konnten. In kürzester Zeit umschloss ein Wassergraben das Lager wie eine Festung.

Zur gleichen Zeit schlich Lucius mit Zeri und zwei Soldaten auf alten Pfaden der Etrurier über Hügel, die nur die Faunen bewohnten. Zeri sprach zu Lucius, während sie durch die Wälder schlichen: „Respektiert den Wald und seine Wesen. Wir nennen sie Faune. Ihr könnt sie nicht sehen, doch sie sehen euch. Sie begleiten uns schon eine ganze Weile, und umso dichter der Wald wird, umso zahlreicher werden sie." Lucius wurde etwas mulmig beim Gedanken, dass unsichtbare Wesen sie verfolgten, und er fragte vorsichtig nach: „Und sie werden uns sicher nichts tun?" „Keine Sorge", beruhigte ihn Zeri. „Die Faunen waren bereits hier, bevor ein Mensch diese Wälder betrat.

Sie sind sehr scheu, aber auch neugierig. Es sind die Hüter des Waldes. Nur wenige Menschen, die das geistige Auge haben, können sie sehen." Lucius musste dabei sofort an seine kleine Freundin Thesan denken. Sie könnte diese Wesen mit ihrer besonderen Gabe bestimmt sehen.

Der Suchtrupp hielt weiter Ausschau nach der Armee Etruriens. Zwei Hügel weiter, im nächsten Tal, erblickten sie das Lager von Tyreus, obwohl es gut versteckt in den Bäumen lag. Eine Armee von dieser Größe und ein Lager, das für fast 20.000 Mann gebaut war, konnte man nur schlecht tarnen. Es übertraf alles, was Etrurien bis jetzt gesehen hatte. Lucius überlegte, sollten sie jetzt zurückgehen oder abwarten, was passieren würde? Er war sich nicht sicher, doch er entschied sich, in der Nähe des Hügels abzuwarten. So konnte er sich ein Bild verschaffen über die Größe der Armee und auch, wie viele Krieger noch dazustoßen würden. Lucius schickte einen der zwei Soldaten zurück, um Argentus Bericht zu erstatten. Die Botschaft lautete: „Es sind ungefähr 4.000 bis 5.000 Mann in der Nähe von Velzna. Wir warten, bis noch mehr Soldaten eintreffen oder bis sie losmarschieren. Schickt keinen Boten mehr zurück, wir wurden bis jetzt noch nicht entdeckt und wir werden weiter ruhig auf unserem Spähposten bleiben. Ave, Amice Argente!" Der Soldat ritt unverzüglich los; er hatte den Auftrag, den gleichen Weg zurückzugehen und die großen Straßen zu meiden. Lucius blieb mit Zeri und noch einem Soldaten zurück. Sie zogen ihre glänzenden Rüstungen aus, damit das reflektierende Sonnenlicht sie nicht verriet. Lucius wollte von seinem Berater Zeri wissen: „Tue ich hier wirklich das Richtige oder führe ich Rom ins Verderben?" Der Schamane sprach: „Wir sind jetzt an einem Punkt, wo es keinen Weg zurück mehr gibt. Du darfst auch nicht zurücksehen, du wirst es verstehen, wenn es vorbei ist. Ich habe dich kennengelernt als Botschafter des Friedens und ich habe gespürt, dass es dir und deinem Volk ernst war mit diesem Angebot. Darum bist du mir ans Herz gewachsen, mein Freund. Ein Teil von dir wird immer Etrurier sein, jedoch bist du auch ein Krieger Roms und hast keine Wahl, ob du diesen Krieg willst oder nicht. Es bricht eine neue Zeit an und das wird für beide Seiten schmerzhaft sein. Mein Volk will seine alte Größe wieder, doch erreicht sie nur durch einen Bruch mit dem Fluss der Zeit. Wir hätten in die neue Zeit einfließen können, doch nun herrscht ein Stau, der nicht mehr zu reparieren ist. Dieser Stau wird sich mit einem Knall lösen und die ganze Energie entlädt sich auf einen Schlag, was für beide Seiten nicht gut ist. Wir sind nun mal beide ein Teil des Flusses, wenn es auch nur ein Tropfen ist."

Zeri nahm zwei Stäbchen aus seiner Tasche und zündete sie an. Sofort begannen diese zu rauchen und einen Duft zu verströmen. Er umkreiste den Körper von Lucius und dieser wollte natürlich wissen, was es damit auf sich hatte. „Ich wecke dein Krafttier, Lucius. Du wirst es in der Schlacht brauchen." Auf einmal hörte Lucius einen Bären brüllen, er konnte aber nicht sagen, war da wirklich ein Tier im Wald oder hörte er seinen Geist? Scheinbar war auch im Lager das Bärengebrüll zu hören, denn einige zuckten erschrocken zusammen und blickten wachsam zum Wald.

Lucius konnte sein Krafttier sehen und spüren. „Du wirst Bewahrer und Zerstörer zugleich sein", prophezeite Zeri. Lucius konnte das jetzt nicht verstehen, aber eines Tages mit etwas Distanz würde es ihm klar sein. Lucius bedankte sich für die Zeremonie und wusste, er würde für die Römer kämpfen, aber sein Herz gehörte hierhin. Die Wildnis war sein Zuhause. Trotz dem geistigen Abstecher behielten sie die Truppenbewegungen immer im Blick, es passierte bis jetzt aber noch nichts Beunruhigendes. In der Nacht wechselten sie sich ab und hielten Wache. Am zweiten Tag plötzlich, die Sonne stand schon tief über Velzna, konnte man von Weitem das Marschieren von tausenden Soldaten hören. Lucius war erleichtert, dass er recht hatte und alle Krieger über die alte Tiberstraße kamen. Man konnte die goldenen Rüstungen aus großer Distanz schimmern sehen und Lucius erschrak, so viele Männer hatte er nicht erwartet. Doch dann erinnerte er sich an das Gebrüll des Bären und er wurde ruhig, beobachtete, zählte und schätzte. Er wandte sich an Zeri: „Das müssen alles in allem ungefähr 20.000 Männer sein. 3.000 berittene und 17.000 Fußsoldaten. Wir müssen genau am richtigen Ort zur richtigen Zeit zuschlagen, sonst verlieren wir alle Männer umsonst. Und ich weiß nicht, ob überhaupt jemand von uns überlebt. Ich habe mit vielen gerechnet, aber so viele, das überrascht selbst mich. Darunter sind sicher 3.000 wilde Gallier, die nur nach unseren Köpfen lechzen. Lass uns zurückkehren. Ich denke, morgen werden sie alle das Lager verlassen und Richtung Rom marschieren, wenn sich die riesige Armee ausgeruht hat." Der Soldat, der Lucius begleitete, bat ihn noch bleiben zu dürfen, für den Fall, dass sich der Trupp doch früher als gedacht in Bewegung setzte. So waren sie auf der sicheren Seite. Die Idee war zwar gefährlich, doch war Lucius froh über jede Unterstützung. Der Soldat versteckte sich weiterhin im Dickicht. Lucius und Zeri ritten in der Dämmerung los und ohne Pause bis nach Falerii, wo bereits Argentus auf sie wartete. Der Zenturio wurde über die Truppengröße informiert und sie berieten das weitere Vorgehen. Nicht mehr lange würden sie in Falerii verweilen. Diese Stadt war völlig untypisch im Flachland gelegen, nicht wie normalerweise von den Etruriern bevorzugt in der Höhe. Das war strategisch ein schlechter Platz. So beschloss Lucius zusammen mit Argentus und Zeri den Abzug aus Falerii und Stellung auf dem Hügel zu beziehen.

Dieser kleine Berg am Tiber flankierte den Weg des Feindes, zum Teil sogar sehr unvorteilhaft im Rücken, am langgezogenen Vadimonischen See. So würden die Etrurier keine Chance haben, sich an den schmalen Teilen des Weges über weite Strecken zu formieren oder gar sich zurückziehen zu können. Lucius wollte ihnen an der engsten Stelle die Schlacht aufzwingen, die sie haben wollten. Dies aber zu Bedingungen, in denen die Größe der Armee eine untergeordnete Rolle spielen würde. Der Hügel an der Tiberstraße war so dicht bewaldet, dass sich die römische Armee problemlos darin verstecken konnte. Und das so nah, dass sie den Augenblick des Losschlagens auf den richtigen Moment legen konnten. Die Trompete der Mobilmachung wurde im Zentrum von Falerii geblasen und die ganze Stadt war auf den Beinen, um zu sehen, was jetzt passierte. Die Bewohner staunten nicht schlecht, wie schnell die Römer ihr Lager abbrachen und sich für den Abmarsch bereit machten. In Windeseile zogen die Legionäre die Rüstungen stramm und schleiften zum letzten Mal ihre Gladien. Lucius und Argentus saßen schon auf ihren Pferden bereit und feuerten ihre Männer an, keine Zeit zu verlieren. Die Armee funktionierte wie ein riesiger Körper. Der Drill von Argentus zahlte sich jetzt aus; sogar Lucius war erstaunt, wie flink und motiviert die Soldaten waren. „Argentus, ich muss dir ein Kompliment machen. Noch nie waren meine Soldaten so gut gedrillt wie jetzt. Es ist mir eine Ehre, mit dir in die Schlacht zu ziehen. Egal, ob wir diesen Krieg gewinnen oder verlieren. Du hast alles aus unseren Männern herausgeholt." Kurz darauf traten alle im Gleichschritt in der Stadtmitte zusammen. Ihre Rüstungen waren gefettet und auf Hochglanz poliert. Jeder gab sein Bestes, um als Einheit zu funktionieren. Lucius befahl den 200 jüngsten Legionären, in Falerii zu bleiben, bis die Schlacht begonnen hatte. So hatte keiner der Dorfbewohner die Möglichkeit, den Gegner zu warnen. Noch ein letztes Mal wiederholte Lucius die Warnung, doch diese war nicht mehr nötig. Die Römer hatten sich einen zu großen Respekt verschafft.

1.600 Fußsoldaten und 200 berittene Krieger begaben sich in Richtung Hügelkamm, um ihr Versteck einzunehmen. Dort formierte und informierte Lucius seine Legionen neu: „Männer, ich muss euch nicht sagen, wie wichtig diese Schlacht ist. Wir werden uns in einer Linie aufstellen und eine Angriffsgruppe wird neun Mann betragen. Die Gruppen werden nur zwei Schwerthiebe voneinander entfernt sein. So sind wir am schlagkräftigsten und auf fast der ganzen Länge des Sees verteilt. Feuert eurer Pilum nur, wenn ihr sicher seid, das gegnerische

Schild zu durchbohren oder einen Krieger zu treffen. Ihr wisst ja, dass wir den Etruriern zehn zu eins unterlegen sind, darum muss jeder Wurf und jeder Hieb sitzen. Eure Stiche sollten immer tödlich sein und nicht aus der Formation ausbrechen. Lasst euch auf kein Gemetzel ein, sondern schützt eure Gruppe. Wenn ihr zustecht, sollte es wie ein Barrakuda sein, schnell und tödlich. Trefft wenn immer möglich die Hauptarterien am Hals und zwischen den Beinen." Die Legionäre riefen als Einheit „Ja, Zenturio! Stechen und töten, stechen und töten!" Jeder hier hatte verstanden, um was es ging. Lucius schrie: „Für uns als zwölfte und dreizehnte Legion von Rom bricht ein neuer Teil der Geschichte an. Ab diesem Moment gehen wir nur noch vorwärts und nicht mehr zurück. Die Armee der Etrurier ist stark, wenn es darum geht, ihre Städte und ihren Besitz zu verteidigen. Doch wir werden ihnen zeigen, wer die bessere Offensivarmee besitzt. Wir werden ihre Armee von der Seite angreifen und ihnen nicht erlauben sich zu formieren. Kein Etrurier wird die Enge zwischen See und Hügel passieren, wenn wir unsere Formation einhalten. Wir müssen als ganzer Körper agieren, dann haben wir eine Chance zu überleben."

Die Soldaten waren nun mehr als bereit für den Kampf, angestachelt durch die Worte ihres Zenturio Lucius. Dann nahmen sie Stellung in ihrem Versteck im Wald neben der Tiberstraße ein. Sie harrten im Dickicht schon eine ganze Weile aus, bis auf einmal der zurückgebliebene Späher aus Velzna völlig erschöpft auftauchte: „Lucius, General Tyreus wurde als Vorhut bereits vorausgeschickt, weil seine 5.000 Soldaten ausgeruht waren. Sie sind nicht weit hinter diesen zwei Hügeln."

Lucius ließ seine Unteroffiziere zusammenkommen und gab ihnen ganz klare Anweisungen, dass erst angegriffen werden durfte, wenn sich die ganze Armee von Tyreus auf diesem schmalen Pfad befand. Kein etrurischer Soldat durfte diesen Angriff überleben, sonst war ihr Überraschungsvorteil dahin. Das würde bedeuten, dass sich die zwölfte und dreizehnte Legion nach Rom zurückziehen musste. Und das war nicht der Plan! Um einen Rückzug der Etrurier zu verhindern, zog Lucius alle Pferde auf die linke Seite, so dass eine mögliche Verfolgung sofort aufgenommen und die Soldaten niedergestreckt werden konnten. Es durfte kein Einziger entkommen. Kein Einziger!

Schon bald konnte man den Feind hören und auch sehen. Alle Legionäre blieben ruhig im Wald. Die Schritte der Marschierenden wurden immer lauter und sie hatten keine Ahnung, was ihnen bevorstand. Die ersten Soldaten betraten die Straße, die zur Enge wurde, zwischen dem Hügel und dem Vadimonischen See. Die Römer brannten darauf, endlich angreifen zu können, nur ihre Disziplin hielt sie noch zurück. Sie warteten mit Feuer im Herzen, dem frisch geschliffenen Gladius in der Scheide, dem Schild und dem Pilum in der Hand. Spannung lag in der Luft wie vor einem Gewitter. Sie warteten, bis der letzte Etrurier die Enge in der Tiberstraße betrat. Es war Ironie des Schicksals, dass die Hügel, welche die Etrurier tausend Jahre beschützt hatten, ihnen jetzt zum Verhängnis wurden. Lucius ritt mit den 200 berittenen Kriegern los. Er kam aus dem Wald und rollte die Armee von Tyreus von hinten auf. Argentus griff gleichzeitig wie besprochen mit den Legionären in Neunergruppen an und flankierte

die geschockten Etrurier mit ihren viel zu langen Speeren. Zuerst feuerten die Römer ihre Pila ab, die sogleich viele Etrurier trafen und durchbohrten. Diejenigen, welche es noch schafften, das Schild vor den Körper zu halten, wurden ebenfalls mit den Pila getroffen und machten ihre Schilder durch den schweren römischen Griff unbrauchbar. So war ein großer Teil der Etrurier auf einen Schlag schutzlos ohne Schild. Tyreus versuchte verzweifelt seine Männer in irgendeine Formation zu bringen, was in dieser Enge ein fast unmögliches Unterfangen war. Jetzt marschierte Argentus mit Schild und Schwert und perfekt formierten Gruppen auf die Gegner zu. Etrurier, die versuchten zwischen der Formation durchzukommen, wurden von beiden Seiten mit einem Hieb niedergestochen. Ebenso die anderen, die immer näher an den Tiberrand gedrängt wurden. Der Fluss aus dem Berg führte gerade Hochwasser, so dass die Krieger von Tyreus nacheinander den reißenden Fluten zum Opfer fielen. Mit den schweren Rüstungen war an Überleben nicht zu denken. Von hinten machte Lucius, der wie in Trance seine Aufgabe vor Augen hatte, alles nieder, was sich ihm und den anderen berittenen Kämpfern in den Weg stellte. Das machte das Chaos für die verzweifelten Etrurier noch schlimmer. Argentus blieb mit seinen Truppen standhaft, auch wenn die Etrurier wie verrückt versuchten, mit ihren Falcatae auf die Schildkrötenformation einzuschlagen. Meistens hatten sie ihr Schwert noch nicht einmal unten, schon kam aus der geschützten Formation ein tödlicher Stich.

233

Die Tiberstraße füllte sich langsam mit Blut von den Kriegern Etruriens. Tyreus versuchte auf seinem Pferd sitzen zu bleiben, wobei er von Argentus mit einem Ruck zu Boden gerissen wurde. Gezielt stach er zwischen Helm und Rüstung in den Hals, worauf der große General reglos liegen blieb. Dieser Anblick brach den letzten Überlebenswillen der Etrurier. Es war nur noch ein kurzes Schauspiel, bis die Letzten durch die Römer getötet wurden. Nur wenige versuchten zu fliehen; sie waren ein zähes und tapferes Volk, diese Etrurier. Der einzige Grund zu fliehen war nicht die Angst, sondern um die nachfolgende Armee von Culsans zu warnen. Doch dieser Plan ging nicht auf.

Zeri betete auf dem Schlachtfeld für die gefallenen Etrurier. Die Straße war blutgetränkt, auch einige Römer hatte es erwischt. Doch die komplette Armee von Curtun, Clevsin und Aritim lag niedergestochen am Boden oder war im Tiber ertrunken. Durch Disziplin und eine moderne Art der Kriegsführung, die bis dahin von der antiken Welt noch nicht gesehen worden war. Wie Lucius gesagt hatte, es gab nur ein Vorwärts, kein Zurück. Das machte die gegnerische Armee starr und handlungsunfähig. Lucius gab den Befehl, alle gefallenen Krieger verschwinden zu lassen. Im Wald oder im Tiber, alle Spuren mussten beseitigt werden. Es durfte nichts darauf hinweisen, dass hier eine Schlacht stattgefunden hatte. Die Legionäre waren zwar erschöpft, aber immer noch motiviert, weil sie fast keine Verluste zu beklagen hatten. Das setzte einen Funken Hoffnung in ihre Herzen, dass sie die große Schlacht auch so glimpflich überstehen würden. Dies hier war im Vergleich eher ein Manöver. Lucius wusste aber, dass ihr Preis für die nächste Schlacht hoch sein würde und nichts so war, wie seine Männer hofften. Viele seiner Krieger würden den verstorbenen Etruriern folgen. Alle halfen mit, das Schlachtfeld zu säubern, und auch Lucius und Argentus waren sich nicht zu schade dafür, den verletzten Soldaten, ob Freund oder Feind, den Gnadenstoß zu versetzen.

Argentus und Lucius besprachen das weitere Vorgehen, während sie noch immer Leichen in den Tiber warfen, der die Seelen der Krieger forttrug. Ein großer Teil der Etrurier wurde weit zurück auf den Hügel geschleppt. Der Wald verschlang die Toten, genauso wie es der Tiber tat. Die Legionäre bedeckten sie respektvoll mit Ästen, wohl wissend, dass auch sie hier liegen könnten. Die Ruhe des Waldes überdeckte die vorangegangene Schlacht und das Geschrei der sterbenden Männer. Die Römer zogen sich auf den Hügel zurück und nahmen erneut Stellung ein. Argentus und Lucius schritten die schmale Tiberstraße ab und überprüften diese auf letzte Spuren. Es war nichts zu sehen, bis auf die Unmengen von Blut, die an den Pflastersteinen klebten. Wie sollten sie das bloß in so kurzer Zeit reinigen können?

Zeri betete unterdessen noch immer für die toten Brüder. Er führte eine Zeremonie durch und versuchte die aus dem Leben gerissenen Seelen zu befreien. Er sang und sprach wieder in einem uralten Dialekt, so dass niemand ihn verstehen konnte. Gespannt schauten die römischen Soldaten dem Schamanen zu. Plötzlich blies der Wind heftig und es schien, als ob die geschundenen Seelen mit Hilfe der Faunen an einen Ort fortgetragen wurden, wo

Römer und Etrurier in Frieden zusammenlebten. Umso mehr der alte Schamane sang, umso heftiger bogen sich die Bäume. Lucius war tief beeindruckt, obwohl er wusste, dass Zeri über solche Zauberkräfte verfügte. Doch er hütete sich, auch nur ein Wort zu sagen und damit die Zeremonie zu unterbrechen. Der Wind war wie eine Reinigung der Götter, der ihre Seelen beruhigte. Jetzt zogen auch noch dunkle Wolken auf und es schien, als ob sie über dem Schlachtfeld stehen bleiben würden. Noch sah es für die Römer aus, als wäre das alles ein Zufall.

Zeri begann ein Gebet zu sprechen: „Gott der Götter, großer Voltumna. Bitte verzeih, schon viele Male hast du zusehen müssen, wie Brüder ihre Brüder töteten. Nach deinem Willen würde es Frieden auf der Welt geben. Doch du gabst uns ein Instrument, das die Ewigkeit verändern und vergrößern sollte, den freien Willen. Der freie Wille sich zu entscheiden. Für Friede oder Krieg, Liebe oder Hass, Licht oder Dunkelheit. Wir, die hier stehen in der materiellen Welt, können nur erahnen, wie schön es in der Götterwelt in deiner Gegenwart sein muss. Wo du alle tröstest, die Schmerzen erlitten haben an ihrer Seele. Wir danken dir dafür, dass alles so kommt, wie du es im großen Buch dieser Welt geschrieben hast. Königreiche kommen, Königreiche gehen. Verzeih unsere Verfehlungen, denn keines deiner Menschenkinder hat wirklich eine Ahnung, was Krieg für dich bedeutet. Sei uns Diesseitigen gnädig. Wasche unsere Sünden hinfort, wir danken dir, großer Voltumna."

Zeri zeigte gen Himmel mit seinem Stock und in diesem Moment fing ein Platzregen an herunterzuprasseln. Die

Römer waren mehr als verblüfft. Das Wasser wusch die Straßen wieder sauber und rein und spülte den roten Fluss in den Tiber. Es war ein außergewöhnliches Schauspiel. So schnell der Regen kam, so schnell war er wieder verschwunden, nachdem er seine Aufgabe erfüllt hatte. Lucius gab den Befehl, sich nun zu stärken und zu essen, damit anschließend die Positionen wieder eingenommen werden konnten. Er sandte Späher aus, die sich am vorgelagerten Hügel entlang des Tibers in Richtung Velzna positionierten. Lucius wollte genau wissen, wann Culsans mit seiner Armee auf sie traf; langsam wurde ihm auch bewusst, was da passierte. Schon seit fünfzehn Jahren war er im Dienst der römischen Armee. Seine Mutter war Etrurierin, sein Vater ein angesehener römischer Händler. Wenn Lucius diese Schlacht verlieren sollte, würde es ein Rom, wie er es kannte, nicht mehr geben. Wenn er aber mit Hilfe der Götter diese aussichtslose Schlacht gewann, dann würde der Senat als Tribut wahrscheinlich ein bisschen mehr verlangen als vor dem Krieg gegen Etrurien. Vielleicht vier Städte oder sogar fünf. Das tat Lucius weh, weil er Krieg führte gegen die verblendeten etrurischen Könige, aber nicht gegen das Etrurien seines Herzens. Zeri fasste Lucius an die Schulter und sprach zu ihm: „Du hast ein schweres Schicksal zu tragen. Doch du tust, was du tun musst. Dein Herz hast du am richtigen Platz. Diesen Krieg hast du nicht gewollt." Lucius: „Du hasst mich nicht, wenn ich deine etrurischen Brüder töte?" „Nein, warum sollte ich dich hassen? Ich habe gesehen, wie du als Botschafter aus vollem Herzen für den Frieden für beide Völker gekämpft hast. Jetzt kämpfst du noch immer, einfach mit anderen Mitteln." Der große Argentus nickte stumm zu Zeris Worten.

Lucius sprach nochmals entschlossen zu seinen zwei Legionen, wobei Argentus wie ein riesiger Schatten im Hintergrund stand: „Männer, das wird unsere letzte Schlacht sein. Viele von uns werden sterben, denn diese Armee, die hier die Straße entlanglaufen wird, ist drei Mal größer als die letzte. Darum befehle ich euch, bleibt in Formation und haltet Disziplin. Kämpft bis zum Untergang, weil wir für ein freies Rom kämpfen. Wir verteidigen die Idee, wir selber zu sein. Selber zu glauben, was wir für richtig halten. Das ist Rom. Wenn die Götter es so bestimmt haben, dass wir auf dieser Tiberstraße sterben, dann soll es so sein. Aber Freunde, wir sterben als freie Römer. Auf dieser Straße wird schon bald Geschichte geschrieben, die nicht von Menschenhand gezeichnet werden muss, denn euer Mut wird in die Bücher der Götter eingehen, der sich dem Willen der etrurischen Könige widersetzte." Lucius hob sein Schwert. „Ruhm und Ehre!" „Ruhm und Ehre!", schallte es ihm entgegen.

Dann wurde es wieder still im Wald. Der Wind blies weiter durch die Täler und Hügel und Culsans setzte seine Männer in Bewegung. Diese hatten noch keine Ahnung, dass die vorausgeschickte Armee spurlos verschwunden war. Es war auch unvorstellbar, zu groß war der Stolz der Etrurier und zu klein die Armee, die angeblich in Rom auf sie wartete.

Der Weg führte durch das Tibertal. Der Fluss hatte sich durch die Jahrhunderte und Jahrtausende eine Schneise durch die hügelige Landschaft gefressen. Die Soldaten Etruriens hatten Rundschilder und Speere ähnlich die der Griechen. Nur hatten die Etrurier meistens Krafttiere

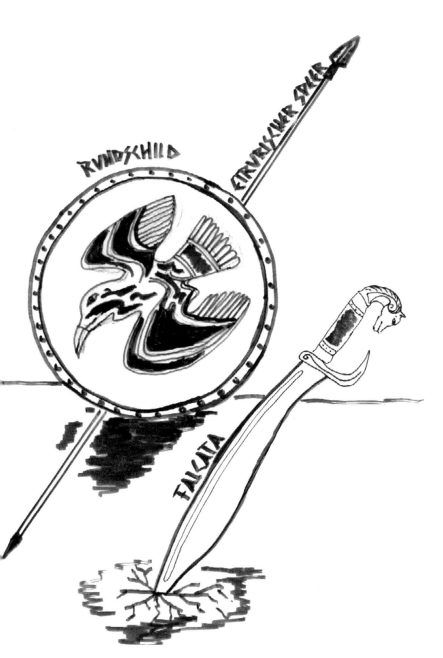

239

oder Götter darauf abgebildet. Die Verzierungen waren von Stadt zu Stadt unterschiedlich. Im Vergleich zu den Römern hatten sie kunstvolle Helme und Rüstungen und ihr Kampfstil war schon Jahrhunderte alt. Die bewährten Formationen waren nie gezwungen worden, sich zu verändern, da keine großen Niederlagen zu verzeichnen waren. Die Armee sah sehr eindrucksvoll und stolz aus, die es nie für nötig befand, gewisse Fortschritte anzunehmen. Die Schlachten gegen ein paar wild gewordene Barbaren, die fast ohne Plan und mit lautem Gebrüll in den Krieg zogen, waren keine große Herausforderung. Die gut geschützten Städte auf den hohen Tuffsteinplateaus taten ihr Übriges zum Sieg. Ihre Nahkampfwaffe war die Falcata, ein Schwert, das gut war, um auf den Gegner eindrucksvoll einzuschlagen.

Aber sollte das auch auf die Römer zutreffen? Nein, dagegen war ein römisches Gladius, das ursprünglich bei den spanischen Kelten entwickelt wurde, viel fortschrittlicher. Es wurde nur zu einem Zweck konstruiert: Es sollte nicht große Wunden zufügen, sondern gezielt zustechen. Am besten in den Hals, wenn der Gegner ausholte, um mit der Falcata zu schlagen. Dafür war das Gladius ideal. Der Legionär war darauf gedrillt, dem Feind in die Nähe der Achselhöhle zu stechen, weil da zu jeder Zeit der Gegner ungeschützt war, um die Beweglichkeit und Armfreiheit zu garantieren. Der große gebogene Rundschild war dafür konzipiert, um in die etrurischen oder griechischen Armeen unbeschadet einzudringen und mit dem Gladius die langen Speerspitzen abzuschlagen.

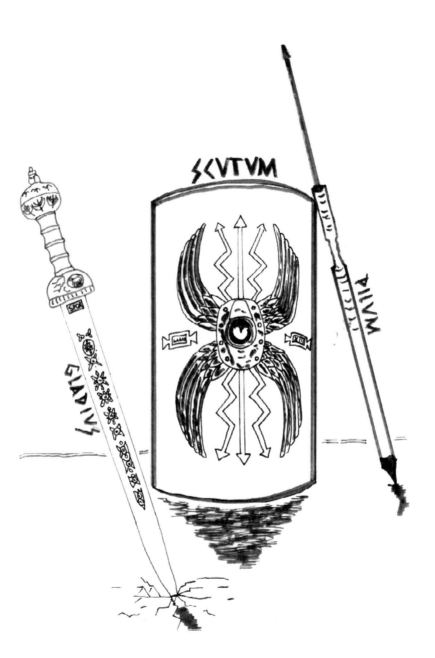

Die Römer waren zwar nicht solche Künstler, Musiker und Lebemenschen wie die Etrurier, doch was die Waffeninnovation anging, waren sie durch ihren Überlebenswillen allen anderen weit voraus. Sie waren viel kleiner und beweglicher auf dem Schlachtfeld, wo sie als ganzer Verbund operieren konnten, oder wie in jenem Wald, als die Neunergruppen auf die Etrurier warteten.

Was hier am Vadimonischen See in ein paar Stunden passieren sollte, würde zeigen, welche Art des Kampfes und der Waffen Bestand haben würde. Altbewährt, mit riesigem Heer und langen, eindrucksvollen Speeren und glänzenden Rüstungen, oder die Speere der Römer, das Pilum, das gemacht war, um zu werfen und ein oder gleich mehrere Gegner zu durchbohren oder wenigstens das Schild durch einen Treffer unbrauchbar zu machen.

Zur gleichen Zeit musste König Pyrrhos eine schmerzliche Lektion lernen, der sonst überall im Mittelmeerraum Siege davontrug. Nicht so bei den Römern. Wo andere Gegner längst kapitulierten, formierten sich die Römer neu und griffen mit einer anderen Taktik den verblüfften Gegner an. König Pyrrhos musste sich somit gesenkten Hauptes in Richtung Heimat zurückziehen. Jetzt hatte Rom ein bisschen Luft, ein oder zwei Legionen aus dem Süden Richtung Norden zu verschieben. Bei voller Marschgeschwindigkeit benötigen die Armeen vier bis sechs Tage, bis sie Lucius erreicht hätten, sofern dieser mit seinen Leuten nicht bereits im Elysium war. König Pyrrhos war es müde, gegen diese komischen Römer Krieg zu führen. Trotz militärischer Überlegenheit und

PYRRHOS

243

der vielen Siege, die er über Rom feiern konnte, war der bittere Nachgeschmack hohe Verluste. Das war Pyrrhos noch nie passiert. Er hatte zwar die Oberhand nie verloren, trotzdem konnte er Rom nicht in die Knie zwingen. So flachte das Kriegsfeuer, das im Süden von Rom noch loderte, langsam ab.

Da der Senat die Siegeskunde von der ersten Schlacht am Vadimonischen See bereits von einem Boten erfahren hatte, wollte er keine Zeit verlieren und die inzwischen von einem verlustreichen Kampf zurückgekehrte sechste und siebte Legion Lucius zur Verstärkung schicken. Sofort machten die Männer sich auf und marschierten zum Vadimonischen See. Natürlich war trotz des Sieges die Befehlsverweigerung von Lucius ein Affront gegen den Senat und sie mussten sich etwas für die mögliche Rückkehr von Lucius einfallen lassen, um das Gesicht zu wahren.

Culsans, nichts ahnend, marschierte weiter, bereit, die Römer zu vernichten. Der Tross war kilometerlang, Bogenschützen, Gallier, Kelten. Optisch völlig unterschiedlich, doch ergab es auf dem Schlachtfeld eine wilde Horde, die viel Unruhe stiften konnte. Die große Armee schlug nun ihr Nachtlager auf, ein paar Hügel vor dem Vadimonischen See. Culsans wählte eine Ebene, die gut übersichtlich war.

Der Späher Falconius, den Lucius positioniert hatte, erblickte von Weitem diese Ebene. Er konnte jedoch nur Staub und die glänzenden Rüstungen sehen. Falconius war sich nicht sicher, ob er Alarm schlagen sollte, da er nicht sah, dass sich etwas vorwärtsbewegte. Als es langsam dunkel wurde, konnte er die vielen kleinen Lichter sehen, die von den Lagerfeuern stammten. Jetzt war es Zeit, um Lucius zu informieren. Falconius schlich sich langsam den Hügel hinunter, um nicht von den Spähern von Culsans entdeckt zu werden.

Zurück im Lager von Lucius, wollte der Zenturio sich unbedingt selbst ein Bild von der Situation machen. Zusammen mit Argentus und Falconius begaben sie sich zurück an den Späherpunkt. Man konnte hunderte von kleinen Feuern erkennen. „Nun gut, jetzt haben wir den nahenden Feind gesehen", stellte Lucius fest. „Morgen werden wir sie bei Tage sehen können. Was meinst du, Falconius, wie viele sind es? Ungefähr 10.000 bis 15.000 Männer?" „Es sind sicher mehr, mein Zenturio. Ich denke, es werden über 15.0000 Männer sein", antwortete der Späher. Argentus und Lucius schauten sich wortlos an, denn sie wussten, was das bedeutete. Die Überlebenschance war quasi bei null. Doch sie waren gewillt, ihr Bestes zu geben und an vorderster Front zu kämpfen, um auch die anderen Soldaten zu motivieren. Die drei hatten gesehen, was sie sehen mussten. Ihre Herzen konnte man in der Stille der Nacht pochen hören. Da unten war sie nun, die große Streitmacht Etruriens, ausgeruht und bereit, am nächsten Tag Rom anzugreifen. Jetzt wollten auch einmal die Etrurier Welteroberer sein. Lucius wusste nicht, ob überhaupt einer seiner Soldaten überleben würde, und sein Leben lief vor seinem inneren Auge ab. Es waren nicht seine unzähligen und entbehrlichen Jahre im Dienste der Legion. Er erinnerte sich an seine Jugend in Etrurien, an die unendlichen Wälder, die kein Ende zu nehmen schienen. Der Wald glich einem Ozean aus Bäumen. Manchmal waren die grünen Riesen in einen leichten Nebel getaucht. Die Sonne schien hindurch und vermittelte ein wunderschönes Licht. Auf den Tuffstein-hügeln lagen die der Natur angepassten Städte. Wenn die-se Städte hätten sprechen können, hätte man Folgendes gehört: „Keine Angst, Mutter Erde, ich bin zwar eine Stadt, doch passe ich mich ganz dir an. In den Farben, in den Bauten und im Sein. Meine Bewohner und ich neh-men viel von dir, geben aber auch gerne zurück. Wir wis-sen, dass große Bauwerke eine Bürde für dich sind. Doch wir haben das aufrichtige Verlangen nach Harmonie, um eins zu sein mit der natürlichen Stimmung des Waldes, die uns umgibt." Lucius konnte nicht verstehen, wie ein solches Volk plötzlich in eine ganz andere Richtung mar-schieren konnte. Plötzlich wurde Lucius aus seinen Ge-danken gerissen. „Lucius, geht es dir gut?", fragte Argen-tus seinen Freund. Lucius schaute noch etwas benebelt, beruhigte aber seinen großen Begleiter: „Mir geht es gut, Argentus, ich bin mir nur nicht sicher, ob wir den morgi-gen Tag überleben werden." Argentus lachte und konter-te: „Mir tun die da unten jetzt schon leid! Vielleicht gehen wir alle drauf, doch diese etrurischen Krieger werden Rom niemals erreichen, dafür werden wir sorgen."

Lucius und Argentus schlichen zurück, ließen den Späher aber auf Position, um den Aufbruch von Culsans Armee nicht zu verpassen. Der Wald war völlig ruhig, die Tiere hatten sich tief ins Dickicht zurückgezogen. Es schien, als spürten sie die kommende Gefahr. Zeri betete und Luci-us, der nicht schlafen konnte, schloss sich ihm an. Er be-tete zum höchsten Gott der Götter, der alles schuf, bevor alles war: „Voltumna, hierher hast mich gebracht. Du siehst, wie die Menschen geworden sind, vor dir kann man sich nicht verstecken. Morgen kämpfen wir in einer Schlacht, die aussichtslos scheint. Doch ich habe von dir gelernt, dass nichts aussichtslos ist und alles seinen Sinn ergibt. Ich war ein Friedensbote für mein Volk und ich habe mein Bestes gegeben, um einen neuen Frieden mit den Etruriern herzustellen. Doch irgendwie kommt jetzt alles anders und ich muss nun gegen dieses Volk Krieg führen. Gerade habe ich dieses Volk, dessen Blut zum Teil auch in meinen Adern fließt, begonnen zu lieben. Ich wünschte, es wäre nicht so. Ich danke dir, dass wir unter deiner Hand kämpfen dürfen und dass du uns das größte Geschenk überhaupt gemacht hast, den freien Willen." Zeri war berührt von diesen Worten. Er legte seine Hand auf die Schulter von Lucius und sprach: „Verzage nicht, mein Freund. Mit so viel Glauben im Herzen wirst du kämpfen wie der Bär im Wald, der von Wölfen umzingelt ist." Die restlichen Stunden der Nacht versuchten sie noch etwas zu schlafen und Kraft zu tanken, bis der Morgen schließlich die Krieger weckte.

Kampf im Nebel

Es war kühl geworden und der Nebel hing schwer, so dass sich die in Marsch gesetzte Armee von Culsans fast blind bewegen musste. Sie ahnten nichts von dem bevorstehenden Angriff. Der riesige Tross war sehr lang und bewegte sich nur mühsam vorwärts über die Tiberstraße. In den nächsten Stunden mussten sie die Enge, in der Lucius und seine Männer warteten, passieren. Die Römer nahmen bereits ihre Positionen ein und waren fast unsichtbar im Schutz des Waldes. Lucius ließ noch die letzten Soldaten, die bis jetzt Falerii besetzten, zu ihnen stoßen. Denn jetzt wurde jeder Mann gebraucht, in der letzten Schlacht der zwölften und dreizehnten Legion. Lucius wartete auf der Südseite des Hügels, Argentus auf der Nordseite. Jetzt hieß es warten, um den richtigen Moment abzupassen. Dies war gar nicht so einfach bei solch einer Länge der gegnerischen Armee. Die Luft war geladen, als wäre ein Gewitter im Anmarsch, und auch die nahenden Etrurier waren unruhig. Sie ahnten nicht, was für eine Bestie gleich in ihre Seite fallen würde. Der Nebel wollte sich an diesem Morgen einfach nicht verziehen. Die ersten Soldaten erreichten die Enge und bewegten sich langsam vorwärts. Mann für Mann, zuerst hunderte, dann tausende. Schon fast hatten sie das Teilstück erreicht, das ideal für den Angriff der Römer war. Lucius hielt sich mit dem Befehl noch zurück, denn er wusste, dass dies erst ein Drittel dessen war, was die ganze Armee von Culsans ausmachte. Die Soldaten marschierten und marschierten und plötzlich stellte Lucius fest, dass der sonst stetige Wind, der in Etrurien blies, still stand. Nun

wusste er, die Zeit für den Angriff gegen den geliebten Feind war gekommen. Die Fanfare wurde geblasen und ohne Verzögerung griffen die Römer den großen unflexiblen Tross an. Die Stille Etruriens wurde durch das Kriegsgeschrei jäh unterbrochen. Zuerst schossen fast alle Legionäre ihre Pila in die marschierende Menge. Bei dieser Größe war es nicht schwierig, das Ziel zu treffen. Überall schlugen die römischen Pfeile und Speere bei den überraschten Etruriern ein. Hälse wurden durchbohrt und Schilde unbrauchbar gemacht. Pfeile schlugen in Beine und ungeschützte Extremitäten ein. Culsans und seine Armee waren geschockt und fast starr vor Schreck. Wie konnte es eine so kleine Armee wagen, die glorreichen Soldaten Etruriens anzugreifen? Ehe Culsans sich versah, waren bereits hunderte von seinen Männern zu Boden gegangen. Für genau diesen Moment hatten die Legionäre von Rom trainiert, endlich war die Warterei vorbei. Jetzt tat die zwölfte und dreizehnte Legion das, was sie am besten konnte: den Feind in Manipeln (Neunergruppen) über den Hügel hinab aus dem Wald heraus in die Flanken stoßen, um den Feind zu töten. Jeder der Legionäre wusste, dass dies entscheidende Momente in seinem Leben waren und natürlich auch für Rom. Davon würde man noch den Enkelkindern erzählen, von der großen Schlacht am Vadimonischen See. Dies würde keine Schlacht von vielen werden.

Minuten wurden zu Stunden, Stunden zu Tagen. In den ersten Reihen der Manipeln waren die Frischlinge, die jungen Soldaten, die unter der Obhut von Lucius und Argentus ausgebildet wurden. Es war Tradition, die Neuen an vorderster Front kämpfen zu lassen, denn sie waren die Tapfersten, weil sie den Krieg bis dahin noch nicht erlebt hatten. Sie waren zwischen zwanzig und fünfundzwanzig und einfach noch zu jung, um an ihrem bis jetzt so kurzen Leben zu hängen.

Die dritte und vierte Reihe machte das wichtigste Glied der kleinen Truppe aus. Hier standen die erfahrenen Legionäre. Diese hatten bereits ein Leben neben der Legion mit einem Hof, Kind und einer hübschen Römerin zu Hause, die auf sie wartete. Sie hingen an ihrem Leben und hatten schon viel durchgemacht mit den anderen Legionärsbrüdern. Nur ein Sieg war ein Garant dafür, die Rückkehr antreten zu können.

In der fünften und sechsten Reihe kämpften die Veteranen. Diese hatten schon viel Blut gesehen und unzählige Freunde verloren. Doch sie waren die treibende Kraft jeder standhaften Legion. Sie konnten die Situationen am besten einschätzen und sprangen da ein, wo es nötig war. Wenn jemand Antrieb oder Motivation brauchte, waren sie da. Für die Veteranen war die Legion längst zur Ersatzfamilie geworden, schon zu lange hatten sie für Rom gedient. So war auch die eine oder andere Frau zu Hause weggelaufen oder sie hatten durch selbstverschuldetes Würfelspiel alles verloren, was ihnen lieb und teuer war. Darum war die Legion ihr letzter Anker im Leben. Nach Ruhm und Ehre trachteten sie am meisten. Wenn alles andere einbrach, wenn alle anderen versagten, dann waren die Veteranen noch da und hielten die Stellung bis zum letzten Mann.

Gut vorbereitet stießen nun die Manipel, die nur einen Schwerthieb voneinander entfernt waren, in die etrurische Flanke. Die Frischlinge, gefolgt von den erfahrenen römischen Legionären, griffen mit dem Scutum zwischen die etrurischen Speerspitzen an. Die Römer bewegten sich geschickt, sie funktionierten als einziger Organismus. Mit dem Gladius stießen sie blitzschnell tödlich zu. Es war ein Wechsel aus Angriff mit dem Schild, Stoß, Stich. Die Römer drängten, wie schon bei der letzten Schlacht, die Etrurier in Richtung Tiber. Da die Etrurier seitlich angegriffen wurden, war es für diese schwierig, sich in eine Formation zu begeben und auch noch die Position zu halten. Die Frischlinge waren Monate, wenn nicht sogar Jahre dafür trainiert worden, um genau in diesem Moment alles geben zu können. Die Etrurier auf dieser Straße zu töten oder mit ihrer schweren Rüstung und dem Schild in die reißenden Fluten des Tibers zu stoßen. Dies waren die entscheidenden Momente eines Legionärs und für die meisten von ihnen würde es auch die letzte Gelegenheit sein.

Als ungefähr 5.000 Mann der Etrurier schon tot waren, sah der Abschnitt in dieser Enge wie leergeräumt aus. Doch am Kopf der Straße kam bereits General Ferit mit 2.000 Soldaten und ließ diese drehen und neu formieren. Sie wollten die Römer, die jetzt in der Mitte der Straße waren, in die Zange nehmen. Denn Culsans hatte sich mit 5.000 etrurischen Kriegern und 2.000 Galliern auf eine tiefer liegende Ebene im Tal zurückgezogen und beobachtete, ohne einzugreifen, was passierte. Erst jetzt, als Ferit zu einem Gegenangriff blies, stieß auch Culsans mit seinen Männern von der Nordseite dazu. Die Römer

richteten sich zur Hälfte nach Süden aus, wo Ferit kampfbereit und mit langen Speeren anmarschiert kam. Culsans war weit weniger energisch. Zwar war er ein begabter Rächer, doch als Feldherr fehlte ihm die blutige Erfahrung und ein Zögern konnte viele Männer das Leben kosten. Die römischen Legionäre kämpften wie die Löwen, doch der Ansturm von General Ferit glich denen der Spartaner, die zwar den Römern waffentechnisch unterlegen waren, doch mit dem gleichen Kämpferherz zur Sache gingen. So schenkten sie sich nichts, nahmen sich aber alles. Als die Lanzenflut der Etrurier gebrochen war, ging es Mann gegen Mann, Gladius gegen Falcata. Das Blut der Römer und Etrurier vermischte sich auf der Tiberstraße zu einem Fluss. Auf der römischen Seite waren inzwischen zweihundert Mann gefallen, auf der etrurischen schon über tausend. Die Formationen drohten auseinanderzubrechen, doch da kam Lucius im richtigen Moment mit fast einhundert Reitern, die er um den Hügel herumgeführt hatte. Ferit dachte zwar einen Moment kurz darüber nach, ob die Römer berittene Soldaten haben könnten, aber da war es schon zu spät. Die galoppierende Meute fiel dem überraschten General in den Rücken. Mit erhobenen Schwertern und schnaubenden Pferden wurde Ferits Armee regelrecht zermalmt. Es war ein fürchterliches Gemetzel und mit jedem toten Etrurier brach die Moral von Ferits Armee mehr auseinander. Im Norden formierte sich Culsans neu, da er sah, dass in der Straßenenge zu viele Verluste zu erwarten wären. So zog er sich wieder auf eine tiefer liegende Ebene im Tal zurück, wo die Masse der übrigen Etrurier weit mehr ausrichten konnte. Es dunkelte schon langsam ein und die Etrurier hielten wachsam ihre Stellung in der Hoffnung, die Römer wür-

den einen unüberlegten Angriff starten. Doch die 1.200 Männer zogen sich dorthin zurück, woher sie gekommen waren, in die schützenden Wälder Etruriens. Lucius wusste, nur ein kurzer Moment der Unachtsamkeit konnte sogleich alles zunichte machen. Er beriet sich mit Argentus und Zeri, der die verwundeten Soldaten mit Kräutern und Wurzeln versorgte.

Auf der unteren Ebene waren die 5.000 etrurischen Krieger angespannt. Dazu kamen noch 500 schlecht gelaunte Gallier mit wild bemalten Gesichtern. Der General Petluna versuchte Culsans von seinem Plan abzubringen und schlug vor, diese Enge weiträumig zu umgehen, damit sie Rom wahrscheinlich fast schutzlos vorfinden würden. Doch der junge König war zutiefst in seinem Stolz getroffen und in seiner Ehre verletzt. Er glaubte noch immer an einen Sieg, obwohl bereits zwei Drittel seiner Armee tot auf der Straße verteilt lagen. Um jeden Preis wollte er die hinterhältigen Römer, die hier auf ihn lauerten, vernichten. Petluna flehte Culsans an, denn ihm war klar, dass auf der römischen Seite ein General sein musste, der alle Register der strategischen Kriegsführung ziehen würde. Es nützte alles nichts.

Es wurde Nacht und Lucius und Argentus beteten für die Toten beider Seiten. Dies half ihnen auch, den Adrenalinspiegel wieder auf eine normale Ebene zu bringen. Sie wurden etwas ruhiger, soweit dies nach einem so blutgetränkten Tag möglich war. Der dunkle Schamane Neru folgte Culsans noch immer wie ein Schatten und er lud sich an dieser Energie des Krieges und der vielen Toten auf wie ein Vulkan. Er stachelte Culsans noch mehr an, seiner Führungsrolle gerecht zu werden. Neru konnte sogar die anderen Generäle davon überzeugen, dass hier und heute Culsans der Einzige war, der die richtige Entscheidung treffen konnte. Die Römer mussten um jeden Preis vernichtet werden. Der dunkle Schamane konnte mit seinen feurigen Augen und den negativen Kräften die restlichen Krieger mobilisieren, sich blind hinter jeden Befehl zu stellen. Zuletzt waren alle davon überzeugt, dass, wenn der Tag anbräche, die Römer besiegt sein würden. Es legte sich eine unheimliche Stille über den Wald.

Am Morgen hing wie schon die Tage zuvor ein dichter Nebel in der Luft und legte sich wie eine Decke über das Land. Somit wurde der Vorteil des offenen Feldes der Etrurier bereits wieder zunichte gemacht. Denn jetzt konnten die Römer von jeder beliebigen Seite im Schutz des Nebels angreifen. Diese Tatsache machte die etrurischen Generäle sichtlich nervös und fast unbeweglich. Doch Lucius und Argentus, die bereits wieder Späher positioniert hatten, nutzten noch eine andere Waffe: Zeit. Sie wussten, umso länger sie warteten, umso nervöser wurde der Gegner. Die römische Seite war sich einig, dass sie mit der Kavallerie eine Zangenbewegung machen und mit den Legionären frontal den Angriff starten würden. Und das alles gleichzeitig. Lucius war froh, dass sich seine Männer im Schutz der Nacht etwas ausruhen konnten. Denn hätte Culsans gestern noch den Befehl zum Angriff gegeben, wäre es auch für die Römer knapp geworden, nachdem sie für die erste Schlacht schon viel Kraft aufgewendet hatten. Da kam Lucius die Unerfahrenheit von

Culsans zugute, der im richtigen Moment seine Übermacht nicht ausspielte.

Der Nebel lichtete sich langsam, doch er war noch immer zu dicht, um etwas erkennen zu können. Lucius betete leise, dass die Götter sein Leben nicht verschonen sollten, wenn er damit andere Krieger vor dem Tod bewahren konnte. Die Pferde schnaubten schon ungeduldig. Die Späher, welche bereits die perfekte Position ausgemacht hatten, führten die zwei Einheiten der Kavallerie zu ihren Plätzen. Immer noch geschützt durch den Nebel, nahmen auch die Fußsoldaten ihre Stellung ein. Die Etrurier und Gallier konnten den Feind hören, jedoch nicht sehen. Die bemalten Gallier konnte das aber nicht einschüchtern, sie waren trotz keiner wirklichen Taktik gefährlich, da sie unberechenbar waren. Der Anführer Ventix schaute zu Culsans und erhaschte sich so durch das lose Nicken den Befehl für einen Frontalangriff in den Nebel. Das Geschrei der Gallier war zu hören bis in die Unterwelt. Die Römer konnten genauso wenig sehen, machten sich aber durch eine eng gestaffelte Formation für den Aufprall bereit. Die Gallier schlugen wild drauflos mit ihren Äxten und Speeren, doch ihr Gegner schützte sich gegenseitig durch die großen Schilder. Die Legionäre starteten den ersten Gegenangriff und die erste Reihe Gallier fiel um wie Marionetten. Es war nicht schwer, den Gegner tödlich zu treffen, denn die meisten Gallier kämpften mit nacktem Oberkörper. Sobald die Gallier mit ihren Waffen ausholten, stachen die Römer blitzschnell mit ihren Kurzschwertern zu und schützten sich sogleich wieder hinter den riesigen Schildern. Die Idee von Ventix, einen menschlichen Keil in den von Soldaten geformten Panzer zu treiben, war gut. Doch der Versuch, den Keil mit lautem Gebrüll voranzutreiben, scheiterte kläglich. Krieger für Krieger wurde getötet, was für die römischen Soldaten mehr einem Manöver glich als einer Schlacht. Die vielen herumliegenden Gallier machten es den nachfolgenden Kriegern nicht gerade einfacher voranzukommen. Ventix, der auf seinem edlen Pferd saß, befahl seinen Männern den sofortigen Rückzug. Drei Viertel Verlust waren genug.

Culsans, der nur hören konnte, was da passierte, war gespannt, ob die Schreie den Römern oder den Galliern zuzuordnen waren. Da kam die Antwort schon durch den Nebel geritten: Ventix mit seinen restlichen Männern, zu dessen Bemalungen von Blau und Grün nun auch noch die Farbe Rot hinzugekommen war. Ventix sprach zu Culsans: „Tut mir leid, aber da ist nichts zu machen. Egal, wie hoch die Wellen des Angriffs sein werden, diesen Fels wird nichts und niemand wegbewegen können. Wir standen einer Armee gegenüber, wie wir es noch nicht erlebt haben. Egal, was du tun wirst, du kannst nicht gewinnen. Du hast die Götter gegen dich, König Culsans!" Culsans lachte, aber innerlich zweifelte auch er an seiner Mission. Doch er war so dicht dran, er musste nur noch ein paar hundert Römer vom Schlachtfeld fegen, das musste doch zu schaffen sein. Dann wäre der Weg frei für die dreizehnte Stadt Etruriens! Er schaute den gallischen Anführer an: „Wir müssen die Römer ein für alle Mal aus der Geschichte verbannen. Du darfst nicht aufgeben, Ventix, mein Waffenbruder!" Ventix wollte davon nichts mehr hören: „Du hast nicht gesehen, was ich gesehen habe. Culsans, die Römer töten in einer Perfektion, die du noch

VENTIX

nie zuvor gesehen hast. Als wäre es reine Routine, als würden sie den ganzen Tag nichts anderes machen, als für diesen Moment zu üben. Wir hätten nicht den Hauch einer Chance. Wenn du es schaffen solltest, einen von ihnen zu töten, wird sofort ein anderer an seine Stelle nachrücken. Glaube mir, hätte ich zehn Mal so viele Krieger, das Resultat wäre das gleiche." Culsans konnte in den Augen von Ventix keine Angst erkennen, es war eher Bewunderung und Ehrfurcht vor einem so starken Gegner. „Deckst du mir wenigstens den Rücken?", wollte Culsans wissen. Ventix, der ein Mann von Ehre war, stimmte widerwillig zu. Denn seine Dörfer brauchten die Männer für den kommenden Winter und er wollte nicht alle auf dem Schlachtfeld zurücklassen. „Du musst mir aber versprechen, Culsans, wenn der Krieg verloren geht, zieh dich zurück und opfere nicht auch noch die letzten Männer." „Das verspreche ich dir", erwiderte Culsans mit lodernden Augen. Ventix hatte ein komisches Bauchgefühl bei dieser Antwort, doch begab er sich mit seinen Männern hinter die Linie der Etrurier.

Lucius und Argentus hatten sich auf zwei verschiedenen Ebenen mit der Kavallerie positioniert. Sie hatten einen gemeinen Plan ausgeheckt. Auf den Feldern lagen zusammengebündelte Strohballen. Jetzt mussten diese nur noch angezündet und in Richtung Tal gerollt werden. So rollte ein Strohballen nach dem anderen wie eine Feuerwand auf die Etrurier zu. Diese marschierten ahnungslos auf die von ihnen erwarteten römischen Fußsoldaten. Aber schon wieder traf Lucius die gegnerische Armee in die Flanken, diesmal jedoch mit Feuerbällen. Der Versuch der Etrurier, trotz des Feuers die Formation zu halten, misslang und das Geschrei war ohrenbetäubend. Immer mehr Etrurier fingen Feuer und in kürzester Zeit waren tausende Krieger brennend zu Boden gegangen. Was einst ein Garant war für jahrhundertealte und unzählige Siege der Etrurier, Griechen und nicht zu vergessen der Spartaner gewesen war, wurde innerhalb kürzester Zeit von ein paar Strohballen zunichte gemacht. Argentus ritt nun mit seinen Männern von der linken Seite direkt in die Menge hinein und mähte die noch stehenden Krieger nieder. Auch Lucius folgte dem Angriff von der rechten Seite in die noch marschierende Meute. Zeri beobachtete das Szenario von Weitem und sah, wie Lucius und Argentus mit ihren Truppen von einer Seite zur anderen wechselten. Die Etrurier, stur darauf fixiert, nach vorne zu marschieren, verloren immer mehr Krieger. Keiner hörte auf das Geschrei von Culsans, der immer wieder neue Befehle rief. Das Chaos war zu groß: brennende Strohballen, reitende Römer, verletzte und tote Soldaten. Jeder kämpfte nur noch ums nackte Überleben. Inzwischen war die Zahl der gefallenen Krieger in die tausende gegangen. Die Pferde von Argentus und Lucius gingen vor Erschöpfung zu Boden. So kämpften sie nun mitten auf dem Schlachtfeld. Lucius schnappte sich ein zweites Schwert, da er nun die andere Hand frei hatte ohne die Zügel. Er geriet regelrecht in einen Blutrausch, Lucius tötete und tötete. Das alles in einer Perfektion, wie er es von sich selbst noch nicht gekannt hatte. Neben ihm kämpften nur noch etwa 800 Römer, viele langjährige Kameraden waren bereits mit tausenden Etruriern gegangen. Auf Culsans Seite waren noch gut 1.500 Krieger, die sich jetzt auf die beiden Zenturii stürzen wollten. Sie sahen, dass diese allmählich in Bedrängnis kamen inmitten der etrurischen Legion. Das wollten die restlichen Römer natürlich verhindern und gaben ihre letzte Kraft, um Lucius und Argentus aus dieser misslichen Lage zu befreien. Denn solange die beiden Anführer lebten, lebte auch die Hoffnung auf einen Sieg, sei die Chance auch noch so gering. Mann für Mann arbeiteten sich die Legionäre hindurch und das gab auch Lucius und Argentus neuen Antrieb. Es blieb von den 200 Kavalleristen noch ein Ring mit den neun Besten übrig. Argentus wurde an der Schulter schwer getroffen und blutete stark. Lucius musste jetzt mit seinen Schwertern für beide da sein. Sein verletzter Freund kämpfte aber trotzdem tapfer weiter, schlug wild um sich und brüllte wie ein Löwe. Beide schauten sich an und mussten sogar etwas lachen. Sie konnten kaum glauben, dass sie noch am Leben waren inmitten dieses Infernos. Endlich erreichten die Legionäre ihre Zenturii und umgaben sie sogleich schützend. Auf der Gegenseite suchte Ventix Blickkontakt mit Culsans. Spätestens jetzt erwartete Ventix den Rückzug mit den paar hundert Etruriern, die noch übrig geblieben waren. Denn bis jetzt hatte er Wort gehalten und Culsans den Rücken freigehalten. Doch Culsans war schon lange dem Wahn der Unterwelt verfallen. Ventix erkannte das und fackelte nicht lange, holte seine Männer aus diesem aussichtslosen Kampf und trat den Rückzug an. Culsans bäumte sich wie ein Dämon zu seinem letzten Angriff. Nun waren die Römer und Etrurier etwa mit gleicher Anzahl Krieger vertreten. Die Legionäre waren sich des Erfolges schon bewusst, denn wenn sie auch gleich sterben würden, diese Menge an Etruriern könnte Rom keinen großen Schaden mehr zufügen. Lucius und Argentus sahen, wie Culsans seine Krieger nochmals neu formierte und eine letzte An-

griffswelle losbrach. Auch die Römer stellten sich auf Befehl von Lucius in Position: „Männer, Stellung halten! Rückt dicht zusammen! Schild an Schild!" So taten sie, wie ihnen befohlen, und bildeten einen dichten Panzer aus römischen Schildern und warteten auf den Aufprall der Etrurier. Mit aller Kraft stemmten sie sich noch einmal dagegen, in der ersten Reihe auch Lucius. Nun war es so weit, die letzten Einheiten dieser Schlacht trafen aufeinander. Viele Lanzen brachen, einige durchbohrten die Schilde. Auch ein paar müde gewordene Römer wurden getroffen. Lucius und seine Männer bahnten sich einen Weg durch den Lanzenwald, den Culsans ihnen entgegenschickte. Dann schleuderte er sein Schild und traf drei Feinde, die er sogleich mit dem Schwert niederstreckte. Lucius kämpfte mit zwei Gladien gleichzeitig und er konnte spüren, wie sein Krafttier ihn umgab und beschützte. Sein Kampf glich plötzlich dem Angriff eines Bären, der mit seinen Pranken und den Reißzähnen große Wunden in den Gegner riss. Er tötete, weil er musste, nicht, weil er wollte. Seine Stiche waren schnell und präzise wie bei einem Bären auf der Jagd. Es war grausam, aber nötig, um zu überleben.

Der Tag ging langsam zur Neige und die Sonne färbte sich blutrot über Etrurien. So viele gute Krieger waren auf beiden Seiten gefallen. Die Schlacht war aber noch in vollem Gange. Die Römer mussten sich nochmals neu formieren, damit in der Dämmerung nicht plötzlich die eigenen Leute getötet wurden. Das Gemetzel dauerte unendliche lange Stunden, bis schließlich der Morgen anbrach. Jetzt war nur noch Culsans mit seiner Leibwache übrig und Lucius mit seinem schwer angeschlagenen

Freund Argentus. Dazu kamen nicht einmal mehr einhundert Legionäre. Diese machten mit den letzten etrurischen Leibwächtern auch noch kurzen Prozess.

Nun war Lucius mit Culsans auf Augenhöhe und sprach: „Wir wollten nur den Frieden, du Narr! Du hast Unglück über beide Völker gebracht!" „Ich werde dich töten, Rumer!", war die knappe Antwort darauf. Beide kämpften müde und geschwächt, aber gewillt den Sieg davonzutragen. Doch Culsans hatte gegen die jahrelange Kampferfahrung von Lucius nicht den Hauch einer Chance. Der Zenturio zerpflückte den etrurischen König Stück für Stück und tötete Culsans mit einem Hieb: „Das ist für meine kleine Freundin Thesan, du Mörder! Was du dir mit Gewalt genommen hast, wirst du auch durch Gewalt wieder verlieren." Der leblose Körper von Culsans sank in sich zusammen. Fast gleichzeitig schickte Argentus mit seinen Männern Neru und die letzten Leibwachen ins Jenseits.

Zeri, der alles auf einer kleinen Anhöhe neben dem riesigen Schlachtfeld beobachtet hatte, befahl den Dämonen Etruriens wieder dahin zurückzukehren, wo sie hergekommen waren. Die Wesen der Unterwelt gehorchten, die Zeitenwende war angebrochen.

Lucius blickte über das Schlachtfeld und konnte nur tote Krieger sehen, so weit das Auge reichte. Ein schrecklicher Anblick. Auf beiden Seiten waren viele Krieger gefallen, aber zum Schluss standen nur noch die Römer. Die übermächtige etrurische Armee war besiegt und Rom hatte überlebt! Argentus und Lucius fielen sich mit ihren blutverschmierten Gesichtern in die Arme und waren einfach nur froh, diesen Horror überlebt zu haben. Das Ausmaß dieses Krieges wurde ihnen erst jetzt richtig bewusst. Kein einziger Etrurier hatte überlebt. Die übrig gebliebenen Römer gingen auf die Anhöhe zu Zeri, um sich das Ganze aus der Distanz anzusehen. Die verletzten Soldaten wurden versorgt und Zeri kümmerte sich um Argentus, der ein paar schwere Hiebe mit der Falcata abbekommen hatte. Endlich war Zeit, sich etwas auszuruhen. Zeri sprach zu Lucius: „Wir müssen nach Velzna gehen." Lucius verstand nicht. „Es werden schon bald frische Legionen eintreffen und du wirst einen neuen Frieden mit Etrurien aushandeln." Der Zenturio, noch ganz erschöpft von den vergangenen Tagen, wusste nicht, was der alte Schamane ihm da prophezeite. Er wusste jedoch inzwischen, dass Protest zwecklos war, und antwortete: „Du wirst wie immer recht haben, alter Mann. Aber was werden wir in Velzna machen? Zeri: „Du wirst einen Frieden aushandeln, der für alle Seiten akzeptabel sein wird." Es wurde wieder ruhig über den Hügeln Etruriens, die letzten schwer verletzten Krieger gingen allmählich in die andere Welt hinüber. In eine Welt, wo es keinen Krieg gab, keinen Schmerz und keine Tränen.

Die Legionäre und ihre Anführer suchten nach einer geeigneten Stelle, um ihr Lager aufzuschlagen für die kommende Nacht. Als die Feuer brannten, brach erneut eine Nacht über Etrurien herein. Die müden Soldaten fielen in ihren verdienten Schlaf. Sie träumten von den Toten, welche sie anflehten, nachsichtig mit dem Erbe Etruriens umzugehen. Es war eine kurze und unruhige Nacht. Doch am anderen Morgen war alles anders. Die Sonne schien endlich wieder über Etrurien. Der Nebel wich den Sonnenstrahlen und man konnte weit über das Land sehen. Die Legionäre machten sich nun auf, ihre Freunde und Feinde zu bestatten. Doch das war ein schwieriges Unterfangen, denn so viele waren gestorben und so wenige in der Welt der Lebenden geblieben. Alle packten mit an, Mann für Mann wurde bestattet. Als nach tagelanger Arbeit immer noch kein Ende in Sicht war, hörten die Legionäre plötzlich marschierende Soldaten. Da sie nicht wussten, ob Freund oder Feind, war die Anspannung groß. Denn keiner hatte wirklich Lust, nochmals einen Kampf zu beginnen. Auf einmal schrie ein Späher, der über das Schlachtfeld gerannt kam, zu den Soldaten: „Keine Sorge, es ist General Aurelius mit der sechsten und siebten Legion." Einige hatten bereits instinktiv an ihr Gladius gegriffen, entspannten den Griff aber nach dieser Nachricht sofort wieder. So konnten sie mit den Bestattungen weitermachen, denn der Verwesungsprozess hatte bereits angefangen. Die Soldaten der sechsten und siebten Legion waren sprachlos, welches Ausmaß der Krieg erreicht hatte. Noch mehr erstaunte sie, dass nur noch Römer am Leben waren und tausende Etrurier über das Schlachtfeld verteilt lagen. Es war alles sehr unübersichtlich und Aurelio suchte Argentus und Lucius zwischen den Bergen von Toten. Doch Argentus lag noch immer im Feldbett und genoss die Pflege durch Zeri. Aurelio traf nun ebenfalls im Lager ein und Argentus raffte sich auf und begrüßte seinen Freund: „Aurelio, wir sind froh, dass du hier bist, auch Lucius wird froh sein dich zu sehen." Der General war noch immer geschockt über diesen Sieg, wo doch Rom zahlenmäßig total unterlegen war. Langsam brachte er ein paar Worte heraus: „Wir dachten, ihr wärt schon längst tot. Rom hat euch bereits als Verräter abgestempelt, weil ihr den Befehl des Senats nicht befolgt habt. Doch wie ich sehe, habt ihr euch zu Recht dem Befehl widersetzt. Das Resultat gibt euch Recht und die Geschichte wird euch ebenfalls Recht geben. Wo ist übrigens Lucius?" „Der ist mit ein paar Soldaten in den Wald, um Wildschweine für die Männer zu jagen." Aurelio sah, dass die Männer auf dem Feld völlig ausgebrannt waren, und befahl seiner Legion mit strenger Stimme, sofort die anderen Soldaten abzulösen und die Toten weiter würdevoll zu bestatten. Die erschöpften Soldaten waren dankbar für die Unterstützung und begaben sich sofort ins Lager, um sich auszuruhen. Aurelio war neugierig und wollte nun endlich wissen, wie die Römer diesen Triumph erlangen konnten. Argentus, bescheiden, wie er war, antwortete: „Ich sehe keinen Triumph. Nur tote Etrurier und viele tote Freunde. Verzeih mir, Aurelio, vielleicht halten wir uns schon zu lange an diesem Totenfeld auf. So kann ich leider keinen Triumph erkennen. Wir haben den Feind aufgehalten, ja, das haben wir. Doch der Preis war hoch." Dem großen Krieger rann tatsächlich eine Träne hinunter. „Zu viele sind gefallen, mein Freund, zu viele. Doch erzähl mir von euren Erlebnissen im Krieg gegen Magna Greca im Süden?", versuchte Argentus abzulenken. „Wir haben König Pyrrhos zu einem Waffenstillstand bewegen können und konnten uns so in die Nähe von Rom zurückziehen. Dann kam der Befehl des Senats, euch zu suchen und zu unterstützen. Doch so wie es aussieht, können wir den Krieg gegen die Griechen gewinnen. Es besteht also noch Hoffnung für Rom." Argentus lächelte wieder ein bisschen: „Ja, es besteht wieder Hoffnung, Aurelio."

In der Zwischenzeit brachte Lucius ein paar getötete Wildschweine ins Lager. Sofort erkannte er die Soldaten der sechsten und siebten Legion und begab sich sogleich zum Zelt von Argentus und fiel Aurelio in die Arme: „Sei gegrüßt, mein Freund. Ich dachte, du kämpfst im Süden gegen die wahnsinnigen Griechen?" Aurelio: „Ich dachte, ihr wärt alle tot und wir seien es auch bald. Sind noch einzelne Einheiten geflohen? Sollen wir sie verfolgen?" „Die Einzigen, die geflohen sind, sind die keltischen Einheiten, aber die kommen so schnell nicht wieder, denn Etrurier konnten keine fliehen", erklärte Lucius. „Kein Einziger? Ihr habt die gesamte etrurische Streitmacht ausgelöscht?", fragte Aurelio ungläubig. „Ja, ungefähr 20.000 Mann", war die Antwort der zwei Zenturii. „Aurelio, ich möchte dir noch einen neuen Freund vorstellen", sprach Lucius. Er holte Zeri, der sich draußen um die Pflege der Verwundeten kümmerte. Aurelio war ein bisschen geschockt, als er sah, dass dieser Freund etrurischer Priester war. Doch Lucius erklärte, warum Zeri hier war, und erzählte alle Geschehnisse der letzten Zeit. Inzwischen war es Abend geworden und Aurelio nahm, als alle zusammen am Lagerfeuer saßen und Wildschweine aßen, eine versiegelte Schriftrolle des Senats hervor. Er öffnete sie und begann laut zu lesen: „Falls diese Schriftrolle bei euch ankommt und von Aurelio verlesen wird, seid ihr noch am Leben. Wenigstens einige von euch. Das Volk von Rom und der Senat danken euch für den Einsatz mit eurem Leben. Wenn Lucius und Argentus diese Schlacht überlebt haben, müssen sie sich wegen der Befehlsverweigerung verantworten. Da sie sich aber mit dem erfolgreichen Aufhalten der Etrurier verdient gemacht haben, werden beide Zenturii rehabilitiert und in den Rang eines

Konsuls erhoben. Somit tragen sie die Titel Konsul Maximus Lucius Cornelius und Konsul Argentus Domitius Gamaeus Calvirus." Man konnte den beiden frischgebackenen Konsuln den Stolz ansehen. Aurelio las weiter: „Argentus wird Konsul der neu errungenen Provinzen südlich von Rom und Oberbefehlshaber der südlichen Streitmächte. Er wird gebeten, sobald es die Situation zulässt, sich in Rom beim Senat zu melden und sich die Insignien eines Konsuls zu holen. Lucius, jetzt wird dir Aurelio deine Insignien eines Konsuls überreichen. Du hast die volle Unterstützung von Rom für die neuen Friedensverhandlungen mit Etrurien. Der Senat fordert einen Friedenstribut, falls eure beiden Legionen etwas ausrichten konnten. Verhandle weise und gerecht, Konsul Lucius, so dass es einen stabilen Frieden mit Etrurien gibt. Nun zu deiner Befehlsverweigerung: Du hattest recht und wir unrecht. Doch Gesetz bleibt Gesetz und du hast einen direkten Befehl des Senats in den Wind geschlagen. Hier dein Urteil: Du wirst ein Leben lang Konsul von Rom und Etrurien sein und den Frieden mit Etrurien aushandeln und überwachen. Du darfst aber zu Lebzeiten nie mehr nach Rom zurückkehren. So ist es geschrieben und so soll es sein. Der Senat und das Volk von Rom danken allen Soldaten und Zenturii."

Aurelio, Argentus und auch die Soldaten waren zutiefst empört und schrien nach Gerechtigkeit. Lucius ermahnte sie aber sogleich zur Ruhe und ergriff das Wort: „Freunde und Soldaten Roms. Sind wir zufrieden, dass uns die Götter ein zweites Leben geschenkt haben. Gedenken wir derer, die uns vorausgegangen sind. Ihr wisst alle, dass ich bewusst einen Befehl missachtet habe. Darum ist der Urteilsspruch gerecht. Keine Armee dieser Welt funktioniert, wenn die Soldaten die Befehle nicht befolgen. Darum lasst eure Gladien stecken! Ich danke euch für eure Loyalität. Mit diesem Urteil werde ich leben, auch wenn ich Rom aus vollem Herzen liebe. Doch auch an der Landschaft und der Natur Etruriens liegt mir viel. So bin ich dankbar, dass ich ein Konsul von Rom sein darf und hier in diesem Land mit meiner ganzen Kraft für Ruhe und Ordnung sorgen kann. Solange ich lebe, soll es nie mehr solch eine Auseinandersetzung zwischen den Völkern geben." Die Anwesenden waren nun beruhigt, dass Lucius das Urteil so sah. So feierten sie ihren neuen Konsul mit Speis und Trank bis weit in die Nacht hinein.

Tage später reisten alle in Richtung Velzna, der Heiligen Stadt der Etrurier. Sie machten sich schon bereit, bei der Ankunft die Stadt zu belagern, aber das war nicht nötig. Sie wurden ohne Widerstand sofort hineingelassen. Die meisten der Soldaten hatten so etwas noch nie gesehen, eine Stadt voller Tempel, Priester und Heiler. Die obersten Lukumonen begrüßten den Bären und seine Generäle: „Seid willkommen, Lucius, wir haben Euch bereits erwartet." Der neue Konsul war wieder einmal erstaunt. Die Lukumonen traten zur Seite und der Rasna Magna kam hervor. Er sprach mit gebrochener Stimme: „Mein Freund, bevor wir die Verhandlungen beginnen, dürfen wir deine bewaffneten Freunde bitten, draußen vor der Heiligen Stadt zu warten?" Die beiden Zenturii wollten schon Einspruch erheben, doch Lucius verstand und nickte zustimmend. Der Rasna Magna fasste jeden kurz an den Händen, um sie vollumfänglich wahrzunehmen, und erklärte: „Ihr seid Freunde von Lucius, das sehe ich.

Das hier ist aber eine Stadt der Götter, darum lasst bitte eure Soldaten vor den Toren warten; sie werden mit allem versorgt werden, was sie benötigen. Natürlich dürft ihr, Konsul Argentus und Zenturio Aurelio, bei Lucius bleiben. Die Könige werden alle innerhalb von zwei Tagen hier eintreffen, um mit euch einen Frieden auszuhandeln, der für beide Seiten akzeptabel sein wird."

Wie konnte es sein, dass dieser alte Mann sämtliche Namen und Titel wusste? Und warum wurden die Boten für die Könige bereits geschickt, bevor der Krieg zu Ende war? Für Aurelio und Argentus war das höchst seltsam, doch sie gehorchten den Worten des Rasna Magna und schickten ihre Truppen vor die Stadttore. Ein unsicheres Gefühl blieb aber. Was war das für eine Stadt, in der nur Priester und Schamanen lebten? Und warum wussten sie, was geschah, bevor es passiert war? Lucius konnte die Gedanken seiner Freunde förmlich hören und erklärte: „Sie sind Abgesandte der Götter, behandelt sie mit Respekt." Aurelio und Argentus nickten ehrfürchtig. Zum Glück wurden sie hier nicht wie Besatzer behandelt, dies machte es leichter, die zurückliegenden Schlachten ein wenig zu vergessen. Plötzlich fingen die Musiker an zu spielen und leckere Köstlichkeiten wurden herbeigetragen. Die drei Römer wurden mit Zeri an den Tisch der obersten Lukumonen gebeten. Es freute sie zu sehen, dass der Konsul Lucius einen etrurischen Schamanen als Berater hatte. Aurelio flüsterte leise zu Lucius: „Hast du die vielen Bogenschützen auf den Stadtmauern gesehen?" „Mach dir keine Sorgen, die sind hier, um die geistige Welt zu schützen", erklärte Lucius. Aurelio aß beruhigt weiter. Zum Essen lauschten sie der etrurischen Doppelflöte, die eine Melodie von sich gab, die nicht von dieser Welt schien. Ohne es zu merken, fingen die Herzen der drei Römer zu heilen an. Lucius war irgendwie froh, nicht mehr nach Rom zurückkehren zu müssen. Er freundete sich mit dem Schicksal an, das ihm auferlegt wurde. Vermittler und Friedensbewacher sein, das sollte seine ganz persönliche Aufgabe werden.

Nach dem Essen forderten die Geistlichen die drei Römer auf, ihnen zu folgen. Sie wollten ihnen die Tempelstadt zeigen und Aurelio und Argentus waren außerordentlich gespannt. Sie liefen durch die Tempel hindurch, viele hatten ein Atrium. Das Fundament war bei fast allen Häusern aus riesigen Steinblöcken. Der obere Teil bestand aus Holz und die Zwischenräume des Balkengitters waren mit Schilf und Lehm gefüllt, sodass im Inneren ein angenehmes Klima herrschte. Aurelio und Argentus waren tief beeindruckt von den farbeprächtigen Bauten, den unzähligen Statuten und verzierten Dächern. Die Düfte und Klänge berauschten die Sinne der Römer. Sie mussten sich richtig konzentrieren, um sich selbst noch zu spüren, so wurden ihre Sinne in Anspruch genommen. „Das ist ja wie im Elysium", sprach Argentus. Die Lukumonen mussten lachen und auch Zeri schmunzelte. Der Rasna Magna, der trotz seines hohen Alters die Gruppe anführte, drehte sich zu den Römern um: „Das ist alles nur ein Schatten. Ein Reflektor der Ewigkeit, meine Freunde." Die drei römischen Krieger bestaunten die schamanischen Meister und deren Künste, das geistige Jenseitige in das materielle Diesseitige zu manifestieren. Diese magische Stadt zog einfach jeden in ihren Bann.

Inzwischen trafen die ersten Könige Etruriens in Velzna ein. Unbewaffnet und mit gesenktem Haupt schritten sie mit ihren Leibwachen an den römischen Soldaten vorbei. Hätten sie doch nur auf ihre Götter gehört.

Die drei Römer schwebten in anderen Sphären. Diese Welt hatte nichts mit ihrer Kriegerwelt gemeinsam. Sie war einfach nur friedlich und voller Mysterien, die man nicht alle auf einmal lösen konnte. Die Besucher wurden gelehrt, dass es mehrere Leben braucht, um das Wunder des Lebens überhaupt verstehen zu können. Leider war die Zeit in Velzna viel zu kurz. Aber ihnen wurde bewusst, dass sie den Tod nicht fürchten mussten. Nicht dass sie das vorher getan hätten, schließlich waren sie unerschrockene Krieger. Aber es war jetzt in ihrem Bewusstsein, dass das Leben und der Tod eine lange Reise sind, die sich abwechselt wie der Sommer und der Winter, wie der Tag und die Nacht. Ohne Tod keine Geburt. Hier schien alles so einfach. Fast hatten die Römer vergessen, warum sie hier in Velzna waren. Aurelio beobachtete erstaunt, wie demütig die Könige aus Etrurien sich verhielten. Nach und nach füllte sich der Tempel des großen Rates, um sich für die Friedensverhandlung zu treffen. Die drei römischen Abgesandten, wie sie von den Geistlichen genannt wurden, erhielten einen Ehrenplatz. Sie waren sich zwar ihres Sieges bewusst, doch ging es hier um viel mehr. Der Rasna Magna ergriff das Wort: „Könige Etruriens, liebe geistliche Brüder, abgesandte Römer und Werkzeuge Voltumnas. Wieder einmal wurden wir gelehrt, was passiert, wenn wir nicht auf den Rat der Götter hören. Trotzdem sind wir dankbar. Dankbar, dass uns die Weisheit unseres Gegners nicht ganz vernichtet hat.

Denn auch wenn die Römer keine Könige haben und den Göttern nicht so nahestehen wie wir, gibt es doch einige unter ihnen, die das Prinzip des göttlichen Gesetzes erkannt haben und es auch leben." Er schaute zu den drei Abgesandten. „Eines davon habt ihr soeben erlebt. Ihr habt Wind gesät und einen kriegerischen Sturm geerntet. Könige Etruriens, ich bitte euch, uns noch ein Saeculum zu verschaffen, wo Etrurien als Teilstaat bestehen darf. Handelt weise und handelt nach dieser Lektion einen stabilen Frieden mit euren römischen Brüdern aus. Denn das neue Zeitalter hat bereits begonnen. Noch begleiten wir euch, aber auch das wird nicht für immer sein. Denkt an diese Worte. Geht aufeinander zu und beendet das Blutvergießen. Ihr habt alle denselben Ursprung und ihr kehrt alle dahin zurück. Umso mehr Frieden ihr in eurem Herzen tragt, umso einfacher wird der Übergang in das neue Zeitalter. Möge Voltumna eure Herzen öffnen und seine Weisheit zur euren machen."

Lucius bekam, bevor er selbst sprechen musste, von Zeri noch einen Rat: „Egal, was du tust, bleib immer in deiner Mitte, sei nicht zu hart und nicht zu weich. Denn nur der Mittelweg ist der Weg zum Erfolg." Lucius nickte. Rasna Magna sprach: „Ich übergebe jetzt das Wort dem großen Bären von Rom. Er wird die Bedingungen stellen. Er wird das erste Wort haben, weil er euch Demut gelehrt hat." Lucius hielt einen Moment inne und betete, die richtigen Worte zu finden. Dann richtete er das Wort an die Könige und hielt dabei eine Schriftrolle in die Luft: „Dies sind die Bedingungen des Senats und des Volkes von Rom für einen langfristigen Frieden." Bevor er die Schriftrolle verlas, ergriff Lucius noch das Wort in eigener Sache: „Könige Etruriens, ich bitte euch! Ich war schon bei jedem Einzelnen von euch und bat um Frieden mit eurem Land. Dieser Frieden war für beide Seiten ein Gewinn. Doch jetzt habt ihr einen Krieg geführt, den wir nicht wollten, und der Preis dafür ist fast unbezahlbar. Ich wurde zum Konsul ernannt, um diesen Frieden erneut mit euch auszuhandeln." Lucius begann nun aus der Schriftrolle vorzulesen: „Der Senat von Rom grüßt die Könige von Etruria. Wir wollten den Krieg nicht und wir wollten für den Frieden keine Gegenleistung. Doch dann habt ihr euch Roms Republik bemächtigen wollen. Ihr wolltet uns überfallen wie ein gallisches Bauerndorf. Dafür will Rom Tribut! Es werden sechs eurer etrurischen Städte der römischen Republik angeschlossen."

Als das die etrurischen Könige hörten, wollten sie empört den Tempel verlassen. Doch der Rasna Magna ermahnte sie zur Vernunft und bat, Lucius weiter anzuhören. Lucius ergriff das Wort: „Mir ist klar, dass diese Forderung emotional und überzogen ist. Ich bin von Rom ermächtigt, den Frieden auszuhandeln. Um euch zu zeigen, dass es uns ernst ist mit diesem Angebot, verzichte ich auf drei von den sechs geforderten Städten." Die Könige atmeten erleichtert auf und wollten sogleich wissen, welche drei Städte es treffen würde. „Das werden die drei südlichsten sein, Caere, Tarchuna und Velcha." Die Könige Etruriens waren traurig, denn seit über tausend Jahren bestand der Zwölf-Städtebund bereits. Und nun mussten sie drei ihrer wertvollen Städte abgeben. Tarchuna war eine der Urstädte und das Handels- und Kulturzentrum Etruriens. Doch sie hatten keine Wahl, denn zwei Drittel ihrer Armee waren zerschmettert worden. Nun hatten sie Rom militärisch nichts mehr entgegenzustellen. Rasna Magna bat die drei Römer, den Tempel kurz zu verlassen, zu wichtig war diese Entscheidung. Es roch noch immer nach Weihrauch und die Musiker spielten, als gäbe es kein Morgen.

Argentus, Lucius und Aurelio beobachteten vor dem Tempel die Menschen, die ihnen irgendwie ähnlich sahen und doch so anders waren. Lucius: „Wir haben gesiegt und doch fühle ich mich nicht als Sieger wie in früheren Kriegen." Argentus antwortete: „Ja, das spüre ich auch, als hätten wir einem ganzen Volk den Todesstoß gegeben." Aurelio sprach ganz nüchtern zu seinen Freunden: „Ihr hattet leider keine Wahl!" Zeri, der nur die Hälfte der Konversation gehört hatte, schritt herbei. Wieder passierte es, dass keiner seinen weisen Spruch verstand: „Die Götter und die Zeit! Die Götter und die Zeit!" Fragezeichen bei den Römern. Der Schamane wiederholte den Satz und fuhr dann fort: „Die Götter bestimmen die Zeit im Voraus, wie lange ein Volk zu existieren hat. Sie leben nicht linear wie wir. Und die Zeit tut ihr Übriges dazu, wenn sie abgelaufen ist, ist es vorbei."

Ein Tempeldiener kam herbei und bat sie, zurück in den Tempel zu kommen, die Könige hatten fertig beraten. Der Rasna Magna saß auf seinem Stuhl, von wo aus er alles überblicken konnte. Zuerst sprach der König Tarnas von Caere: „Konsul Lucius, wir geben unser Schicksal und das Schicksal unseres Volkes von Caere in die Obhut der Republik von Rom. Wir stimmen diesem Friedensangebot zu." Tarnas nahm die königlichen Insignien ab und legte sie Lucius würdevoll vor die Füße. Lacunta, der König von Tarchuna, murrte ein wenig, tat aber dasselbe.

Velcha, die dritte betroffene Stadt, stellte sich dagegen. König Tragun ergriff das Wort: „Wir werden uns mit den wenigen Soldaten, die wir noch haben, zur Wehr setzen. Ihr wollt Velcha? Dann müsst ihr es euch holen!" Tragun blickte den drei Römern mit hasserfüllten Augen ins Gesicht und verschwand mit seinem Gefolge augenblicklich aus der Tempelstadt. Was war hier bloß geschehen? Lucius war verwirrt. Herrschte jetzt wieder Krieg mit ganz Etrurien? Oder wie würden sich die anderen Könige verhalten? Doch dann erhob sich, etwas gebrechlicher als sonst, der Rasna Magna und sprach die klärenden Worte: „Abgesandte Roms, unsere Städte sind autonom, das heißt, jede muss für sich selbst entscheiden. Alle hier anwesenden Könige nehmen euer Angebot an und beten für Velcha und Rom, die das unter sich austragen müssen." Lucius war enttäuscht, dass König Tragun mit dieser Entscheidung wieder einen Keil zwischen die beiden Völker treiben wollte. Er schluckte aber seinen Ärger hinunter und fokussierte sein Ziel, den Frieden herzustellen. Lucius sprach mit ruhiger Stimme: „Sehe ich das richtig, Etrurien stimmt einem Friedensvertrag mit Rom zu, mit Ausnahme von Velcha? Dann soll es so sein. So biete ich Etrurien einen 30-jährigen Friedensvertrag an, mit der Klausel der Nichteinmischung in die Auseinandersetzung zwischen Rom und Velcha." Die Könige nickten und waren froh, es endlich hinter sich gebracht zu haben. Ein Schreiber setzte zwei Papyrusrollen auf, wo alle Details in einem Vertrag geregelt wurden. Rasna Magna: „So soll es geschrieben sein, so soll es geschehen!" Der Preis für beide Seiten war hoch. Etrurien bezahlte ihn mit vieler Soldaten Leben und drei seiner südlichsten Städte. Darunter auch Tarchuna, eine Metropole, die ihresgleichen suchte. Die Römer mussten für diesen Frieden nochmals in den Krieg ziehen gegen den König von Velcha. Für Argentus und Aurelio war das ein weiteres Abenteuer, doch Lucius brach es das Herz. Er wusste, wenn Velcha diesen Kampf verlor, würde ein großer Teil der Bevölkerung in die Sklaverei getrieben werden.

Am nächsten Tag, als die drei in ihrer Unterkunft erwachten, sprach Lucius zu seinen zwei Freuden: „Bitte macht die Legionen abmarschbereit, die vor den Toren der Stadt auf uns warten. Ich werde mich noch von Rasna Magna verabschieden." Argentus: „Darf ich dich begleiten? Ich würde mich ebenfalls gerne von dem alten Mann verabschieden." Aurelio sah Lucius an: „Nimm ihn ruhig mit, ich schaffe es auch alleine, die müden Soldaten wieder munter zu machen!" So marschierte Lucius zum letzten Mal durch das „Fanum" Velzna und schaute sich die Tempelstadt nochmals genau an, denn er wusste nicht, ob er je wieder hierher zurückkehren würde. Schließlich musste er widerwillig mit seinen Freunden nochmals in den Krieg ziehen. Beim Rasna Magna angekommen, war Zeri bereits bei ihm. Der half ihm, seine persönlichen Dinge einzupacken. Lucius war verwirrt und fragte: „Verreist der Rasna Magna?" Zeri: „Nein, er geht heim." Jetzt verstand Lucius noch weniger: „Aber er ist doch schon zu Hause, oder etwa nicht?" Der Rasna Magna erklärte selbst: „Ich gehe auf meine letzte Reise." Lucius verstand zwar akustisch, konnte aber nicht fassen, was er da hörte.

282

„Warte, bis ich zurück bin, großer Rasna Magna, dann begleite ich dich mit Zeri zusammen." Der Rasna Magna drehte sich zu Lucius und schmunzelte: „Die letzte Reise muss jeder selbst antreten. Doch für dich habe ich noch ein paar Worte: Du bist ein Raubtier wie der Bär. Er ist nicht schlecht, weil er Tiere reißt, wenn er Hunger hat. Es ist seine Natur. Dafür beschützt er den Wald, in dem er lebt. Du hast einen Frieden hergestellt, der so lange erhalten bleibt, wie der Bär lebt. Also pass auf dich und den Bären auf, Lucius." Jetzt war Lucius klar, dass sich der Rasna Magna in den Wald zurückziehen würde, um zu sterben. „Wir werden dich vermissen. Du und deine Weisheit werden uns sehr fehlen." „Wir werden uns wiedersehen bei den Verhüllten", flüsterte der Rasna Magna. Argentus war ohne Worte, noch nie hatte er einen Menschen mit so viel Würde und Geist gesehen. Zeri half dem alten Mann in einen wunderschönen geschmückten Lukumonenmantel. Der nahm seinen Stock und eine kleine Kiste aus Olivenholz, auf der ein Löwe auf Alabaster abgebracht war. Er trat aus der Tür seines Hauses, dessen Eingang vom Sonnenlicht geflutet war. Ein letztes Mal drehte er sich um: „Auf Wiedersehen, meine Freunde." „Gute Reise, großer Rasna Magna." Dann verschwand er in den nahe gelegenen Wald an einen heiligen Ort, der nur wenigen Schamanen bekannt war. Er legte eine Decke auf einer Art Gebetsstein aus und setzte sich darauf. Aus seiner Holzkiste nahm er eine Flöte und begann darauf zu spielen. Er spielte und spielte, bis er in einem Trancezustand war. Seine Vorfahren kamen und tanzten bis tief in die Nacht hinein um ihn herum, bis sie den Rasna Magna schließlich mit nach Hause nahmen.

Letzter Angriff

Zu dieser Zeit marschierten die Römer, angeführt von Lucius, bereits in Richtung Velcha. Ein Bote wurde nach Rom geschickt, um über den aktuellen Stand zu informieren. Lucius und Argentus ritten zügig voran, die sechste und siebte Legion war inzwischen gut ausgeruht. Aurelio schliff mit seiner strengen Stimme noch etwas an der Moral der Soldaten. Auf keinen Fall sollte der nächste Gegner unterschätzt werden. Denn jetzt ging es um die Belagerung einer ganzen Stadt. Auch wenn sie militärisch im Vorteil waren, wollten sie jetzt den Sack des Krieges ein für alle Mal zumachen. Der Marsch ging vorbei am Bolsenasee und unzähligen etrurischen Dörfern, deren Bewohner die Römer mit Befremden anschauten. Sie spürten, dass eine neue Zeit angebrochen war. Doch war der Adler klüger und weise, denn der Singvogel sang in Etrurien noch immer das Lied der Rasenna. Der Rasna Magna sprach aus seinem Diesseits: „Wenn Etrurien gegangen ist, wird etwas für immer bleiben. Das kollektive gelehrte Sein Etruriens." Doch das hinderte die beiden Legionen nicht, sich immer weiter Velcha zu nähern. Auch Zeri, der Freund und moralische Unterstützer, ging mit den Legionen mit. In Velcha bereiteten der König Tragun und seine Reserve von etwa 700 Mann die Bevölkerung auf die Belagerung vor. Sie waren sehr gut geschützt durch einen Fluss im Osten und Süden. Das dicke Keiltor machte auf jeden Belagerer Eindruck, das beim Versuch, die Stadt zu stürmen, jede Armee automatisch in zwei Hälften teilte. Die dicken und hohen Mauern taten ihr Übriges. So konnte eine Stadt wie Velcha über Wochen den Römern standhalten. Als die Römer endlich ihr Ziel

erreichten, schlugen sie nicht weit von diesem Tor in den Wäldern ihr Fort auf. Lucius war erzürnt, denn er war weit weg von dem Frieden, den er sich am Anfang von seiner Reise erhofft hatte. Und diese Belagerung tat ihm persönlich im Herz weh, nachdem er dieses Land so lieben gelernt hatte. Die zwei Legionen stellten sich auf eine lange Zeit des Wartens und der Belagerung ein. Es wurde Nacht und die Römer hörten in ihrem hölzernen Lager mehr Geräusche aus dem Wald als aus der Stadt, die hinter den dicken Mauern verborgen lag. Die drei Zenturii besprachen alle Eventualitäten der Belagerung bis tief in die Nacht hinein. Am nächsten Morgen begann das frühe Legionärsleben. Die Leute in der Stadt waren verängstigt von den Trompeten der Römer. Den ganzen Tag lang übten die Römer mit den Gladien ihre Kampfkunst. Die Krieger von Velcha taten dasselbe, aber mit dem Gedanken im Hinterkopf, dass dies wohl ihre letzte Schlacht sein würde. Der Krieg war eigentlich schon vorbei, schon längst! Doch sie wollten ihren König nicht im Stich lassen. Alle noch übrigen Krieger waren bereit zu tun, was es auch sei.

Tage vergingen und die Etrurier waren Gefangene in ihrer eigenen Stadt. Die Zeit spielte für die Römer. Langsam wuchs der Unmut der Bevölkerung. Die Felder konnten nicht mehr bestellt werden, der Handel mit anderen Städten blieb aus und die Sonne brannte wie ein Schmelzofen in Pupluna. Was sollte der König bloß tun? Mit seinem Hochmut lehnte er sich gegen die Römer auf und nun musste seine Bevölkerung darunter leiden. Nach endlos langen Wochen traf der König Tragun endlich eine Entscheidung. Die Bevölkerung Velchas versammelte sich auf dem Marktplatz und wartete gespannt auf die Rede ihres Königs. Tragun zog seine edelsten Gewänder an, um seinen Worten Nachdruck zu verleihen: „Bevölkerung von Velcha! Hört mir zum letzten Mal zu. Meine Männer und ich werden um Mitternacht die Römer angreifen. Ich rate euch, dass ihr während des Angriffs euer Hab und Gut nehmt und die Stadt in Richtung Norden verlasst. Alle, die ein Schiff besitzen, sollen die Stadt auf dem Flussweg verlassen. Solange wir kämpfen, haben die Römer keine Zeit, euch zu folgen. Denn ich glaube, wer hier bleibt, läuft Gefahr, versklavt zu werden. Wir kämpfen, so gut wir können, und verzagt nicht, denn unser Innerstes, die Lebensfreude und Lebenskraft, können sie uns nicht nehmen. Egal, was passiert, wir sind und bleiben Etrurier über den Tod hinaus. Verzeiht mir meinen Hochmut, liebe Bürger. Für diesen Hochmut bezahlen ich und meine Krieger mit dem Leben. Doch bevor wir losschlagen, werden wir ein letztes Fest veranstalten. Wir erinnern uns an die Zeit, wo es uns gut ging."

Alle Bewohner folgten den Worten des Königs und brachten alles herbei, was für ein großes Fest nötig war. Alle aßen, tranken und lauschten ein letztes Mal der etrurischen Flötenmusik. Trotz der freudigen Feier spürten einige von ihnen, dass dies der Anfang vom Ende war. So wie ein Schamane sein Ende kommen sah, spürten die Bewohner emphatisch das Ende ihrer Stadt, ja von ganz Etrurien kommen. Nach dem Fest begannen sie sofort ihre Sachen zu packen und in der Dunkelheit auf die Boote zu verladen. Andere gingen zu Fuß, aber leisen Schrittes davon. Die Krieger von Velcha machten sich angriffsbereit, es waren nicht einmal mehr tausend. Ein kleines Heer von jungen Kriegern wollte ebenfalls in die Schlacht ziehen. Doch der König wusste, dass sie draußen keinen Wimpernschlag überleben würden, und hielt sie zurück: „Wir fühlen uns geehrt, dass ihr mit uns kämpfen wollt, doch ihr müsst die Bürger beschützen, die fliehen wollen. Die Bewohner brauchen euch. Tot nützt ihr den Menschen nichts. Sorgt dafür, dass diejenigen, die fliehen wollen, genau zum Zeitpunkt unseres Angriffs aufbrechen." So waren die jungen Krieger dankbar, eine Aufgabe zu haben, und der König froh, wegen seines Stolzes nicht auch noch diese jungen Männer opfern zu müssen. Er sammelte seine Krieger auf dem Platz vor dem Keiltor. Anschließend ritt er nochmals die überdurchschnittlich breiten Straßen ab und schaute sich alles genau an. Die schön verzierten Häuser und die kunstvollen Statuen. Alles war so schön in dieser Metropole, dass manche Einwohner richtig eingebildet waren vor Stolz. Und genau diese Einwohner mussten heute Nacht gesenkten Hauptes fliehen. Wer hätte noch vor ein paar Wochen gedacht, dass es zu dieser Wende kommen würde? Ein letztes Mal ritt Tragun zum großen Tempel, der für etrurische Verhältnisse sehr pompös geraten war. Denn Velcha wollte Velzna in der Tempelbauweise in nichts nachstehen. Der König betrat das Gebäude und sein Schamane wollte ihm folgen. Doch Tragun hielt ihn zurück: „Diesen Weg muss ich alleine gehen. Hätte ich auf dich und die Götter gehört, wären wir jetzt nicht hier. Mein Stolz und die darauf folgende Demut treibt mich zu den Göttern zurück und das ist gut so. Du hast keinen Fehler gemacht, sondern mich stets gut beraten. Das, was wir als Stadt erreicht haben, und der materielle Reichtum hat mich blind und taub für die Götter gemacht. Und bevor ich mich ihnen stelle, will ich das in Ordnung bringen." Er schritt in den Tempel und ließ den Schamanen hinter sich. Der sprach seinem König einige Worte hinterher: „Das ist gut so, mein König, du hast in einem Leben viel gelernt. Bereite deine Reise vor, denn es ist ein langer und schöner Weg." Tragun betrat das Innere des Tempels, schloss Frieden mit sich und den Göttern und bat um Verzeihung. Er betete für seine Männer und die Einwohner der Stadt. Der König genoss die Ruhe vor dem Kampf. Mit sich im Reinen, verließ er mit einem zufriedenen Gefühl den Tempel. Er nickte seinem Schamanen zu und bat ihn, die Stadt zu verlassen, damit er nicht in Gefangenschaft geriet. Der Schamane befolgte den Befehl nur widerwillig, doch er musste den Rest der Königsfamilie begleiten. Vor allem der Königssohn wurde seiner Obhut anvertraut. Dieser war noch so klein und sein Vater wollte, dass er alles lernte über die Mysterien von Etrurien mit seinen Zauberern und Schamanen.

König Tragun ging zu seinen Kriegern. Er überließ es ihnen, zu gehen oder zu kämpfen. Doch keiner verließ den König und alle waren bereit, nochmals in die Schlacht zu ziehen. Die Pferde schnaubten, als sie mit ihren Reitern mit den bemalten Gesichtern die schützende Mauer von Velcha verließen. Bereit, zu sterben oder zu töten, standen sie da und warteten, bis der Römer auf dem Wachturm sie erspähte. Es war Leermond und die Sicht war sehr eingeschränkt. Als der römische Soldat etwas glitzern sah, blies er sofort in seine Trompete, deren Klang das ganze Lager aufweckte. In wenigen Augenblicken waren die zwei Legionen kampfbereit. Lucius hielt nochmals eine kurze Rede: „Legion von Aurelio, sorgt bitte dafür, dass die Männer von Argentus und mir in der letzten Schlacht nicht umsonst gestorben sind. Nämlich für die Freiheit und den Frieden. Gewinnt diese Schlacht und wir gewinnen einen Frieden, der lange währt und Wohlstand bringen wird. Kämpft und ehrt die Gefallen von Rom." Alle klopften mit ihren Gladien auf ihre Schilder und applaudierten. Aurelio erkundigte sich bei Lucius, wie die Taktik aussehen sollte. Lucius schlug vor, dem Gegner draußen auf dem Feld zu begegnen. Doch Aurelio witterte eine Falle, wo keine war. Lucius sprach zu seinem Freund: „Ich glaube nicht, dass es eine Falle ist. Es ist eher eine Verzweiflungstat. Wenn der König von Velcha so ein Mann ist, wie ich ihn kennengelernt habe, und er die schützende Mauer verlassen hat, dann sollten wir ihm die Schlacht geben, nach der er verlangt." Argentus nickte und stimmte so wortlos zu. Aurelio, der nur ungern die vorteilhafte Holzfestung verließ, vertraute den beiden und ihrem Urteil. So füllten sie das Feld mit ihren Legionären, die diesmal aussahen wie eine große Übermacht gegenüber dem kleinen Heer von Velcha. Als König Tragun die Römer erblickte, stürmte er sogleich los, gefolgt von seinen Kriegern. Es schien, als kämpften sie gegen einen Berg. Die Römer standen auf dem Boden, als seien sie mit diesem verwurzelt. Die Etrurier gaben sich keine Mühe sich zu formieren, sie rannten einfach auf diesen Berg los und zerschellten daran. Mann für Mann. Der König von Velcha wurde von einem Pfeilhagel getroffen und war sofort tot. Die tapfersten und stärksten Krieger von Velcha hielten noch ein paar Stunden stand, zu groß war ihr Überlebenswille. Doch dann erlosch auch ihr Lebenslicht. Diese Schlacht glich eher einem Massaker. Erlöst und in Euphorie schwangen die römischen Legionäre ihre blutgetränkten Gladien in die Luft und auch Lucius konnte sich diesem Jubel nicht entziehen. Er war tief erleichtert darüber, dass der Krieg endlich ein Ende gefunden hatte. Doch seine Seele war betrübt, denn ihm wurde einmal mehr bewusst, dass er aus beiden Welten stammte. Er hatte dazu beigetragen, dass der Lebensfunke dieser Krieger unwiederbringlich hinfort und Rom so gestärkt war, dass sie jetzt jederzeit die Macht hatten und Etrurien die Stirn bieten konnten. Alles war so gekommen, wie Zeri und der Rasna Magna es vorausgesagt hatten. Trotz des Sieges ließ Lucius den Kopf hängen, er konnte sich einfach nicht als Gewinner fühlen. Zu viel Mitgefühl hegte er für die Besiegten, deren Schicksal zum Teil auch zu seinem werden sollte. Die Legionäre waren im Siegestaumel, wie auch seine zwei Freunde, die Zenturii. Als das Siegesgeschrei abflaute, konnte man eine Nachtigall hören. Auf diesen Gesang folgten viele weitere Vögel, die aus den Wäldern aufstiegen und in Richtung Sonne flogen, die bereits hoch am Himmel stand und sich blutrot färbte. Als Lucius das sah, begann er wieder ein bisschen zu lächeln. Er begriff jetzt, dass Velcha zwar römisch war, doch egal, wie sich die Geschichte entwickeln würde, die Magie dieses Landes immer bestehen blieb.

Inzwischen besetzten die Legionäre die Stadt und Aurelio verlas die Proklamation. In dieser stand geschrieben, dass die Stadt Velcha von nun an römisch war und in Vulci umbenannt wurde. Zwei Drittel der Bevölkerung würden in Gefangenschaft genommen, als Tribut für den Sieg. Gefangenschaft hieß in diesem Fall Sklaverei. Ab sofort würde Lucius seinen Dienst als Konsul aufnehmen. Als sich der Tumult in der Stadt etwas gelegt hatte und die

Leute in freie Bürger und in zu verkaufende Sklaven aufgeteilt wurden, begab sich Lucius auf die riesigen Stadtmauern. Er suchte den Himmel ab, ob die Vögel wohl
noch immer da waren. Und tatsächlich konnte er die ge-
fiederten Tiere erblicken und sie sangen noch immer die
Melodie Etruriens. Zeri kam herbei und sprach zu seinem
Freund: „Beobachtest du die Vögel? Was sagen sie dir?"
Lucius war erstaunt über diese Frage, doch er versuchte
sie zu beantworten: „Ich sehe … ich sehe den Lebens-
geist dieses Landes. Ich sehe den unbeugsamen Willen
des Lebens selbst. Egal, was passiert oder passieren wird.
Die ewige Lebenskraft und Lebensfreude, die in allem
und jedem dieses Landes steckt. Es ist wie die Sonne,
nichts und niemand kann sie besitzen oder erobern. Sie
ist ein Mysterium und steckt in jeder Pflanze und in jedem Wesen." Lucius lachte und war wie befreit. Zeri
schaute ihn an: „Bete zu den Toten, denn sie können dich
hören. Bitte sie um Vergebung, was du ihnen und ihren
Familien angetan hast. Denn was hier passiert ist, bindet
dich und das Volk der Etrurier für ein Leben lang zusammen oder sogar darüber hinaus. Und ja, du hast den
Vogelflug für einen Jungschamanen schon sehr gut ge-
deutet." Lucius widersprach: „Aber ich bin doch Konsul!" „Ja, für die Römer wirst du ein Konsul sein, doch
für die Etrurier wirst du ein Schamane und Zauberer
werden. Denn nur so wirst du akzeptiert, als der Bär, der
den Frieden überwacht. Ich werde dich alles lehren, was
ich in der Mysterienschule gelernt habe. So wirst du mein
Volk von Schmerzen und Krankheit heilen." Für Lucius
klang das logisch und machte sehr viel Sinn, denn als
Konsul herumsitzen, bis vielleicht einmal im Monat eine

Nachricht aus Rom kam, das er sowieso nicht mehr betreten durfte, nein danke.

Noch einmal aßen die drei Zenturii mit Zeri zusammen ein einfaches Abendessen. Nach dem leckeren Mahl fragten sie Lucius, wo er denn als Konsul seine Zelte aufschlagen wolle. Lucius schaute fragend zu Zeri, der wie immer eine Antwort parat hatte: „Ich kenne ein verlassenes Haus nördlich der Stadt Pupluna, ungefähr einen halben Tagesritt entfernt. Es liegt auf einem Hügelkamm, gut sichtbar von der Küstenstraße aus. Dort werdet ihr uns finden, wenn ihr uns braucht." Argentus, der wusste, dass er die beiden eine lange Zeit nicht sehen würde, sprach: „Ich vermisse euch jetzt schon!" Aurelio, der zeitweise zum Statthalter wurde, gab die sechste Legion in die Obhut von Argentus, der am nächsten Tag Richtung Süden abmarschieren würde, in Richtung der griechischen Kolonien, die den Römern noch immer schlaflose Nächte bereiteten. So fiel der Abschied allen drei Veteranen schwer, doch es war Zeit für sie alle, neue Aufgaben zu übernehmen.

Am nächsten Tag. Argentus machte unter großem Gebrüll die sechste Legion abmarschbereit. Im Gleichschritt marschierten die Männer los und grüßten im Vorbeigehen Lucius, Aurelio und Zeri. Auch den Bürgern von Vulci kam ein Gruß entgegen. Lucius und Zeri sattelten ebenfalls ihre Pferde und verabschiedeten sich von Aurelio. Dieser sprach: „Lebe ein schönes und friedvolles Leben, mein Freund." „Du ebenfalls", erwiderte Lucius. Obwohl beide im Herzen Krieger waren, hätten sie sich immer für den Frieden entschieden. So ritten sie los in

Richtung Pupluna. In eine Zukunft voller neuer Aufgaben. Zeri musste unbedingt nach dem Rechten schauen in seiner alten Heimat und Lucius freute sich, seine neue Residenz zu beziehen. Lange war er rastlos unterwegs.

Nach eineinhalb Tagen kamen sie endlich gegen Abend in Pupluna an. Genau zum richtigen Zeitpunkt, um den schönsten Sonnenuntergang ganz Etruriens zu erleben. Doch sie hatten nicht viel Zeit, diese schöne Kulisse zu genießen. Sofort gingen sie in den Palast zu Teta und Apanaca. Die Großeltern von Thesan waren widerwillig wieder König und Königin. Da Teta eine Seherin war, übernahm sie die Regierungsgeschäfte. Schweren Herzens regierte die alte Frau das gedemütigte Volk und versuchte mit ihrer Weisheit und den alten Überlieferungen den Einwohnern von Pupluna etwas Mut zu machen. Darunter war auch eine Prophezeiung, dass ein Bär aus dem Süden Etruriens kommen und für drei Dekaden für Frieden mit den Nachbarvölkern sorgen würde. In diesem Moment kamen Zeri und Lucius herbei. Die Bewohner Puplunas schauten argwöhnisch zu den beiden Ankömmlingen. Zu Zeri, weil er recht behielt mit seiner Weissagung, und zu dem Römer, weil er Unheil über Etrurien gebracht hatte. Doch die Königin empfing die beiden Abgesandten provokativ vor der Bevölkerung, sah Lucius direkt in die Augen und sprach: „Du bist der Bär aus dem Süden Etruriens. Du wirst uns den Frieden erhalten, solange du kannst." Das Volk war erstaunt, doch glaubten sie der alten Königin. Sofort wurden sie demütig und vergaßen, was vergangen war, um nach vorne zu blicken.

Bei der persönlichen Besprechung mit der Königin erläuterten Lucius und Zeri alle Geschehnisse der vergangenen Wochen und wie sie Etrurien für immer verändert hatten. Drei der zwölf etrurischen Städte waren jetzt römisch. Fast nicht verkraftbar waren die ökonomischen Folgen für den Stadtstaat, der von der Vielfalt lebte und als Organisation funktionierte. Jeder brauchte den anderen. So beschlossen sie in einem langen Gespräch, was alle dazu beitragen könnten, den Frieden zu bewahren und Etrurien zu stabilisieren. Obwohl ein Teil von Lucius römisch war, wurde er voll in die Gespräche miteinbezogen.

Abschied

Als die offiziellen Verhandlungen beendet waren, zogen sich Teta und Zeri alleine zurück. Es stand ihnen ein schwermütiges Gespräch bevor, es ging um Thesan. „Zeri, lieber Freund, du warst der Familie und der Stadt stets ein treuer und ehrlicher Schamane und ein gutes Werkzeug der Götter. Inzwischen mache ich mir keine Hoffnungen mehr, Thesan in diesem Leben wiederzusehen. Ich habe versucht herauszufinden, wo ihr Körper liegt. Auf ihre Reise hätte ich ihr gerne noch ein paar persönliche Dinge mitgegeben. Doch der Schmerz lähmt mich so sehr, dass meine Gabe, die Götter zu hören oder mit den Toten zu sprechen, wie betäubt ist." Die Königin weinte bittere Tränen und verstand erst jetzt wirklich, dass man ihr die geliebte Enkelin genommen hatte. „Warum haben die Götter nicht mich genommen? Warum, Zeri, meine kleine unschuldige Thesan?" Zeri nahm sofort ihren Schmerz auf und nahm die Königin voller Respekt in die Arme und begann sie zu heilen. „Es ist gut, dass du weinst, und ich verspreche dir, wir werden Thesan finden. Doch zweifle nicht an den Wegen der Götter und den Plänen Voltumnas. Wir werden heute Nacht eine Zeremonie abhalten und Thesans Grab ausfindig machen. Ich gebe dir mein Wort, Königin." Zeri verließ den Raum und begab sich sofort zu Lucius, um auch ihn in sein Vorhaben einzuweihen. So wurde Lucius plötzlich zum Lehrling eines Lukumonen. Zusammen gingen sie in den Wald von Pupluna, um allerlei Kräuter zu sammeln. Zurück im Palast, zermahlte Zeri die Kräuter mit einem Mörser, um ein Pulver daraus zu machen. Als alles bereit stand, trafen sie sich beim Lieblingsort von Thesan, bei den Klippen. Die Nacht war ruhig und klar. Neben der Königin begleiteten Lucius und Zeri nur noch zwei Wachen, ein Trommler und ein Trompetenspieler, dessen Instrument einen tiefen, vibrierenden Ton von sich gab. Lucius betrachtete die Zeremonie etwas skeptisch, obwohl er schon einige erlebt hatte. „Wirst du Thesan zurückholen?", fragte er naiv. Schließlich hatte dieser Zauberer schon ganz andere Wunder vollbracht. Zeri schmunzelte ein wenig: „Du schmeichelst mir, dass du denkst, ich könnte Tote zum Leben erwecken. Auch wenn ich es könnte, glaube ich nicht, dass viele Tote bereit wären, in die Welt der Lebenden zurückzukehren. Oder in die Welt der Träume, wie die Wesen auf der anderen Seite des Jenseits unsere Welt nennen. Nein, wir wollen nur Thesan fragen, wo ihr Körper begraben liegt, damit wir ihn salben und neu einkleiden können. Es ist auch wichtig, dass sie ein paar persönliche Dinge auf ihre Reise mitnimmt, damit sie gehen kann." Die Zeremonie begann.

Die Fackeln wurden entzündet und die tiefe Trompete vermischte sich mit den Trommelschlägen. Die Luft begann zu vibrieren und man konnte spüren, wie sich im Rauschen des Meeres das Tor zur anderen Welt öffnete. Waren Minuten oder Stunden vergangen? Keiner konnte es so genau sagen. Thesan trat durch das Tor und freute sich, noch einmal ihre Großeltern zu sehen. Alle schienen irgendwie anders auszusehen oder zumindest älter. Thesan sprach zuerst zu ihrer Teta tröstende Worte, denn in dieser Zwischenwelt konnte Teta die Traurigkeit und die Schuld, die sie fühlte, nicht verbergen. Thesan schien in dieser Welt einiges älter zu sein, ungefähr 25 Jahre alt. Sie hielt ihre Großmutter in den Armen, strich ihr eine Träne von der Wange und schenkte ihr die Liebe, die sie all die Jahre über von ihr erfahren durfte. So heilte Thesan das Herz von Teta stückchenweise. Anschließend wandte sie sich an Zeri, der noch viel älter und weiser schien als sonst. „Zeri, mein Freund, wir werden uns bald wiedersehen, du hast noch viele Aufgaben … ups, jetzt hätte ich fast zu viel gesagt. Danke, dass du meine Freunde hierher gebracht hast." Dann war Lucius an der Reihe, der noch immer mit offenem Mund dastand. Er schien wie ein riesiger Bär, der fast ein bisschen leuchtete. Thesan umarmte ihren großen Freund, so gut es ging. „Danke, großer Bär, dass du aufpasst und mein Volk den richtigen Weg geht. Danke, dass du mein Freund bist und es immer sein wirst." Thesan blühte in der Zwischenwelt richtig auf. Dann erschienen plötzlich zwei der Verhüllten aus der anderen Seite. Sie waren ganz in Licht gekleidet und nahmen Thesan bei der Hand: „Abgesandte der Götter, es ist Zeit, wir müssen gehen." Thesan drehte sich um, lächelte nochmals zurück und winkte. Da rief Zeri plötzlich: „Thesan, weswegen wir hier sind, wo liegt dein Körper begraben?" Thesan lächelte wieder und gab zur Antwort: „Ihr wisst bereits, wo ich bin, ihr müsst nur auf eure innere Stimme hören. Geht und probiert es aus, ihr wisst es schon." Dann verschwand die junge Seherin, die Zwischenwelt schloss sich schlagartig und alle waren wieder am Anfang ihrer Reise auf den Klippen. Alle waren tief berührt, nur Zeri sprach ganz locker: „Kommt, gehen wir zum Grab." Teta sprach zu Zeri: „Du erstaunst uns immer wieder, alter Magier! Danke, dass ich Thesan noch mal sehen durfte, das hat meine Seele ein bisschen getröstet." „Danke nicht mir, danke den Göttern, denn ohne sie wäre ich nicht fähig, dies zu tun." So gingen sie noch mitten in der Nacht los, um das Grab von Thesan aufzusuchen. Zeri ging zielstrebig mit dem Stock in der Hand voraus, die anderen hatten keine Ahnung, wo es langging.

Zeri führte sie tief in die Wälder von Pupluna in eine Tufflandschaft, vorbei an unzähligen Gräbern. Trotz der Dunkelheit strahlte dieser Ort eine sehr friedliche und beruhigende Wirkung aus. Die Totenstadt war riesig, eigentlich unmöglich, hier ein bestimmtes Grab zu finden. Plötzlich nahm Zeri eine Tuffsteintreppe in den Wald hinauf, dann eine Abzweigung nach rechts und nochmals eine neue Treppe. Dann blieb Zeri vor einem ganz gewöhnlichen Grab stehen. Lucius hielt die Fackel vor den Eingang des Grabes und man konnte erkennen, dass die Spuren noch ziemlich frisch waren. Der große Stein wurde noch nicht zurückerobert vom Wald, der die Gräber beschützte. Zusammen stießen sie den Fels weg, der das Grab verschloss. Lucius übergab die Fackel der Großmutter, die ins Innere des Grabes trat. Tatsächlich lag da Thesan auf einem einfachen, aber schönen Tuffsteinbett. Teta weinte, als sie ihre Enkelin sah. „Sie war auserwählt", schluchzte sie. Dann packte sie aus ihrer Umhängetasche schwarz gebranntes Geschirr, einen Becher und einen Teller mit den Namensbuchstaben von Thesan eingeritzt. Dazu bekam sie Goldschmuck, der mit Goldkügelchen verziert war, Ohrringe und Armbänder, mit verschiedenen Figuren und Tieren versehen, und zum Schluss ein wundervolles farbiges Kleid für die Reise. Die Besucher verabschiedeten sich von Thesan mit einem etrurischen Gebet. Dann verschlossen sie mit dem Riesenstein den Eingang zum Grab und machten sich auf

den Rückweg. Beim Palast angekommen, wollte die König-
nigin von Zeri wissen: „Was gedenkst du jetzt zu tun, alter Magier?" Zeri überlegte einen Moment, bevor er
Antwort gab: „Lucius und ich wollen ein altes Haus in
Richtung Norden wieder wohnlich machen. Dann werde
ich Lucius mit meinem Schamanenwissen schulen."
„Darf ich, die alte Königin, dich noch um einen letzten
Gefallen bitten?" Zeri nickte. „Du weißt, ich habe damals
mein Amt als Königin gerne weitergegeben an meine
Kinder. Doch wem übergebe ich es jetzt? Es ist niemand
mehr da. Ich bitte dich, finde jemanden, der sich würdig
erweist als neuer König von Pupluna." Zeri war sehr erstaunt über diesen Auftrag. „Es bleibt mir nicht so viel
Zeit, also beginne schnell mit der Suche. Wir brauchen
bald einen neuen Nachfolger." Zeri nahm die Bitte entgegen, doch wo sollte er mit dem Suchen beginnen? Es
war nicht leicht, einen neuen, aber doch alten König zu
finden. Die Idee war, eine Seele aufzuspüren, die in einem
anderen Leben schon einmal ein weiser König gewesen
war.

Die Suche

So gingen Zeri und Lucius los, um in und um Pupluna mit der Suche zu beginnen. Viele Stunden verbrachten sie dabei auch in den Tempeln, um den Göttern zu lauschen. Vielleicht hatte Voltumna einen Hinweis für sie? Doch wo früher Antworten gewesen waren, war es stumm geworden, dafür kamen immer mehr Fragen auf. Verzweifelt, aber nicht ohne Hoffnung zogen sich Zeri und Lucius in die Wälder zurück. In Richtung Norden, bis sie die Schmelzöfen hinter sich ließen und nur noch wenige Menschen anzutreffen waren. Hier lebten die Bauern, die unter Schirmpinien ihre Felder bestellten, Schafe oder weiße Rinder hüteten. Lucius und Zeri trafen auf zwei Hügel, die parallel zur Küste verliefen. Da wies ihnen ein Falke mit lautem Geschrei den Weg zu einem Feld. Am Fuße dieses Hügels war ein Knabe, der diese weißen Rinder hütete, die schon seit Urzeiten hier verwurzelt waren. Weiter sahen sie, wie zwei ältere und etwas hitzköpfige Krieger aufeinander losgingen, als gäbe es kein Morgen mehr. Es schien wirklich ernsthaft zur Sache zu gehen und Lucius wollte schon eingreifen, da hielt ihn Zeri zurück: „Es ist kein Zufall, dass wir hier sind." Sie beobachteten, wie der Hirtenjunge zwischen die beiden Krieger trat und mutige Worte sprach: „He, ihr zwei, ihr müsst euch nebeneinander stellen und nicht gegeneinander. Unser Land liegt im Sterben, beschützt es mit eurem Übermut und eurer Kraft für die, die keine Kraft mehr haben." Die zwei etrurischen Krieger waren ganz perplex über diese Worte, respektierten aber den mutigen Hirtenjungen und gaben sich sogar die Hand. Lucius und Zeri trauten ihren Augen nicht, sollten sie endlich fündig ge-

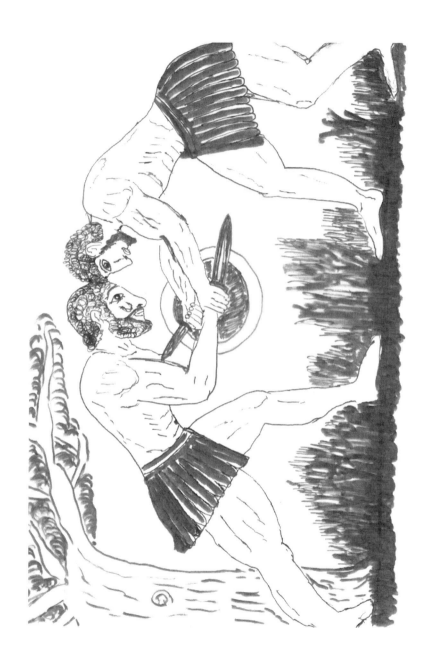

worden sein? Der Falke, der seit einiger Zeit über dem Feld kreiste, ließ sich neben den weißen Rindern nieder und kreischte wie verrückt. Es schien, als ob das Tier die Aufmerksamkeit auf den Hirtenjungen lenken wollte. Der Knabe hielt einen Stab in der Hand, der dem Stab der alten Königin sehr ähnlich sah. Kurz darauf flog der Falke sogar auf dessen Schulter. Jetzt mussten sie diesen Jungen einfach ansprechen. Lucius und Zeri gingen auf den Hirtenknaben zu und dieser, gar nicht scheu, grüßte sofort die beiden Fremden. „Laran ist mein Name, was kann ich für euch tun, ihr Suchenden?" Die beiden waren erstaunt, wie weitsichtig der junge Mann war. Sein Blick war scharf wie der des Falken, der noch immer auf seiner Schulter saß. Zeri fragte: „Wie alt bist du?" „Ich bin sechzehn, weiser Mann. Und du bist ein Zauberer und Magier Etruriens? Ich habe schon viel gehört von Schamanen, aber noch nie einen wie dich gesehen." Zeri war sich sicher, den nächsten König von Pupluna vor sich zu haben. Er blickte zu Lucius und auch der verstand langsam die Zeichen der Götter. Sie fragten ihn, ob sie mit seinen Eltern ein Mahl einnehmen dürften, und Laran willigte freundlich ein. Der aufgeweckte Hirte führte sie auf den nahe gelegenen Hügel, hinter dem ein kleines Dorf versteckt lag. Hier waren die Bewohner nicht so sehr vom Krieg gegen die Römer gezeichnet. Die Selbstversorger lebten beinahe so unbeschwert wie zuvor. Die Eltern von Laran, sein Vater Ramanthe und seine Mutter Sethre, empfingen gerne den hohen Besuch und waren stolz, solch wichtige Gäste zu haben. Zeri wollte keine Zeit verlieren und fragte direkt nach: „Seid ihr euch eigentlich bewusst, was ihr da für einen Sohn habt?" Ramanthe antwortete: „An dem Tag, als Laran geboren wurde, war eine Sonnenfinsternis.

Das war für uns ein Zeichen der Götter, dass unser Sohn ein Auserwählter war." Zeri erklärte ihnen, wie nötig Puplunaeinen solchen Abgesandten der Götter hätte nach den Wirren des Krieges. Doch die Eltern waren traurig darüber, ihren Sohn jetzt schon ziehen zu lassen. Aber Zeri konnte sie beruhigen. Das Haus, welches Lucius und er bewohnen würden, war in der gleichen Hügelkette zu finden und zu Fuß erreichbar. So konnte Laran tagsüber sich in Zeris Mysterienschule auf das bevorstehende Amt vorbereiten und abends zu seinen Eltern zurückkehren. Ramanthe und Sethre waren erleichtert, als sie das hörten. So blieb ihnen doch noch Zeit, ihren Sohn eine Weile zu Hause zu haben, bis die alte Königin ihr Amt niederlegte. Lucius wollte schon losreiten und Teta darüber informieren, was heute geschehen war. Doch Zeri hielt ihn zurück: „Sei weise, Lucius. Die Königin ist eine Seherin, deren Gabe weit über die Stadtmauern Puplunas hinausgeht. Sie weiß bereits, dass wir einen Nachfolger gefunden haben. Deshalb spar dir die Mühe und hilf mir lieber, das Haus zu reparieren, wo wir einziehen werden." Lucius und Zeri waren sich einig, dass Laran seine Ausbildung beginnen konnte, und so gingen sie in Richtung Haus, wo sie sich endlich niederlassen konnten. Das zerfallene Haus lag außerhalb des kleinen Dorfes, das aus dem Etrurischen übersetzt die Bedeutung Fels oder Stein trug. Es sprach sich schnell herum, dass ein Lukumone und ein hoher römischer Würdenträger sich in der Nähe des Dorfes niederließen. Als Lucius und Zeri begannen, Stein für Stein wieder aufzubauen, kamen bereits die ersten Schaulustigen vorbei. Mit Hilfe von Laren kamen sie schnell voran. Jetzt fehlten nur noch ein paar Sträucher rund um das Gelände. Einige Bäume

mussten gefällt werden, damit sie einen Vorrat mit Brennholz anlegen konnten. Nachdem die ersten Bäume umgefallen waren, kam eine atemberaubende Aussicht zum Vorschein. Der Blick fiel direkt auf die Küste und das Meer. Im Garten pflanzten sie Gemüse und Heilkräuter an. Nachdem auch das Dach neu gedeckt wurde, konnte die Schule für Lucius und Laran endlich beginnen. Zeri lehrte sie die alten Mysterien der Lukumonen und über die Existenz der Verhüllten, die das Land bewohnten und beschützten. Die Götter, die kreiert wurden von dem alles erschaffenden und alles Leben gebenden Voltumna, dem Vater der Mutter Erde, dessen Kraft Leben gab und es auch wieder nehmen konnte. Zeri lehrte seine Schüler Weisheit und bereitete sie auf die spannende Reise vor, die noch viele Prüfungen bereithielt. Er erklärte ihnen auch die verschiedenen Zeitalter, deren Übergänge und die Beständigkeit aller Dinge im Geiste. Ein wichtiges Kapitel war, die Sprache Voltumnas zu verstehen und die Aussagen von Mutter Erde richtig zu deuten. Nichts war Zufall. Die beiden Schüler hatten viel Freude an den Lehren von Zeri und nahmen jede Information in sich auf. Zwischendurch besuchten sie das nahe gelegene Dorf, um die Lebensfreude und Einfachheit dieser Leute auf sich zu übertragen. Die besaßen die natürliche Kraft, ein einfaches Mahl in ein königliches Bankett zu verwandeln. Die Zeit verging wie ein Augenblick, die Wochen waren wie Tage. So wuchs Laran zum Mann und König heran. Zeri bat Lucius, Laran auch in die Kunst des Kampfes und der Taktik einzuführen. Schwertkampf, Nahkampf und Speerwurf. Wann es sich lohnte zu kämpfen und wann es gescheiter war, Verhandlungen zu führen. Laran profitierte auch von Lucius' Botschafterqualitäten. Denn

LARAN

immer wieder kamen Botschafter von anderen etrurischen Städten und fragten um Rat, sei es wegen Genehmigungen für Durchreisen oder Allianzen mit den erstarkten Römern. Laran beobachtete genau und konnte viel vom politischen Geschick des römischen Konsuls lernen. Nach einigen Jahren konnten die beiden Schüler die Blitze und den Vogelflug deuten. Lucius erlernte das Heilen und Laran, wie man ein Volk richtig führt. Wichtig war vor allem, dass man alles mit Leidenschaft tat, denn nur so konnte man den Aufgaben gerecht werden.

Eines Tages, Jahre waren bereits ins Land gegangen, erschienen zwei Krieger aus Pupluna bei den dreien. Sie hatten die Botschaft zu überbringen, dass es Teta nicht gut und ihre Kraft langsam zu Ende ginge. Man möge doch bitte nach Pupluna kommen. Sofort machten sie sich bereit für den Ritt nach Pupluna, wo sie bereits erwartet wurden. „Hier soll ich König sein?", fragte Laran ungläubig, als er zum ersten Mal die schöne Stadt mit ihrem Hafen sah. Lucius und Zeri nickten nur und waren in Sorge, ob sie noch rechtzeitig eintreffen würden. Sofort wurden sie zur Königin geführt, die sie im Bett liegend empfing. Sie lächelte ein wenig angestrengt, doch immer noch sehr freundlich: „Hier kommen meine drei Retter von Pupluna." Demütig traten sie vor die Mutter der Stadt, die müde und krank vor ihnen lag. Doch sie sprach: „Seid nicht traurig, bald bin ich bei Thesan, auf sie freue ich mich ganz besonders. Erinnert ihr euch, draußen auf den Klippen, wie viele Jahre ist es jetzt her?" „Schon vier Jahre, meine Königin", erinnerte sich Zeri. „Wie die Zeit vergeht. Aber willst du mir nicht endlich den neuen König vorstellen?" „Aber natürlich, das hier ist Laran. Er wurde vier Jahre lang von Lucius und mir ausgebildet. Laran ist nun für seine Aufgaben bereit und wird das Volk und die Armee von Pupluna führen." Zeri sprach nicht ohne Stolz. Die Königin raffte sich auf und bat den jungen Mann an ihr Bett. Sie fasste mit beiden Händen um seinen Kopf und erfasste sein Wesen mit ihrem ganzen Sein. Dann lächelte sie: „Ja, du bist der Richtige! Herzlich willkommen, neuer König Laran. In deine Hände lege ich diese Stadt." Dann legte sie sich wieder hin, schlief zufrieden ein und atmete ihr Leben aus. Niemand war wirklich traurig, alles war so, wie es sein musste.

In den nächsten Tagen bereitete sich die Stadt für das Fest der letzten Reise vor. Jeder beteiligte sich mit selbst getöpferten Gefäßen oder Schmuck. Man spürte die Liebe, die der ehemaligen Königin entgegengebracht wurde. Alle wollten ihr etwas mit auf die Reise geben, auf die andere Seite des Seins. Das Fest für die Toten war immer ein spezieller Anlass und für Lucius weit weg von der herkömmlichen Kunst anderer Kulturen. Innerlich blieb er ein Krieger und Meister des Tötens, aber nach den Jahren, die er bereits in Etrurien lebte, lernte er, was Leben wirklich bedeutete. Lucius schloss die Augen und versuchte die Düfte, die Musik und diesen Augenblick in sich aufzunehmen. Natürlich war da auch der Abschiedsschmerz, aber die Gewissheit, dass sie sich eines Tages wiedersehen würden, erhellte sein Herz. Noch immer waren seine Augen geschlossen und er spürte, wie die Verhüllten eins wurden mit den Menschen, die hier feierten. Gegen Ende des Festes kam plötzlich ein Wind auf und ein Gewitter kündigte sich an. Die Leute verließen den

Zeremonienplatz und Zeri und ein paar andere Lukumonen stiegen auf einen der Türme in Pupluna und baten die Götter, den Weg für Teta frei zu machen. Der Himmel bestätigte das Wohlwollen mit heftigen Blitzen und öffnete die Tore für die bevorstehenden Dekaden, solange der Bär über dem Frieden wachen würde.

Laran betrat mit Lucius den Turm, auf dem die Lukumonen bereits auf sie warteten. Sie nahmen den jungen Mann in die Mitte und tauften ihn mit Genehmigung der Götter zum König der Stadt des Eisens. Jeder der Schamanen hatte ein kleines Gefäß, aus dem Laran jeweils einen Schluck nehmen musste. Und dann wurde ihm etwas offenbart, was sonst nur Priestern vorbehalten war. Für einen kurzen Moment erblickte er die Verhüllten, in deren Gesicht man nicht schauen durfte, und sah eine Zukunft des Friedens und der Gerechtigkeit. Pupluna sollte unter seiner Regentschaft nochmals zur vollen Blüte auferstehen. Dann verschwand das Geistige auch schon wieder für ihn. Der Regen prasselte auf den neuen König nieder und beendete die Taufe. Es folgte ein festliches Bankett und Laran fühlte sich wohl und akzeptiert als neuer Herrscher. Nach einer langen Nacht verabschiedeten sich Zeri und Lucius. Sie kehrten zurück in das Haus des Konsuls und des Schamanen.

Die Stille geht …

Für Lucius war die Zeit des Lernens noch nicht vorbei. Unermüdlich schulte Zeri seinen Freund in allen Bereichen seines Wissens und zeigte ihm, wie der Frieden nicht nur äußerlich, sondern auch im Innern bewahrt wurde. Lucius konnte so neben seiner Tätigkeit als Konsul von Rom auch die volle Ausbildung des alten und weisen Schamanen genießen.

Dreißig Jahre später, Lucius war ein alter Mann geworden, erinnerte er sich an die Worte von Zeri: „Lucius, mein Freund, du bist zwar vom Schicksal auserkoren, den Frieden zu bewahren, doch vergiss nie, es ist stetig alles in Veränderung. Nichts bleibt so, wie es ist. Du hast eine lange Reise hinter dir, viel hast du erlebt. Du hast mich als deinen Lehrer auserkoren und ich hoffe, ich konnte dir beibringen, den Weg ohne Hass und Gräuel zu gehen. Nicht nur, dass du den Frieden Etruriens bewahrst, sondern auch den Frieden in dir." Lucius saß auf einem großen Stein und blickte aufs Meer hinunter. Er war nicht allein. Vor langer Zeit, als Zeri seine letzte Reise antrat, erschien Luri wieder in seinem Leben. Die Waldschamanin begleitete ihn als wertvolle Beraterin und Partnerin in seinem Leben. Sie lebten jetzt schon fast zwanzig Jahre Seite an Seite und kein Tag war wie der andere. Lucius spielte auf der Doppelflöte eine sanfte Melodie. Dieses Instrument verehrte er, seit er es zum ersten Mal gehört hatte, und nun konnte er es endlich selbst spielen. Voltumna lauschte den Klängen und es schien, als konnte man die Ewigkeit berühren. Lucius war noch immer sehr dankbar, dass Luri ihn damals im Wald gefunden hatte und nach so vielen Jahren wieder in sein Leben getreten war. Er wandte seinen Blick zu ihr und sprach: „Zeri hat mich davon abgehalten, über die Etrurier oder ihre Geschichte zu schreiben. Ich habe doch so viele Dinge mit diesem Volk erlebt. Er hat mir gesagt, ich sei der Bewahrer des Wissens. Doch wie soll ich es bewahren, wenn ich es nicht niederschreiben darf? Die römischen oder ägyptischen Geschichtsschreiber taten dies doch auch." Luri versuchte ihm die Antwort auf seine Frage zu geben: „Zeri hat gesagt, du bist der Bewahrer. Doch bist du nicht ein Bewahrer, indem du die Geschichte in Stein meißelst oder auf Pergament schreibst. Du bist der Bewahrer der Geschichte selbst. Du wirst sterben, um wiedergeboren zu werden, dann wieder sterben, um nochmals wiedergeboren zu werden. Du wirst die Geschichte durch die Äonen bringen, bis du deine Bestimmung erreicht hast. Dann, wenn du an einem Ort angekommen bist, wo die Menschen in einer nur noch materiell gebundenen Zeit leben, werden die Etrurier vergessen sein. Genau dann ist es Zeit, deine Geschichte zu erzählen. Du bist Zerstörer und Bewahrer gleichzeitig, wie der Bär selbst. Wenn die Götter dir die Zeit und den Raum geben, wird der Augenblick gekommen sein, von den vergessenen Etruriern zu erzählen. Dann, wenn die Leute oberflächlich und schnell leben und sich nach einem tiefen Leben sehnen, durchflutet von Kraft und Vitalität. Dann ist es Zeit für den Bewahrer, die Geschichte der Etrurier weiterzugeben. Du trägst eine große Verantwortung für die Lebendigkeit dieses Volkes und dessen Weisheit. Die ganze Erde ist eine Kreatur, auf der wir leben, um zu sterben und dann wieder zu leben. Du wirst die Leute wieder an uns erinnern und ihnen zeigen, dass unsere Mutter Erde lebendig und mit dem Atem Voltumnas erfüllt ist. Das Bewusstsein wird nie vergehen, es wird die Zeit kommen, in der man sich daran erinnern wird, was einst vergessen war."

Lucius schaute seine Luri an und war sprachlos und glückselig zugleich. Nach dieser Aussage waren weiterc Worte überflüssig und sie genossen diesen und noch viele weitere schöne Sonnenuntergänge in Etrurien. Die Tage wurden kürzer und im folgenden Winter schlief auch der Bär für immer ein.

Luri färbte den Körper ihres geliebten Lucius rot ein und er bekam eine Bestattung in einem steinernen Haus, das sie für die letzte Reise gebaut hatten. Viele Etrurier kamen zu der Zeremonie, um sich von dem Friedensbotschafter zu verabschieden. Lucius erhielt ein Fest, wie er es selbst immer geliebt hatte. Mit viel Musik, Wein, Tänzern und fröhlichen Menschen. Nur Römer kamen wenige, darunter sein alter Freund Argentus, der im Süden noch immer als Konsul eingesetzt war. Aurelio war als Senator zu beschäftigt, um persönlich zur Beerdigung zu kommen. Rom war nicht mehr das Rom, das Lucius einst verteidigt hatte. Es war erstarkt und selbstbewusst geworden, ja sogar ein bisschen arrogant. Längst ging es nicht mehr ums reine Überleben, sie streckten ihre Fühler aus, um mehr zu haben als nur ihre starke Stadt. Rom konkurrierte mit den das Mittelmeer beherrschenden Griechen. Die Etrurier waren keine Gefahr mehr. Denn durch den langen Frieden wurde Rom immer stärker und Etrurien immer schwächer. Doch Lucius erfüllte bis zum Schluss sein Schicksal, den Frieden zu bewahren. Je später der Abend wurde, desto weiter öffneten sich die Tore zur anderen Welt. Alle, die das geistige Auge noch besaßen, konnten dies sehen. Thesan und Zeri erschienen mit den Verhüllten und nahmen Lucius an die Hand. Ein letztes Mal schaute Lucius seiner geliebten Luri in die Augen und sprach: „Es ist Zeit, ich muss gehen." Sie erwiderte seinen Blick, weinte zwar, ließ ihn aber trotzdem los. Das helle Licht, das durch das Tor schien, erblasste langsam und fast unbemerkt schloss sich die Pforte wieder. Die Menschen feierten noch bis tief in die Nacht hinein, gingen dann aber nach Hause. Auch Luri kehrte alleine zurück, ihr Herz war schwer. Lucius war gegangen. Da hörte sie von Weitem das tiefe Brüllen eines Bären und es ermahnte sie, nicht traurig zu sein. Sofort erhellte ein Lächeln ihr Gesicht.

Untergang

Es war eine der vielen nebligen Nächte in Etrurien. Kurz vor Lucius' Tod stiegen die Spannungen zwischen Rom und Etrurien nach langer Zeit wieder an. Die Römer verlangten einfach zu viel von den anders lebenden Etruriern oder Tusci, wie die Römer sie nun abschätzig nannten. Immer mehr Erz, Kupfer, Silber, Öl, einfach alles mussten sie mit den Römern teilen, ja sogar in den Krieg mit ihnen ziehen. Die Seelen der Etrurier kochten langsam über, weil ihnen die grundlegenden Dinge zum Leben genommen wurden. Sogar die Sprache der Römer mussten sie übernehmen, weil diese zu arrogant waren, die vielfältige und mit Metaphern gespickte Sprache zu erlernen. Dazu kam eine standardisierte Form der Religion. Das Denken und materielle Wesen der Römer wuchs wie ein schnell wucherndes Unkraut in einem etrurischen Garten und drohte alles zu überdecken. Bei den Etruriern war alles beseelt, jeder Stein, jeder Fisch, alle Wesen wurden respektvoll behandelt. Bei den Römern zählte nur Besetzen, Assimilieren, Erobern, Beherrschen. Rom verwandelte sich in ein Untier, das dreißig Jahre vorher niemand so geahnt oder gewollt hätte. Doch es war so und die Stadt streckte ihre Arme in alle Richtungen aus und nichts und niemand konnte sie aufhalten. Die verbliebenen Könige Etruriens wollten diesen Druck und die Schmach des Zerfalls nicht auf sich sitzen lassen, zumal immer mehr römische Siedler in ihr Gebiet eindrangen und das geheiligte Land ohne Respekt besiedelten. Ja, sie plünderten sogar heilige Todesstätten der Etrurier. Was zu viel war, war zu viel. So trafen sich die Könige nach langer Zeit wieder in Velzna zur Beratung. Vorher wurde das Kriegsfeuer wieder entfacht, um sich ein weiteres Mal gegen die immer stärker werdenden Römer aufzulehnen. Ein König sprach: „Meine Freunde, ich spreche bestimmt für uns alle, wenn ich sage, die Römer verlangen von uns und unserem Volk zu viel. Jeden Tag wachsen ihre Legionen, die wir füttern dürfen. Ich ertrage die Schreie unsere Vorfahren nicht mehr, wenn sie unsere Gräber plündern. Darum sage ich, ob wir uns ihnen wehrlos ergeben oder im Krieg sterben, eines können sie uns nicht nehmen: das Mysterium des Lebens. Die Reise, die vom Leben zum Tod führt und uns wiedertreffen lässt im Jenseits. Wir wissen, die Geburtswehen unserer Mütter waren der Preis für das Leben und der Kampf im Tode der Preis für die Reise und den Aufenthalt im Jenseits. Das ist tief in uns verwurzelt und kann auch nicht ausgelöscht werden. Und hier ziehe ich einen Strich!" Er zog eine Linie mit dem Fuß in den Sand und die anderen Könige folgten seinem Beispiel als Zeichen der Solidarität. Dann fuhr er fort: „Lasst uns zusammen das Meer durchqueren, um das andere Ufer des Seins zu erreichen. Das Meer, das wir bezeichnen als das Urmeer, aus dem alles Leben entspringt. Tief in unserer Lebenssubstanz ist dieser Urgedanke verankert, und wenn wir uns dieser Eroberung und Ausbreitung widersetzen, dann nicht, weil sie unsere Totenstätten plündern oder unser Land rauben. Nein, weil sie uns nicht respektieren und unser Sein nicht verstehen. So bitte ich euch, zieht noch einmal mit mir in den Krieg. Den größten Reichtum können sie uns nicht plündern, denn er liegt in uns. Wir sind unsterblich, meine Freunde, denn unsere Seelen sind mit diesem Land verbunden."

So griffen die freien Städte noch einmal in einem Krieg kurz nach dem Tod von Lucius die Römer an. Die Etrurier verabschiedeten sich erhobenen Hauptes aus der antiken Weltgeschichte, aus dem Tor des Lebens hinaus.

Viele der etrurischen Städte boten den Römern noch jahrzehntelang Widerstand, doch Stadt für Stadt ging in die römische Protektur über und die Römer taten vieles dazu, die Errungenschaften der Etrurier als die ihren zu proklamieren. So stieg der römische Adler in der Geschichte Etruriens immer höher und hatte mit seinen scharfen Augen längst über die Grenzen Etruriens hinweggesehen. Denn der Adler war hungrig und die Gier dieses Volkes unersättlich. Doch das Gladius war ein zweischneidiges Schwert. Die Legionäre standen einst für die Verteidigung der Republik, doch das verging so schnell wie ein Traum. Denn als die Republik schlief und die letzte Schlacht Etruriens ganz in die Hände der Römer fiel, stieg ein Imperator hoch. Zu spät erwachten die Menschen, der Traum einer freien Stadt war vorbei. Sie lebten von nun an in einer Diktatur!

Der Delfin, der die Kraft und Weisheit der Etrurier symbolisierte, hat sich in die tiefen Weiten des Meeres zurückgezogen. Nur er kennt die Weisheit der Ausgeglichenheit. Das Wissen trägt er tief in sich wie das Gleichgewicht des Lebens. Der Delfin lauscht der Musik des Meeres und sehnt sich nach Menschen, die das Lied der Etrurier wieder spielen. Manchmal taucht er auf, um Luft zu holen und Ausschau zu halten. Ausschau nach Menschen, die eine innere Sorglosigkeit in sich tragen und ein Urvertrauen dem Leben entgegenbringen. Die wieder ei-

nen kleinen Tempel haben, der bunt bemalt ist und wo
sie sich selbst reflektieren können. Bald kehrt der Delfin
zurück, wenn er die Nachtigall das Lied der Lukumonen
zwitschern hört. Er wird uns als Behüter des Wissens an
all das, was geschehen ist, erinnern. An das vergessene
Volk Etruria. Hört ihr den Ruf?

Wohin gehst du?

Salve, Fremder, der du hoffentlich mein Volk ein bisschen kennengelernt hast in dieser kurzen Schriftrolle. Uns war das Wohl des etrurischen Volkes in die Hände gelegt worden, die Zeit war jedoch abgelaufen. Ihr macht mich, den alten Rasna Magna, ein wenig traurig. Ihr mit euren Wagen ohne Pferd, von einem Ort zum anderen hetzt ihr, ohne wirklich das Ziel zu kennen. Die Kunst des Lebens habt ihr verlernt, doch sehnt ihr euch nach Frieden und Ruhe. So ging es uns einst auch, als wir unser Schicksal in diesem Land fanden. Noch heute ist es magisch, voller Zauber und Mysterien. Wenn eure Seelen müde sind, kommt und besucht uns, wir sind noch immer dort. Bereit, euch zu dienen, denn es gibt keine höhere Bestimmung als zu dienen. Auch euch diene ich noch eine kurze Zeit, solange diese Schriftrolle noch nicht zu Ende ist. Ich führe euch zurück zum Weg des Seins. Lernt wieder die Dinge zu tun, die ihr liebt, wie wir es einst taten. Versucht den Tod nicht als Endgültigkeit zu sehen, sondern als Teil einer Reise, die ihr zurücklegt. Die schönen Dinge zu sehen in den alltäglichen Aufgaben, denn auch eure Zeit ist begrenzt, so wie unsere es war. Haltet Ausschau nach dem Delfin, der euch die Geheimnisse der Naturkräfte lehrt. Kehrt zurück zu dem Wissen, das für euch bereitsteht. Schon die Griechen und Römer hatten das Verlangen, wegzugehen und das Band der Harmonie zu durchtrennen, das zwischen Mensch und Natur bestand. Sie widersetzten sich diesem Band mit Mechanismen, die noch heute gegen die Natur arbeiten. Die Römer überlisteten die Wege des Seins mit viel Geschick. So geht ihr noch heute auf diesen Wegen, die einst eure Vorfahren beschritten haben. Und ihr leidet noch immer! Verlasst diese alten Pfade und ich verspreche euch, ihr werdet Dinge sehen, die ihr euch nicht vorstellen könnt. Versucht den Verstand zu verlieren, um neues weises Wissen zu lernen und alte Denkmuster abzulegen. Vergesst die Illusion von vorgegaukelter Sicherheit und dem Glauben, alles unter Kontrolle zu haben. Habt keine Angst zu sterben, denn glaubt mir, ich bin bereits vorausgegangen und es ist wie im Leben, man muss nur loslassen können. Doch habt auch ein wenig Angst vor dem Leben. In eurer schnellen Zeit spielt sich zu vieles im Morgen oder Gestern ab und nur wenige Augenblicke im Jetzt. Lernt dieses wieder und wacht auf aus diesem Traum, den ihr Leben nennt. Fangt an, die Fragen zu stellen, die in euch stecken. Wir waren einst hohe Würdenträger unseres Volkes, ihr würdet sagen Priester. Doch man nannte uns Auguren. Wir hatten Krummstäbe und beherrschten Fähigkeiten, zu sehen, was vielen verborgen blieb. Der Blick führte uns in die Zukunft und weit zurück in die Vergangenheit. Trotzdem lehrten wir die Menschen, die Zeit im Jetzt zu leben und sich des Lebens zu freuen und über die Mysterien zu staunen. Denn eine Konstante von unserer Zeit in die eure bleibt bis zum Schluss: die Unfähigkeit, das Schicksal zu verändern. Erlebt jeden Moment eures Seins mit vollem Bewusstsein, dabei spielt es keine Rolle, ob es Freude, Leid, Trauer oder Schmerz ist. Wir lehrten unsere Mitmenschen, dass stets alles im Wandel ist und nichts so bleibt, wie es einst war. Nichts verschwindet, es verändert nur seine Form. Wenn man sein inneres Auge dafür schärft, erkennt man Menschen im Jetzt, die man schon vor langer Zeit verloren glaubte. So glaubt mir, wenn ich sage, dass Teta irgendwo da draußen ist, dass Thesan ihre Form geändert hat, ihre Bestimmung aber dieselbe geblieben ist. Auch wenn man es ihm heute nicht mehr ansieht, ist Argentus noch immer ein Krieger. Wenn ihr ins Land der Etrurier reist und ein einsames Haus aus alten Steinen seht, lebt darin vielleicht Lucius. Natürlich mit anderem Namen und einem anderen Weg, den er auf seiner neuen Reise eingeschlagen hat. Doch das Wesen wird das gleiche sein. Alles ist im Wandel und doch sind wir noch immer dort, wo die Wälder immer grün sind und die Dörfer uralt. Lauscht den Waldgeistern, wie wir es einst taten. Beobachtet die Wolken, die Blitze und die Sterne und zweifelt nicht an der höheren Bestimmung. Lernt wieder zu lachen, besonders über euch selbst.

Der Römer hat uns zwar erobert, doch seine Ignoranz hat ihn zu Fall gebracht. Er vernachlässigte die Flussbewirtschaftung, wie wir sie einst pflegten, so ist es die Ironie der Geschichte, dass eine kleine Mücke die tückische Krankheit Malaria verbreitete und den tapferen Römer schlug. Deshalb fürchtet nicht Kriege oder Armeen, fürchtet eure eigene Ignoranz. Denn alles und jeder ist in Schwingung mit seiner Umgebung. Erspürt die Schwingung der Zeit und ihre Wende, die euch bevorsteht. Strebt nach Dingen, die in euch ruhen, denn jetzt ist die Zeit gekommen, um wieder Neues und Kreatives zu erschaffen. Beschränkt euch auf Essenzielles, nämlich auf das Leben selbst. Hinterfragt es nicht, indem ihr es zerstückelt, nein, umarmt es wie einen guten Freud. Behandelt den Tod ebenso, denn er bringt euch nicht Trauer, sondern Freude durch die bevorstehende Veränderung. Ihr seid auch nicht traurig, wenn ihr geboren und vom

Baby zum Kind werdet, vom Kind zum Jüngling und vom Jüngling zum Erwachsenen. Das alles sind Etappen auf eurer großen Reise des Lebens, das dort endet, wo es angefangen hat., bei den Verhüllten. Glaubt mir, denn ich war schon viele Male da und dort. Ich verstehe eure Zweifel und Skepsis, denn zu viele Einflüsse in eurem Leben verhindern, dass ihr es erkennen könnt. Doch das ist gar nicht so wichtig, lebt einfach so viel wie möglich eurer Reise bewusst. Ich war einst ein Abgesandter der Götter und hatte Zugang zu beiden Welten, doch der Tod und das Leben bleiben ein Mysterium. Die Tiere und Pflanzen haben euch viel zu sagen, hört ihnen zu. Denkt nicht, dass das Fatum euch davon befreit zu agieren. Denn nur wer agiert, erntet den Segen der Götter. Und wissen, wie man jemandem hilft, macht euch nicht weise. Nur wer andere heilen kann, erhält die Weisheit. Der Ausdruck des Fatums steht für aktive Kraft. Die Reise des Lebens und des Glücks besteht darin, anderen zu dienen und sie auf ihrem Weg positiv zu beeinflussen. Bei euch Reisenden geht es nicht darum, die Welt zu verändern, nein. Mit jeder kleinen Tat, die ihr euren Mitmenschen Gutes tut, transformiert ihr euch und euren Lebensraum mit. Viele kleine Steine ergeben am Schluss einen Tempel. Es ist nie zu spät, auf seiner Reise stehen zu bleiben, sich umzusehen, um in die richtige Richtung zu lenken. Doch dazu ist Agieren unerlässlich und nicht das Reagieren. Du wirst bewegt durch den Fluss des Lebens. Es ist deine Entscheidung, Leser dieser Schriftrolle, welchen Weg du gehst. Agiere oder reagiere! Agiert, indem ihr wieder anfangt, eure Ahnen zu ehren, denn diese Menschen haben eine Zukunft. Die Ahnen sind die Wurzeln unseres Lebensbaumes. Lernt aus unserer Geschichte für eurer Leben, denn auch in unserer Zeit hörten die Menschen nicht auf die Prophezeiungen der Schamanen. Der Pfad, der euch führt, bringt euch bald an eine neue Gabelung, wie wir einst vor ihr standen. Der eine Pfad führt in einen neuen spirituellen und natürlichen Weg, den ihr jetzt noch nicht erkennt. Der andere Pfad geht in dieselbe Richtung, aus der ihr gerade gekommen seid. Weg von der Mutter Erde und ihrer schützenden Hand. Den technisierten Weg der Maschinen und weg vom Glauben. Damit will ich nicht sagen, dass Technik etwas Falsches ist. Doch es gab Zivilisationen vor euch, die denselben Pfad genommen haben wie ihr heute. Sie verloren ihre Wurzeln und ihren Glauben. Es ist nicht die Technik, aber der Weg, den ihr geht. Die Gabelung kommt bald. Ich bin jetzt fast zweitausendvierhundert Jahre hier und noch immer sind die Bäume und Flüsse heilig. Werdet wieder eins mit der Mutter Erde. Hört ihr Lied! Singt ihr Lied!

Die heiligen Steine, die wichtige Worte beinhalten, haben wir für diese Zeit bewahrt. Die Geister schützen sie noch immer und warten darauf, von euch entdeckt zu werden. Wählt den richtigen Weg und ihr werdet diese Steine finden. Sie geben euch Anweisungen über Vergangenheit und über Zukunft. Wählt ihr falsch, geht es euch wie uns und ihr werdet vergessen! Entweder ihr agiert und verändert euch oder ihr wartet und reagiert auf die Veränderungen, die auf euch zukommen. So oder so, der Fluss des Lebens wird euch bewegen. Wir leben im Übergang von der vierten zur fünften Welt. Ihr habt die Wahl, den Weg des Egoismus und der Zerstörung fortzuführen oder zurück zum geistigen erfüllten Leben zu finden. Drei Mal hat Voltumna den Menschen in seiner Welt zerstört, weil er nicht hören wollte. Im Übergang in die neue Welt haben immer nur die überlebt, die den Weg der spirituellen Einheit und Heilung gewählt haben. Entscheidet euch bald und ihr übersteht den Wandel zur fünften Welt, der Zeitpunkt der großen Reinigung steht kurz bevor. Stoppt die Gier nach mehr und sucht nach der Weisheit Voltumnas, der alles hat, was ihr braucht. Ihr durchquert diese Welt, als würdet ihr niemals mehr zurückkehren, dabei tut ihr es immer und immer wieder. Ihr seid die Ahnen der zukünftigen Generationen und verantwortlich für eure Nachkommen, vergesst das nie! Eure Technik und die Apparate sind nicht schlimm, sie sind wie unsere Helme, Schilder oder Speere. Wir haben damit unsere Frauen und Kinder beschützt. Doch als wir angefangen haben, mit den Waffen andere zu unterdrücken, sind sie nutzlos geworden.

So gebe ich euch zum Schluss noch einige Ratschläge, die ihr nicht vergessen solltet:

Das Leben ist ein Mysterium, verbringt nicht die Zeit damit, es zu ergründen, lebt es! Lass alles los und tut es mit Freude, denn alles ist in Bewegung und bleibt niemals stehen. Alles verändert sich. Transformation! Staunt jeden Moment über dieses Mysterium. Geht nun den Weg der Veränderung, der euch in eine Welt führt, wo man das Wasser aus dem Fluss trinken und reine Luft atmen kann. Dort gibt es Raum für alle, egal, ob für Pflanzen, Mensch oder Tier. Es gibt kein Ende der Welt, nur ein Ende des Weges. Wir brauchen einander, der Baum atmet aus, was wir einatmen, und umgekehrt. Wählt ihr den falschen

Weg, wird man euch vergessen. Mutter Erde wird sich selber heilen. Das Grün über den Hügeln wird zurückkehren, die wilden Tiere finden ihren Platz, die Meere und Flüsse werden sich selbst reinigen, doch es wird niemand mehr da sein, der sich an euer Volk erinnert.

Ich bin und war Rasna Magna, ein Schamane des vergessenen Volkes, das nun in euer Bewusstsein zurückkehrt. Ihr Nachkommen Etruriens steht nun vor der Gabelung. Welchen Weg nehmt ihr? Den Weg in die Vergessenheit? Oder den Weg in die Erinnerung? Wählt selbst, aber vergesst nicht, nach der Gabelung ist keine Rückkehr möglich.

Nun liegt es an euch, zu den alten Gesetzen der Mutter Erde und des Schöpfers zurückzukehren. Ich muss heim in mein geliebtes Etrurien. Kommt mich einmal besuchen, lauscht den alten Lukumonen und lernt von uns. Hört das Lied und die Musik, die wir spielten zu Ehren unserer Beschützerin. Noch immer könnt ihr sie hören, wenn ihr ganz still seid und mit aufmerksamen Ohren und Augen zu uns kommt. Öffnet euren Geist und lasst alles zu Hause, was euch belastet. Seid Gast in einem längst vergessenen Land, das euch zurückholt aus dem Traum, in dem ihr lebt, zurück in die Wirklichkeit.

Lieber Leser, hast du dich nun entschieden? Wähle deinen Weg JETZT! Und wähle weise …

Herzlichst, Euer Rasna Magna, letzter Gruß eines großen Lukumonen.